Cómo se hace un comentario de texto

José Carlos Aranda

Cómo se hace un comentario de texto

4ª EDICIÓN

© José Carlos Aranda Aguilar, 2009

© De esta edición, Berenice, 2020
Editorial Almuzara S. L.
www.editorialberenice.com

Primera edición: febrero de 2009
Segunda edición corregida: julio de 2009
Tercera edición: enero de 2014
Cuarta edición: enero de 2020

Colección Manuales

Director editorial:
Javier Ortega

Impresión y encuadernación:
Lince Artes Gráficas

ISBN: 978-84-96756-03-8
Depósito legal: Co. 30/09
Ibic: CB; CJ

No se permite la reproducción, almacenamiento o transmisión total o parcial de este libro sin la autorización previa y por escrito del editor. Todos los derechos reservados.

Impreso en España / Printed in Spain

Introducción

Cada vez se habla más de competencias curriculares y no de contenidos. En las pruebas aplicadas tanto en Primaria como en Secundaria sobre el área de Lengua Española y Literatura, se pide a los alumnos que respondan a una serie de preguntas que van dirigidas a comprobar las destrezas que han ido adquiriendo a lo largo de su etapa de formación tanto en la comprensión de textos –orales y escritos–, como en su capacidad para expresar ideas con claridad y corrección. El comentario de texto se ha convertido así en una herramienta básica para la evaluación de competencias lingüísticas. Después de años de estudio, los alumnos deben ser capaces de comprender y producir toda clase de textos. La práctica sustituye así a la teoría como criterio de evaluación.

Esto adquiere especial relevancia en los exámenes de Selectividad que se vienen aplicando en las distintas comunidades autónomas. El valor asignado al Comentario de Texto en cualquiera de sus variantes oscila desde el 50% al 60% de la nota total del ejercicio, y es un dato que habla por sí mismo de la importancia de esta práctica en la prueba. La lógica de esta importancia viene dada por el hecho de que formamos nuestros pensamientos creando oraciones en nuestra mente. Hasta que no somos capaces de expresar la idea de forma correcta y coherente, la idea no existe sino como una intuición. Dicho de otro modo, no es racionalmente operativa.

Alguien que se expresa mal por escrito, elaborará sus razonamientos de una manera deficiente y tendrá dificultades para la comprensión, al menos en aquellas áreas de conocimiento donde intervenga de forma más o menos activa la capacidad verbal de nuestro cerebro. Y todas las áreas de conocimiento, desde la Física hasta las Matemáticas, la Historia o la Astronomía, las aprendemos y las expresamos a través de palabras, con el lenguaje.

El ejercicio del Comentario de Texto requiere una serie de conocimientos previos, y también de una serie de técnicas y habilidades que todos podemos adquirir. Partimos de la base de que los conocimientos previos (gramática e historia de la literatura) se adquieren o se pueden consultar, pero las técnicas para el desarrollo y aplicación de estos conocimientos son más variadas y específicas según el tipo de comentario, quién nos lo pida y con qué fin vayamos a realizarlo. Por eso la orientación de este libro será eminentemente práctica, nos centraremos en cómo acercarnos a un texto concreto teniendo en cuenta los distintos enfoques que suelen solicitarse y qué técnicas de aproximación podemos aplicar para lograr un buen comentario de madurez, lingüístico o literario. Como base, utilizaremos preferentemente textos aplicados en las pruebas de Selectividad de las distintas comunidades autónomas, tanto en el desarrollo como en las propuestas que hagamos para ejercicios prácticos.

Pretendemos una obra clara y práctica que nos permita afrontar la realización de comentarios de texto con confianza y garantías de éxito. Introduciremos en cada uno de los apartados los contenidos indispensables para comprender las claves de aproximación a cada una de las tipologías de comentario y trataremos de ir creando el ejercicio conjuntamente con el lector para que comparta con nosotros el proceso de elaboración desde su génesis. Si lo conseguimos, cada texto será una aventura y, en cualquier caso, la reflexión siempre habrá valido la pena.

Capítulo I:
Antes de empezar a escribir, algunas ideas y técnicas básicas de redacción

Hay algunas ideas tan elementales que siempre se dan por supuestas. Muy al contrario, prefiero exponerlas como paso previo e indispensable para ir logrando las habilidades necesarias en la expresión escrita. Me gustaría que antes de empezar a leer el libro que tienes entre las manos hagas un balance respecto a tu forma de presentar un escrito y a tu capacidad de expresión (fluidez, claridad, corrección, ortografía, acentuación, etc.). Te vamos a proponer soluciones prácticas para cada uno de los problemas más frecuentes en la redacción. Se puede conseguir un buen nivel de expresión con la corrección necesaria para afrontar cualquier prueba escrita, pero ello requiere práctica y constancia.

PRIMERO: LA IMPORTANCIA DE UNA BUENA LETRA

Durante años se ha descuidado la caligrafía en el aprendizaje con la idea, más o menos extendida, de que es la expresión de nuestra personalidad, y hoy es una habilidad a la que se le concede poca importancia por el crecimiento de las nuevas tecnologías. Pero cuando llegamos a las pruebas con las que nos van a evaluar, de las que va a depender nuestro futuro, resulta que tenemos que escribirlo a mano. Hay alguien que tiene que entender lo que escribes para poder evaluarlo y a quien, cuando examina los contenidos, le importan tus conocimientos y no tu personalidad.

Esto no quiere decir que nuestra letra no sea expresión de nuestra personalidad, de hecho, transmite información sobre el autor: si es o no ordenado, seguro de sí mismo, optimista, egocéntrico, atento a los detalles, meticuloso... todo ello se puede deducir de un simple vistazo a una carilla escrita de puño y letra. Y esa información puede ser usada como criterio en la selección de personal de una empresa. En conclusión, la letra es importante.

Si tienes este problema, te recomiendo que vayas programándote unos sencillos ejercicios de caligrafía para ir modificando la letra hasta conseguir que otro pueda leerla. Es una pena tanto estudio y tanta dedicación, para echar por alto una nota de corte o un contrato porque no puedan entender lo que escribes.

SEGUNDO: UNA BUENA PRESENTACIÓN

Hay que adecuar la presentación al momento. Si estás escribiendo unos apuntes de uso personal, tú eres el único destinatario: utiliza la letra y la presentación con la que más cómodo te sientas; pero si lo que escribes va destinado a que otro lo lea, y ese otro ha de evaluarte en función de lo que ha quedado escrito en ese papel... será importante cuidar los detalles. Las siguientes normas básicas suponen una buena presentación:

1. Debes dejar márgenes en el folio (3 centímetros a la izquierda y arriba y 1,5 centímetros a la derecha y abajo).
2. Deja sangría (empieza a escribir al principio de cada párrafo de tres a cinco espacios más adentro que el resto de las líneas).
3. Aumenta el espacio interlineal entre los párrafos (si estás escribiendo con dos espacios entre líneas, deja 3 ó 4 espacios).
4. Señala con claridad cada uno de los apartados del examen. Utiliza letras mayúsculas en los títulos y subraya con una sola línea y usando el mismo color –evita las florituras y las complicaciones, distraen y no aportan nota–.
5. Si no te permiten el uso de corrector, lo que quieras eliminar in-

trodúcelo entre paréntesis y táchalo usando una sola línea (no hay que olvidarse de tachar, el paréntesis no anula su contenido). No emborrones: las tachaduras y borrones transmiten sensación de suciedad, desorden e inseguridad.
6. Si el espacio de respuesta en una pregunta te queda insuficiente o se te ha olvidado algo que quieres añadir al final, pon una llamada, esto es, un número grande y visible en el lugar donde vayas a añadir la información, y al pie de esa misma página, encabezada con el mismo número utilizado escribe de forma clara y visible, usando letras mayúsculas, la nota correspondiente (por ejemplo: «1. NOTA: Ver ampliación de pregunta en la página 6, detrás del apartado de Título»). Recuerda que en la página 6 deberás encabezar la ampliación con la misma llamada añadiendo el punto de origen (por ejemplo: 1. NOTA: Ampliación de la pregunta nº 3. Viene de la pág. 2.)
7. Si introduces anotaciones por ampliación o aclaración, recuerda numerar las páginas para facilitar la localización de la información por parte del corrector.

Volvemos a la idea anterior. Cuando un profesor trabaja bajo presión corrigiendo exámenes como los de Selectividad –son muchos exámenes y dispone de poco tiempo–, y se encuentra ante un ejercicio bien presentado, estructurado, con cada una de las partes que debe evaluar visiblemente diferenciadas, tiene una predisposición positiva hacia el examen. Es algo inconsciente. Y esa predisposición positiva se va a traducir en un aumento de nota. Esta limpieza y orden no se improvisan y debemos sistematizarlos en todos y cada uno de nuestros ejercicios, pruebas escritas, trabajos de casa, exámenes, hasta llegar a realizarlo sin pensar en ello, hasta que forme parte de nosotros. De no ser así, la prisa y los nervios del examen nos pueden jugar una mala pasada y cuando caigamos en la cuenta ya llevaremos medio ejercicio hecho y no dispondremos de tiempo para volver atrás. Si este es el problema, hay que trabajar en ello, sin prisa pero sin pausa. Basta con que se mantenga la atención en este punto en cada una de las pruebas y ejercicios que se vayan realizando. Una posible solución es llevar una plantilla a los exámenes. Si no te dejan usarla, el hecho de que esté ahí contigo servirá de recordatorio antes de empezar a escribir en cada prueba.

TERCERO: DEBEMOS EXPRESARNOS CON CLARIDAD, CONCRECIÓN Y PRECISIÓN

1. Ser claros

La claridad se consigue principalmente con una sintaxis sencilla. Pero suele suponer un problema: como nuestra mente piensa a más velocidad de la que somos capaces de escribir, la prisa nos lleva a omitir nexos o palabras sin los cuales el sentido de lo escrito se resiente. El segundo problema es que a medida que escribimos, las ideas expresadas atraen en nosotros otras ideas. El resultado, si no estamos atentos, es que vamos añadiendo estas ideas por simple acumulación de nexos. Es el típico ejemplo de lenguaje infantil: «... y después fuimos al cine y después vino mi padre pero entonces no estaba mi madre porque se había ido porque había venido mi abuela y le dijo que se fuera con ella que iban a ver...». El resultado es que empiezan a sumarse subordinaciones sobre coordinaciones, se pierden el hilo y la claridad y, con frecuencia, se comenten errores de concordancia. Se pueden prevenir estas dificultades siguiendo unas normas sencillas que dan muy buen resultado:

1.1. No más de tres líneas sin un punto y seguido. No más de doce líneas sin un punto y aparte

Cuando termines de redactar un párrafo, vuelve sobre él y comprueba dónde has situado los puntos. Si has escrito más de tres líneas sin usar un punto y seguido, estudia dónde podrías colocarlo. Comprobarás cómo enseguida ves que podrías haber sustituido un nexo por un punto y el texto resultaría más sencillo, directo y correcto. En el ejemplo anterior podríamos escribir: «... y después fuimos al cine. Vino mi padre pero ya no estaba mi madre: se había ido con mi abuela a ver...».

1.2. No más de tres verbos en una oración

Aunque no sepamos sintaxis, el número de verbos conjugados que usamos entre dos puntos es un indicador de la complejidad sintáctica que estamos empleando. Para evitar los errores de concordancia es bueno no abusar de coordinadas ni subordinadas. Es preferible usar oraciones con poca complejidad sintáctica. Lo muy complejo no es sinónimo de culto y, a veces, lo es de todo lo contrario.

1.3. Preferir siempre el orden lógico oracional

El orden lógico oracional consiste en colocar cada uno de los complementos oracionales en el orden natural en que se originan: primero el sujeto y luego el predicado. Los complementos del núcleo nominal detrás del nombre. Los complementos del núcleo verbal de predicado, detrás del verbo; esto es:

sujeto

+

verbo

+

(complemento directo – complemento de régimen – atributo)

+

complemento indirecto

+

complementos circunstanciales

Leed rápidamente estas dos frases y pensad cuál de ellas se entiende mejor:
A: Pedro se comprará el coche mañana a las tres.
(sujeto+verbo+c. directo+c. c. tiempo+c. c. tiempo)
B: A las tres, mañana, el coche se lo comprará Pedro.
(c. c. tiempo+c. c. tiempo+c. directo+pr.+c. directo.+verbo+sujeto)

Supongo que estaremos de acuerdo en que la primera oración (A) resulta rápida y sencilla de comprender. La segunda (B) también se entiende, pero nos obliga a ordenar los elementos para interpretarlos correctamente.

Es muy bueno acostumbrarse a escribir organizando los elementos oracionales de una forma sencilla para que no dificulte la comprensión. Nuestro escrito no es una obra literaria, no tenemos que sorprender al lector con un estilo original. Simplemente, usamos la lengua para expresar nuestras ideas con orden y transparencia: las oraciones cortas y sencillas son signo de una mente clara y estructurada. Además, facilita enormemente la comprensión de lo escrito.

1.4. ¿Qué hacer cuando no sé usar los signos de puntuación?

Muchas personas tienen dificultades para usar los signos de puntuación, no saben cuándo usar un punto y seguido, cuándo usar un punto y coma, cuándo usar comillas... Los signos de puntuación sustituyen a las pausas de entonación que realizamos al hablar, pero, además, aportan ciertos rasgos expresivos (interrogaciones, exclamaciones, por ejemplo) que también utilizamos constantemente en cualquier conversación. Debemos hacer un esfuerzo para ser concientes de cómo modulamos la voz cuando hablamos. Las normas que rigen el uso de los distintos signos de puntuación las podemos consultar en cualquier gramática; pero ahora, si es este vuestro caso, os voy a proponer un ejercicio muy sencillo que en poco tiempo puede ayudaros a mejorar con rapidez, a pesar de que parezca algo infantil.

Es muy importante la constancia en el ejercicio, realizarlo durante tres o cinco minutos diarios. Conviene alternar distintas modalidades de texto en la lectura: novela, teatro, artículos periodísticos, un poema, etc

El ejercicio consiste en leer en voz alta, despacio, cuidando la entonación e incluyendo en la lectura en voz alta todos los signos de puntuacion. Veámoslo sobre un fragmento de Azorín:

Texto

«Seguimos nuestro viaje a través de España <u>-coma-</u>, y encontramos por andurriales y cotarros <u>-coma-</u>, ásperos y solitarios <u>-coma-</u>, otras ventas y paradores <u>-punto y seguido-</u>. Si unas están construidas en la altura luminosa de los puertos <u>-coma-</u>, otras se agrupan en angosturas <u>-coma-</u>, gollizos y cañadas hoscas y fuera de camino <u>-punto y seguido-</u>. Muchas de estas ventas han sido ha largo tiempo abandonadas <u>-punto y coma-</u> ; están cercanas a caminos y travesías que han sido hechos inútiles por carreteras nuevas y ferrocarriles <u>-punto y seguido-</u>. De estas ventas

sólo quedan unas paredes tostadas por el sol -coma-, calcinadas -punto y coma- ; los techos se han hundido y se muestra roto el vigamen y podridos y carcomidos los cañizos -punto y aparte-.»

Fragmento de «Ventas, posadas y fondas»
escrito recopilado en la obra *Castilla*, de Azorín
Examen de Selectividad, Comunidad Autónoma de Murcia, 2008

Debemos hacer la lectura pausada y tranquila, con la entonación adecuada. Con la constancia vamos a conseguir asociar inconscientemente las pausas discursivas con el signo de puntuación correspondiente. Asociaremos también las modulaciones de entonación con los signos de admiración, interrogación y puntos suspensivos. Si no realizamos la entonación correctamente, el ejercicio no nos dará resultado pero, si somos sistemáticos, los resultados se notarán en muy poco tiempo. El ejercicio es mucho más divertido cuando lo aplicamos a un diálogo donde los signos de exclamación e interrogación abundan, como sucede en el siguiente texto:

Texto

«*Poco después salía Iturrioz a la azotea (punto y aparte).*
–(Guion, se abre interrogación) ¿Qué (coma), te pasa algo (se cierra interrogación, guion)? –le dijo a su sobrino al verle (punto y aparte).
–(Guion) Nada (punto y coma); venía a charlar un rato con usted (punto y aparte).
–(Guion) Muy bien (coma), siéntate (punto y coma); yo voy a regar mis tiestos (punto y aparte).»

Pío Baroja (Universidad de Castilla–La Mancha, Junio de 2008)

2. Ser precisos

La precisión tiene que ver con las palabras que utilizamos. Cuando existe una palabra exacta para nombrar una idea, es esa la que debemos usar y no cualquier otra. Es fundamental que dominemos el vocabulario técnico de las distintas materias, sólo así podremos expresar las ideas con sus palabras apropiadas. El vocabulario técnico existe para evitar errores o interpretaciones en las ciencias y en las distintas disciplinas profesionales, de ahí la importancia de expresarnos con las palabras precisas usando los tecnicismos necesarios en cualquier definición o exposición.

2.1. Aprende a usar los tecnicismos necesarios en cada asignatura

Sin complicarnos mucho con el uso de tecnicismos espectaculares, creo que un ejemplo muy sencillo nos ayudará a comprender la importancia de usar las palabras de manera precisa. Lee estas dos oraciones y decide cuál de ellas es más clara y precisa:

1. Cuando calentamos agua, esta empieza a hervir al alcanzar los 100 grados centígrados.
2. Cuando calentamos agua, esta se pone cada vez más caliente hasta que empieza a echar burbujitas y quema.

No conocer la palabra «hervir» nos ha obligado a intentar definirla en la propia oración cuando decimos que «empieza a echar burbujitas y quema». La palabra «hervir» significa mucho más que echar burbujitas. Con menos palabras, hemos sido precisos en la primera oración, mientras que hemos sido ambiguos e inexactos en la segunda. No dominar los tecnicismos significa acudir a definiciones más o menos ocurrentes e improvisadas para decir lo mismo. El problema es que estas definiciones con palabras insuficientes suelen resultar pobres, incompletas e imprecisas.

Esta precisión se consigue mediante un trabajo sistemático. Tampoco podemos improvisarla. Ayudarán estos consejos prácticos:

Siempre que puedas, lee con un lápiz en la mano y un diccionario al lado. Cuando encuentres una palabra que te resulte dudosa o desconocida, subráyala, búscala en el diccionario y anota en el margen de la propia página su significado. No temas ensuciar un libro, los libros son material de trabajo.

Al principio podrá parecernos pesado porque interrumpe el hilo de la lectura y nos obliga a releer; en otras palabras, nos hace perder el tiempo. Y el tiempo no lo podemos perder cuando estamos bajo presión y en periodo de exámenes. Es verdad. Es una pérdida de tiempo pero ¿no crees una mayor pérdida de tiempo memorizar una guía de teléfonos? Y te hago esta pregunta porque alguien que trata de aprenderse un texto que no entiende está empleado en una tarea inútil, está empeñado en memorizar –que no comprender– una serie de datos inconexos que le resultará imposible de retener por carecer de lógica.

Si has anotado las palabras nuevas en el margen, al terminar, podrás hacer un repaso y afianzarlas en tu memoria. Recuerda que los tecnicismos aportan precisión al escrito y ahorran tiempo.

2.2. Evita las palabras «comodín»

Son esas palabras que usamos continuamente sin pensar en la posibilidad de otras más acordes al significado que tratamos de transmitir: es mejor decir «mueble» que «cosa», es mejor decir que una película es «entretenida» a decir que es «guay». Este tipo de palabras tan usadas en la lengua conversacional no tienen cabida en la lengua escrita. Son útiles en la lengua hablada porque la situación nos aporta un contexto donde un dedo señalando hace innecesario precisar si estoy hablando de un mueble o de un libro, o de un objeto de escritorio, o una prenda de vestir. Si el oyente no comprende el mensaje, al ser una comunicación bilateral, en la que el receptor puede asumir en cualquier momento el papel de emisor, le basta con interrumpirnos y preguntar. Pero no sucede así en la lengua escrita. La lengua escrita ha de ser autosuficiente, debe bastarse a sí misma, porque es unilateral: el receptor no puede asumir el papel de emisor para preguntarnos sus dudas. En la lengua hablada, la situación y el contexto suplen las ambigüedades del discurso. Pero en la lengua escrita no tenemos una situación en común con el lector y el contexto hemos de crearlo nosotros mismos en nuestro escrito. No estamos delante para dar explicaciones de lo que queríamos decir, así que lo que queramos decir, debemos dejarlo dicho en el papel.

2.3. Mejor una palabra que dos, mejor dos que tres

Debemos procurar buscar la palabra más adecuada y evitar los giros y perífrasis que no aportan información útil. Por desgracia, este defecto es demasiado frecuente en algunos lenguajes «políticos» o «administrativos», donde lo que parece importar es hablar mucho sin decir nada o diciendo lo mínimo. Es lo que sucede en este ejemplo:

> *En el ámbito nacional, a nivel de profesorado se procederá a un ajuste de los incentivos económicos, en cuanto a los suplementos que no a la base, que no afectará a la fiscalidad en...*

En el ámbito nacional = en España
A nivel de profesorado = entre/a los profesores
Un ajuste de incentivos económicos = bajada de sueldo (eufemismo)
En cuanto a los suplementos que no a la base = en los suplementos

Traducción: A los profesores españoles les bajarán los suplementos en los sueldos.

Esta ampulosidad puede tener su utilidad entre los políticos, pero desde luego resulta enemiga de la precisión y la claridad deseable siempre que haya algo que decir y no que ocultar tras las palabras. El problema es que lo oímos todos los días en los medios de comunicación y llegamos a asumirlo como algo normal y correcto. No lo es.

2.4. No uses un extranjerismo salvo si es imprescindible

Se extiende la moda de introducir en nuestra lengua vocablos extranjeros con la impresión de que dan más «tono», hacen parecer más «cultos» a quienes los utilizan. El idioma a imitar en esta época es el inglés, como antes lo fue el francés, y antes el español y antes el italiano. Cada época ha tenido su lengua de prestigio por circunstancias culturales, políticas y económicas. La discusión sobre la conveniencia o no del uso de extranjerismos viene desde la Edad Media. La postura de nuestros intelectuales, desde Fray Luis de León a Unamuno, siempre ha sido la misma: si con el vocablo llega una idea nueva, sea bienvenido el extranjerismo, porque esto será enriquecer el idioma y la realidad que a través de él percibimos (pensemos ahora en el descubrimiento de América y en todas las palabras que se introdujeron en el español junto con las nuevas realidades hasta entonces desconocidas en Europa: el chocolate, el tomate, el tabaco, la patata, etc.).

Pero lo que nunca debemos hacer es usar una palabra en lengua extranjera para significar un concepto para el que ya existe una palabra española. Esto sería empobrecer el idioma. Así pues, no tengamos «*hobbies*» y sí «aficiones», mejor «aficionados o seguidores», que «fans», mejor «agobiado o angustiado» que «estresado», mejor «ir de fiesta» que ir de «*party*», etc.

En el ámbito científico se admite el extranjerismo como tecnicismo. Hasta hace poco se preferían los cultismos, palabras extraídas del latín y el griego (tele–visión, micros–copio, telé–fono, etc.), pero hoy en día se suelen nombrar los descubrimientos en la lengua en que se realizan. La necesidad de precisión y la universalidad del conocimiento científico avalan este uso para facilitar la comunicación y el progreso de la ciencia.

3. Ser concretos

La concreción en el contenido se logra ciñendo nuestro escrito a lo que se espera de él. Si estamos realizando un examen, la concreción se logra respondiendo exactamente a lo que se nos pregunta, ni más ni menos. El valor de un escrito no se mide al peso, sino en cuando a la relevancia de los datos aportados en ese escrito. Un error frecuente es creer que cuanto más largo sea el escrito, será mejor valorado. Si te piden que hables del teatro de Federico García Lorca, habla de su teatro, no dediques dos tercios de la pregunta a hablar de su vida y su poesía. Si te piden un análisis de los resultados de la empresa en el último trimestre, no escribas tres folios dedicados al organigrama de la empresa. Hay que escribir con criterio y ajustándose al contenido que se nos solicita. Normalmente dispondremos de un tiempo muy justo para elaborar un informe o realizar un examen. No conviene divagar: perdemos nuestro tiempo y se lo hacemos perder a los demás.

En la redacción, la concreción se consigue evitando introducir diversas líneas de pensamiento, saltar de una a otra sin orden o innecesariamente, o añadir incisos explicativos tan amplios que acaben por hacernos perder el hilo sin que se aporte información pertinente al texto. Es lo que siempre se ha llamado «ir al grano», «no te andes por las ramas».

Capítulo II:
Del comentario de opinión al comentario de texto

Comentar significa expresar nuestra opinión acerca de algo. Cuando se nos pide que expresemos nuestra opinión por escrito, estamos manifestando nuestra madurez en cuanto a la capacidad de reflexión sobre un tema concreto y en cuanto a la capacidad de expresar nuestras ideas de una forma ordenada. Capacidad crítica y capacidad de expresión son dos cualidades o «competencias» que pueden desarrollarse con la práctica y el conocimiento adecuados. Y estas capacidades pueden evaluarse mediante un simple ejercicio: «Dime qué opinas sobre la reforma de la Ley del Aborto», por ejemplo. No hay información previa, debes expresar una opinión sobre el tema a partir de los datos que posees, con la información que habitualmente manejas y hacerlo en un tiempo determinado. ¿Cómo nos enfrentamos a un tema así? ¿Cómo podemos desarrollar una opinión de una forma clara y estructurada incluso desconociendo de antemano el tema que nos van a plantear? A esas preguntas trataremos de responder en este libro.

Una variante del ejercicio anterior consiste en solicitarnos un «Comentario de texto». En este caso, la ventaja que tenemos es que el propio texto nos ofrecerá una serie de ideas en las que nos podremos apoyar, pero para eso deberemos comprender correctamente el texto en cuestión; además, en este caso, el comentario se puede extender a la forma del texto, es decir, al empleo que se ha hecho de la lengua, lo cual requiere un nivel de conocimientos sobre gramática que van a resultar imprescindibles. Y si el texto es literario, necesitaremos también conocimientos sobre el periodo, el género y el autor. Cuanta más información tengamos, mejor podremos realizar un comentario de un texto en concreto.

Cada uno de los ejercicios (comentario de madurez, comentario de texto de opinión, comentario sobre los rasgos lingüísticos de un texto o comentario de texto literario) tendrá una forma de acercamiento y desarrollo particulares, pero existen unas fases de aproximación que son comunes a todos los comentarios de texto y que, además, nos serán útiles como técnicas de estudio; y por ellas vamos a empezar.

FASES DE APROXIMACIÓN AL TEXTO Y TÉCNICAS BÁSICAS DE ESTUDIO Y DE COMENTARIO.

Cuando tratamos de comprender, de estudiar, o de comentar un texto, hay una serie de técnicas básicas que siempre nos van a ayudar a penetrar mejor en su contenido, lo que nos proporcionará las herramientas necesarias para memorizar, estudiar o comentar mejor el texto. Curiosamente coinciden con las que suelen preguntarse en los exámenes, nos estamos refiriendo al resumen, el esquema (o estructura de contenido) y el tema (o título) de un texto determinado. Antes de empezar a redactar cualquier comentario sobre un texto, lo primero que tendremos que hacer es leer y comprender ese texto. En conclusión, pasaremos por las siguientes fases:

1. Lectura comprensiva
2. Resumen
3. Esquema
4. Tema o título

1. Lectura comprensiva

El primer contacto que tenemos con el texto es la lectura previa. Existen técnicas de lectura rápida que nos permiten captar el mensaje global del texto y su estructura. Pero cuando vamos a centrarnos en profundizar en el contenido de un texto, no hay otro camino que realizar siempre una lectura comprensiva del mismo.

Para ello es importante:

- Leer pausada y tranquilamente el texto completo.
- Subrayar las palabras desconocidas o dudosas.
- Anotar al margen el significado de estas palabras una vez buscadas en el diccionario.
- Releer el texto asegurándonos de que comprendemos el significado de todas y cada una de sus frases y el significado conjunto.

No conviene pasar por alto esta fase por mucha prisa que tengamos, realmente estamos ante los cimientos de la casa, la estructura sobre la que sostendremos el edificio. Si leemos a la ligera o confundimos el significado del texto, todo lo que comentemos sobre él será erróneo. Si hay que escribir menos, porque disponemos de poco tiempo, escribiremos menos, pero lo que digamos será correcto y tendrá sentido. Observad que hemos dicho «subrayar las palabras desconocidas o dudosas», aquí tenemos un ejemplo interesante sobre posibles errores de interpretación:

«Agora que conmigo, –
sola en este <u>retrete</u>, –
por pena o por alivio –
permite amor que quede; –

agora, pues, que hurtada 5
estoy un rato breve –
de la atención de tantos –
ojos impertinentes, –

salgan del pecho, salgan –
en lágrimas ardientes 10
las representadas penas –
de mis ansias crueles...» –

Endecha, Sor Juana Inés de la Cruz

Es inusual la palabra «retrete» en un poema. Su significado para un lector moderno sería el que la R.A.E. marca en su diccionario como acepción 2, esto es: «Aposento dotado de instalaciones necesarias para orinar y evacuar el vientre». Ateniéndonos a este significado, entenderíamos que la autora se sentaba en el inodoro para llorar a sus anchas sus males de amor alejada de miradas indiscretas. Claro que esto es poco «poético» por las connotaciones que el lugar atrae a nuestra mente. Si buscamos la palabra en el diccionario, encontraremos que antes de tener este significado eufemístico, que trataba en su momento de ocultar la palabra «letrina», tenía otra acepción en los siglos XVI y XVII que la R.A.E. pone en primer lugar, es decir: «Cuarto pequeño en la casa o habitación destinada a retirarse». Ahora que lo sabemos, podremos empezar a comentar sin malos olores.

Conviene insistir en que el uso continuado del diccionario mejora enormemente nuestras capacidades lingüísticas, tanto de comprensión como de expresión.

2. Resumen

El resumen trata de aislar las ideas fundamentales del texto. Para realizarlo, una vez finalizada la lectura comprensiva, volveremos a una segunda lectura en la que trataremos de subrayar aquellas oraciones que contengan las ideas clave del texto. Normalmente, en todo texto, hay ideas clave y ejemplos o desarrollo demostrativo de esas ideas. El que dominen más en un texto las ideas clave o los ejemplos o ideas de desarrollo, dependerá del tipo de texto ante el que nos encontremos. Cuanto más divulgativo o didáctico sea, más abundará en ejemplos. Cuanto más científico o especializado, más lo hará en ideas clave.

Un buen resumen comprime el contenido del texto al mínimo y, en cualquier caso, no debe superar 1/3 del texto original. Cuanto estamos estudiando o desarrollando un trabajo que implique manejar textos (legislación, por ejemplo), el resumen nos permite aprovechar este esfuerzo para consultas posteriores, como veremos más adelante.

Para realizar el resumen, subrayaremos las ideas clave de tal manera que leyendo exclusivamente lo subrayado contenga todo el sentido literal del texto. Veamos un ejemplo:

Texto de anatomía

Articulaciones: <u>son zonas de contacto entre dos huesos, recubiertas de cartílago epifisario</u>. A las superficies de contacto las llamamos <u>carillas articulares</u>. Son unas zonas <u>donde se produce el movimiento</u>, el cual es posible gracias a la <u>superficie lisa</u> o satinada del cartílago, que resbala muy bien. Además <u>las células cartilaginosas <u>segregan</u> un líquido para facilitar el movimiento y disminuir el rozamiento, es el <u>líquido sinovial</u> o articular. <u>Para evitar la pérdida de este líquido, se forma una capa de tejido conjuntivo</u> que encierra a ambas carillas articulares en un espacio o cavidad articular. El líquido es de naturaleza densa y es segregado al interior por las células de las carillas articulares y por la misma cápsula que encierra al líquido sinovial, <u>la zona de segregación de este líquido es la llamada capa sinovial o sinovia</u>.

Como técnica de estudio, el resumen nos permite repasar en mucho menos tiempo. Sólo tendremos que leer lo subrayado y, en caso de duda, el resto. Si el libro no es nuestro o estamos sacando ideas para componer nuestros propios apuntes, anotaremos nuestro resumen sin necesidad de ceñirnos literalmente a lo subrayado, lo que nos da mayor libertad de síntesis:

Resumen

Las articulaciones son zonas de contacto entre huesos. Están cubiertas de <u>cartílago epifisario</u>. El movimiento se produce entre las <u>carillas articulares</u>, muy lisas e impregnadas de <u>líquido sinovial</u> encerrado en una capa de tejido conjuntivo (<u>capa sinovial</u>).

El resumen, además de una aproximación al contenido del texto, es una técnica de estudio. Es recomendable siempre dejar subrayados los tecnicismos, como hemos hecho en el ejemplo anterior. De esta forma tendremos una doble vía de repaso: 1) la memoria, cuando tratamos de reproducir literalmente el texto y 2) la definición de los tecnicismos aislados. Si somos ahora capaces de definir qué es un «cartílago epifisario», «carillas articulares», «líquido sinovial» y «capa sinovial», seremos capaces de reproducir el texto sin mayores problemas. Yéndonos directamente a los tecnicismos subrayados en nuestro resumen, avanzaremos con muchísima más velocidad en nuestros repasos de contenidos.

3. El esquema o estructura de contenido

Una vez realizado el resumen, regresamos sobre el texto para analizar el esquema o estructura de los contenidos. En el resumen, hemos aislado las ideas fundamentales que aparecían en el texto, pero estas ideas han sido expuestas siguiendo un orden y manteniendo entre sí determinadas relaciones lógicas. Tanto las ideas expresadas en un mismo párrafo, como las que se expresan en párrafos diferentes dentro de un mismo texto, lo hacen en base a una relación lógica concreta. Al hacer el esquema, vamos a tratar de visualizar cuál es ese esquema de relación presente en el texto.

Para analizar la estructura hay algunos trucos que nos pueden ayudar:

3.1. Organización de los párrafos

Partimos de este principio general: cada párrafo desarrolla una idea, y esta idea guarda relación lógica con lo dicho anteriormente (párrafo anterior) y con lo dicho posteriormente (párrafo posterior).

La relación entre los párrafos es una relación lógica, es decir, una relación en la que la segunda idea se suma a la anterior, o resta parte de su significado a la anterior, o expresa la causa o la consecuencia de lo dicho, etc. Las posibles relaciones lógicas se expresan mediante conjunciones o locuciones conjuntivas, por lo tanto, un buen esquema de las oraciones compuestas nos servirá como guía para repasar las posibles relaciones lógicas. Igual que sucede en la relación sintáctica oracional, la relación entre los párrafos puede ser copulativa, o disyuntiva, o distributiva, o causal, etc. Los nexos que usamos para unir oraciones, también los podemos encontrar al principio de los párrafos, son ordenadores del discurso y nos sirven de ayuda para comprender de forma más precisa cómo se relacionan los contenidos del texto.

3.1.1. Clases de estructuras de párrafos según sus apoyos formales

ORDENACIÓN EXTRÍNSECA: A veces, la necesidad de orden y claridad es tan importante que los párrafos se numeran para facilitar la rápida localización de los contenidos. Es lo que llamamos «ordenación extrínseca». Es normal en textos como el jurídico donde la precisión es imprescindible para citar y localizar las leyes. Observad el siguiente ejemplo:

LEY DE ARRENDAMIENTOS URBANOS   –
(3 NOVIEMBRE 1994)   –

TÍTULO II   –

DE LOS ARRENDAMIENTOS DE VIVIENDA   –

CAPÍTULO PRIMERO: NORMAS GENERALES   5

ARTÍCULO 8. Cesión del contrato de subarriendo.   –

1. El contrato no se podrá ceder por el arrendatario sin el consen-   –
   timiento escrito del arrendador. En caso de cesión, el cesionario   –
   se subrogará en la posición del cedente frente al arrendador.   –
2. La vivienda arrendada sólo se podrá subarrendar de forma   10
   parcial y previo consentimiento escrito del arrendador.   –

La «ordenación extrínseca» consiste en sacar fuera del texto, y por lo tanto del párrafo, elementos que nos ayuden a visualizar de manera clara e inmediata los contenidos y su ordenación. En el texto que nos sirve de ejemplo, son elementos de ordenación extrínseca la enumeración por títulos (título II), por capítulos (capítulo primero), por artículos (artículo 8), y los párrafos (1 y 2). También son elementos de ordenación extrínseca el enunciar el tema del contenido, a modo de tema o título, junto a cada capítulo y cada artículo (Normas Generales, Cesión del contrato de subarriendo).

ORDENACIÓN INTRÍNSECA: Llamamos así al uso de ordenadores del discurso (normalmente conjunciones o locuciones conjuntivas) al principio de los párrafos que expresan la relación lógica con lo dicho anteriormente. Manifiesta asimismo preocupación por parte del emisor de ser claro y preciso en su mensaje, muy normal en textos, por ejemplo, con intención didáctica o divulgativa. Observemos este ejemplo:

Texto:

> «El tabaco es una droga que, como el alcohol, tiene un uso normalizado en nuestra sociedad desde hace siglos.
> <u>Pero</u> es un hecho que en ambos casos se trata de una práctica que perjudica gravemente la salud del consumidor. Y no es un hecho que afecte exclusivamente al ámbito subjetivo de la persona, dado que, en el sistema sanitario español, es el Estado, es decir, todos nosotros, quien paga los gastos ocasionados por las enfermedades derivadas de ese consumo.
> <u>Por lo tanto</u>, tanto el tabaco como el alcohol deberían ser prohibidos o, al menos, obligados los consumidores a financiar a su costa los gastos de medicinas u hospitalarios derivados de las enfermedades directamente vinculadas a su consumo.»

El párrafo 2 y el párrafo 3 están encabezados por nexos conjuntivos que expresan inequívocamente la relación lógica del contenido de sus respectivos párrafos. «Pero», conjunción adversativa, nos indica que lo que va a ser expresado en el párrafo que introduce contradice parcialmente lo expuesto en el párrafo anterior. «Por lo tanto», locución conjuntiva con valor ilativo, nos anuncia que lo que vamos a leer es la consecuencia o conclusión de los dos párrafos anteriores.

Ordenación estructural: Aunque lo más frecuente será que no encontremos ningún elemento, ni fuera ni al principio del párrafo, que nos indique la relación lógica existente entre ellos, es lo que llamamos «ordenación estructural». De cualquier forma, esta relación existe o el texto incumpliría con una norma básica de la coherencia: al todo se llega a través de sus partes.

Estos procedimientos, salvo casos concretos tan precisos como el del lenguaje jurídico, no suelen aparecer aislados, pueden y suelen mezclarse entre sí. Debemos estar atentos a la existencia de ordenadores del discurso o elementos externos que nos puedan indicar la relación lógica de contenidos.

3.1.2. Clases de estructuras de párrafos según la organización de sus contenidos

Se suelen establecer cuatro modelos como más frecuentes en la organización de los contenidos en un texto:

1. Inductivo
2. Deductivo
3. Encuadrado
4. Paralelo

ORDENACIÓN INDUCTIVA: Un texto sigue una organización inductiva cuando va de lo particular a lo general. Empezamos enunciando hechos concretos, procedemos a su análisis y concluimos con un principio general (tesis). Sería algo así:

Texto

1er párrafo: *han fallecido 65 personas en accidentes de tráfico.*
2º párrafo: *40 personas de las fallecidas tenían alcohol en sangre.*
3er párrafo: *está demostrado que el alcohol merma los reflejos y las facultades mentales.*

(Párrafos 1, 2 y 3: hechos demostrativos concretos)

4º párrafo (idea general; tesis): *jamás se debe conducir habiendo ingerido alcohol.*

ORGANIZACIÓN DEDUCTIVA: La organización deductiva, en cambio, va de lo general o universal (tesis), a lo particular, concreto, lo anecdótico, el ejemplo concreto. Es el modelo inverso al que hemos visto antes. Sería así:

Texto

1er párrafo (idea general; tesis): *la igualdad de derechos y deberes entre todos los españoles es una obligación moral aún pendiente de la sociedad en general y de sus gobernantes en particular.*

(Párrafos 2, 3 y 4: hechos demostrativos concretos)

2º párrafo: *las mujeres ganan un 35 % menos de salario que los hombres.*
3ᵉʳ párrafo: *la tasa de desempleo es mayor entre las mujeres que entre los hombres.*
4º párrafo: *el embarazo y el permiso de maternidad es un factor de discriminación para la mujer en el mercado laboral.*

ORGANIZACIÓN ENCUADRADA: Esta organización es una mezcla de la dos anteriores, el texto se abre y se cierra con la idea general (tesis) y, en los párrafos intermedios, se expresan los hechos concretos que demuestran la tesis:

Texto

1ᵉʳ párrafo (idea general; tesis): *el lenguaje humano es único y diferenciado del resto de los lenguajes en el mundo animal.*

(Párrafos 2, 3 y 4: hechos demostrativos concretos)

2º párrafo: *las abejas pueden comunicar la fuente de su alimento, pero solo si han estado físicamente allí.*
3ᵉʳ párrafo: *los gorilas tienen un número limitado de voces para expresar acciones o situaciones, pero no pueden combinar estas voces.*
4º párrafo: *ni las abejas, ni los gorilas ni los delfines pueden usar su lenguaje para reflexionar sobre su sistema de comunicación.*
5º párrafo (conclusivo, vuelve a la idea principal: tesis): *La capacidad reflexiva, articulada y creativa hacen diferente al lenguaje humano del resto de los lenguajes conocidos en el mundo animal.*

ORGANIZACIÓN PARALELA: Equivale a la enumeración de una serie de ideas o elementos, todos ellos principales y del mismo rango, con independencia de que, en alguno de ellos, podamos observar alguna idea subordinada o secundaria. Sirva como ejemplo este texto jurídico:

Texto

«Artículo 130. Iniciativa para el establecimiento del sistema y su objeto.

1. *La iniciativa para el establecimiento de actuación por compensación corresponderá a:*

    a) *El propietario único iniciando el expediente de reparcelación.*
    b) *La totalidad de los propietarios mediante convenio urbanístico conforme a lo previsto en...*
    c) *Los propietarios que representen más del cincuenta por ciento de la superficie de la unidad...*
    d) *Cualquier persona física o jurídica, pública o privada, propietaria o no del suelo que...»*

Ley 7/2002, de 17 de diciembre
de Ordenación Urbanística de Andalucía

El esquema es muy útil tanto como técnica de estudio como para la aproximación al comentario de texto. Como técnica de estudio es muy útil porque nos permite usar como apoyo la memoria visual, nuestra capacidad de recordar la forma de los objetos y su distribución en el espacio. Cuando pensamos en la pregunta, antes que los contenidos, se nos representa en la imaginación la página donde se encuentran e incluso detalles de cómo estaban escritos. Si hemos usado un esquema para la memorización, también sabremos de cuántas partes se compone la pregunta y cuántos puntos deberíamos desarrollar en cada una de estas partes. En lugar de pensar en un conjunto de líneas homogéneo (resumen o texto), pensaremos en una estructura, en un dibujo. Esto nos ayuda a recordar.

Como técnica de aproximación al comentario es también muy útil. Nos permitirá estructurar el desarrollo de nuestro comentario siguiendo las pautas del texto y podremos apoyar o refutar cada una de las ideas expuestas en el esquema con la certeza de no dejar atrás ningún argumento que sea relevante. Constituye un índice previo e imprescindible para el comentario de textos de opinión o los comentarios de madurez como los solicitados en el examen de Selectividad de algunas comunidades autónomas.

3.2. ¿Cómo hacemos el esquema?

La representación del esquema es algo secundario. Pero hemos de tener en cuenta que cualquier sistema de representación que usemos deberá estar visualmente limpio, estructurado y ordenado, es decir, permitirá apreciar con una simple mirada las partes de que se compone el texto y la estructura de los contenidos. De lo contrario no cumpliría su misión como esquema. El más usado es el que juega con la numeración y los espacios de sangría e interlineado, nos ofrece muchas ventajas. Veámoslo sobre este texto periodístico de opinión de Manuel Alcántara:

Texto

«<u>La residencia en la tierra de los futuros españoles será una residencia de ancianos. Según el Comité de Población de Naciones Unidas</u>, dentro de medio siglo seremos (quiero decir serán sus habitantes) los más envejecidos del planeta azul, <u>con una media de 54 años</u>, que es buena para saber lo que se hace y también para deplorar lo que no se hizo. Y lo que no se hicieron fueron hijos.

<u>Hay más funerales que bautizos</u> y desde hace algún tiempo se venden más bastones que chupetes. Por lo tanto, <u>la situación se estaba viendo venir, pero ya ha llegado</u>. ¿La ha traído la píldora anti–baby, el póntelo pónselo, el trabajo de la mujer fuera de casa, la desgana del hombre dentro?

<u>Los sociólogos</u> no acaban de explicárselo, pero <u>advierten</u> que de continuar esta tendencia, que consiste en no tenderse con fines reproductivos sino meramente recreativos, se necesitarán <u>doce millones de inmigrantes para mantener la actual proporción entre población activa y población pasiva.</u>

<u>Tendremos que darle asilo al peregrino</u> si no queremos convertirnos en un asilo. Vamos a hacer necesidad de la virtud de la hospitalidad y de seguir así las cosas les llevaremos a los pa-

5

10

15

sajeros de las pateras papeles en regla hasta la misma orilla. Pa- 20
sen, señores, pasen, están en su casa. Aquí somos ricos. Tan ricos
que se venden 4.000 coches diarios y nos vamos a gastar más de
210.000 millones en las rebajas de enero.
 <u>*Detestamos todos los trabajos que exijan*</u> *tener que agacharse,*
incluso algunos, los más placenteros, que requieran tumbarse, <u>*y*</u> 25
<u>*por eso necesitaremos refuerzos*</u>*. De la vieja consigna que pos-*
tulaba «creced y multiplicaos» sólo hemos obedecido la primera
parte y ahora los españoles son más altos, pero son menos. <u>*La Ley*</u>
<u>*de Extranjería*</u> *va a hacer que las cosas caigan por su propio peso*
obedeciendo a la ley de la gravedad. <u>*Va a abrirse*</u> *la mano con los* 30
inmigrantes no por hacer una buena obra sino <u>*porque va a faltar*</u>
<u>*mano de obra*</u>*. Los xenófobos están de enhora–mala.»*

Manuel Alcántara

Como fase previa a la realización del esquema debemos realizar el resumen. Y para hacer el resumen hemos empezado por subrayar la información concreta y las afirmaciones del autor. En este caso no hay tecnicismos o palabras de significado dudoso, pero sí se han utilizado expresiones más o menos coloquiales acordes con el tono desenfadado e irónico del texto. Alguna de ellas puede llevarnos a equívoco y conviene tener claro su sentido porque será el que utilicemos en nuestro resumen donde nos quedaremos sólo con lo concreto y eliminaremos las repeticiones, redundancias e ironías presentes en el artículo. Una vez redactado, nos quedaría así:

Resumen

Según el Comité de Población de Naciones Unidas, en medio siglo España será el país más envejecido del planeta, con una edad media de 54 años.
Ya hay más defunciones que nacimientos, es un hecho cierto con independencia de las causas que lo han provocado.
Los sociólogos advierten que se necesitarán doce millones de inmigrantes para mantener la actual proporción entre población activa y pasiva. Para conseguirlo, tendremos que acoger a los inmigrantes e incluso incentivar la inmigración. En especial

cuando los españoles rechazamos los trabajos que requieren algún esfuerzo físico.
La ley de Extranjería debe ser más permisiva con los inmigrantes porque va a faltar mano de obra.

El texto plantea la información de una manera inductiva y estructural. Inductiva porque va de los hechos concretos hacia una conclusión; y estructural porque no hay ningún ordenador del discurso al principio de los párrafos o fuera de ellos que nos indique la relación lógica entre los contenidos de los distintos párrafos. Con todo, está claro que la relación entre los hechos concretos y la conclusión es una relación de causa–consecuencia. El esquema podríamos plantearlo así:

Esquema

1.1. La natalidad en España ya ha entrado en recesión.

a) España será el país más envejecido en 50 años (Comité de Población de Naciones Unidas).

1.2. La balanza entre población activa y población pasiva se desequilibra por:

a) Haber menos españoles (necesitaremos doce millones de inmigrantes para mantener el equilibrio en la balanza).
b) Rechazar los españoles trabajos que requieren esfuerzo.

1: Necesitamos la inmigración como mano de obra para mantener el estado de bienestar (Nueva Ley de Extranjería).

Hemos dicho que el esquema, como técnica de estudio, favorece la memoria visual. Aún no hemos estudiado ni memorizado el contenido, pero frente a un texto de más de treinta líneas, nos hemos quedado con seis ideas organizadas según su relación lógica. Antes de empezar a estudiar ya sabemos que tenemos una idea clave (1) producida como consecuencia de dos ideas (1.1. y 1.2.) cada una de ellas apoyada en hechos concretos (a y b). Esto facilita enormemente el esfuerzo de retención de información.

Como técnica de aproximación al comentario de opinión, es indispensable porque ahora estamos en disposición de analizar los contenidos del texto punto por punto, mediante un acercamiento sistemático no sólo a las ideas que han sido expresadas, sino también a la relación lógica que el autor ha establecido entre estas ideas. Podemos estar de acuerdo o no con las ideas expresadas (los hechos concretos son hechos y no son opinables, aunque pueden ser erróneos o contradictorios con otros datos ofrecidos por diferentes fuentes), pero también podemos estar de acuerdo o no con la relación lógica que ha sido establecida en el texto entre estas ideas (es opinable la interpretación que se hace de los hechos). Todo ello lo trataremos con más detenimiento en el comentario de textos de opinión. En conclusión: un buen esquema nos proporciona un guion práctico para plantear y desarrollar nuestra propia opinión sobre lo que se ha dicho en el texto.

4. El tema o título

Por último, una vez leído el texto, subrayado, realizado el resumen y el esquema, antes de iniciar un comentario de opinión, conviene preguntarnos cuál es la idea esencial, clave, que el autor ha querido transmitirnos en el texto. A esta idea es a lo que llamamos tema o título del texto.

Como técnica de estudio, anotar el tema en el margen superior o lateral del texto facilita la localización rápida de contenidos en el repaso. Esta función la suelen cumplir los títulos de las preguntas en los libros de texto, o de los artículos en textos como el jurídico donde es indispensable una organización de información especialmente apta para citas y consultas rápidas; pero cuando saltamos a otros niveles de aprendizaje y manejamos todo tipo de fuentes (revistas, libros, apuntes, artículos...), una buena organización de la información se convierte en imprescindible. Esta anotación en el momento del estudio, no requiere tiempo y puede ayudarnos mucho en la localización de contenidos en los sucesivos repasos. Para verlo en la práctica, nos apoyaremos en un texto de opinión sobre el que desarrollaremos todos los pasos explicados hasta el momento.

Esta técnica de aproximación al comentario ya sea de opinión o literario nos va a permitir algo básico y previo: el posicionamiento de nuestra propia opinión en relación con el texto

APLICACIÓN DE LAS TÉCNICAS DE APROXIMACIÓN A UN TEXTO PERIODÍSTICO DE OPINIÓN

Una vez vistas las partes, podemos intentar el comentario completo sobre un texto propuesto para examen de Selectividad. El subrayado que aparece en el texto es nuestro, vamos preparando el resumen:

Texto

La Torre
JUAN JOSÉ MILLÁS

«Una cosa incomprensible de la informática es que le obligue a uno a escribir mal. Todo junto, sin acentos, sin mayúsculas, sin eñes. Los habitantes del correo electrónico y de internet en general parecen afásicos, como si les hubieran dado un golpe en la cabeza. Al principio uno se rebela, pero llega un momento en que si persistes en utilizar las mayúsculas, los acentos, las eñes, incluso la sintaxis, en el espacio cibernético, te toman por un psicópata. No sabe uno cómo explicar que escribiendo mal es imposible pensar bien. Pero quizá lo que se esconde tras las órdenes del todo junto, sin acentos, sin mayúsculas, sin eñes, sin sintaxis se resume en esta otra: sin pensamiento, por favor.

De hecho los diccionarios incorporados a los procesadores de textos, carísimos por cierto, tienen un vocabulario tan pobre como el inglés de aeropuerto: sirven para averiguar dónde esta el cuarto de baño, pero no proporcionan elementos de juicio para saber de qué modo se utiliza una letrina o se tira de la cadena. Es cierto que uno puede ir enriqueciéndolo con la incorporación de nuevos términos, aunque para ello es necesario tener una cultura previa que al contacto con la informática puede deteriorarse gravemente, sobre todo si uno cae en el desvarío dadaísta de activar también el corrector sintáctico.

Yo creo que lo que sucedió en Babel no fue que Dios confundiera a los hombres dotándolos de diferentes lenguas, sino que les obligó a utilizar mal la que tenían: todo junto, sin acentos, sin mayúsculas, sin eñes, sin sintaxis: sin pensamiento. Pero sin pensamiento, por rudimentario que sea, no se puede levantar ni una modesta construcción de Lego; mucho menos un cúmulo de saberes desde los que alcanzar el cielo. Nuestra torre de Babel es la informática, y ya ha comenzado a confundirnos. Dios ataca de nuevo.»

25

Selectividad, Comunidad de Madrid, curso 98/99

Resumen

Los usuarios de internet y del correo electrónico escriben mal, cometiendo todo tipo de errores ortográficos, léxicos y sintácticos. Sin embargo, no podemos pensar bien escribiendo mal, aunque la clave en estos foros parece precisamente no pensar.

Los procesadores tienen incorporado un vocabulario, pero este es pobre y, aunque pude enriquecerse introduciendo términos, para eso es necesario tener una cultura previa.

Usando mal la lengua no se puede pensar bien y menos pretender el conocimiento. El castigo de Dios en Babel consistió en hacer usar mal su lengua a los hombres.

Esquema

1.1. La lengua se usa muy mal en internet.

1.2. El vocabulario es muy pobre, incluso en los procesadores de texto.

1.3 No se puede pensar bien si usamos mal la lengua.

1: Este empobrecimiento nos lleva a la imposibilidad de pensar y saber.

Nos preguntamos ahora cuál es la idea que el autor ha tratado de transmitirnos para expresarla de forma breve, clara y concisa. Personalmente prefiero enunciar el tema mediante una oración gramatical que aporte una idea completa. No pretendemos dar un «titular» periodístico que llame la atención del lector y despierte su curiosidad para acercarlo al contenido del artículo. Tratamos de condensar la idea principal que el autor defiende en el texto. Podríamos enunciarla así:

Tema

El mal uso de la lengua en la informática dificulta el pensamiento y el conocimiento.

Una vez enunciado el tema, estamos en disposición de elegir postura y perspectiva en nuestro comentario personal.

Capítulo III:
El comentario de ideas o de opinión
(comentario de madurez)

Expresar nuestra opinión es algo cotidiano. Continuamente estamos fijando nuestras posiciones frente a los acontecimientos, actitudes, personas que nos rodean y emitiendo juicios de valor: eso está bien, eso está mal, estoy de acuerdo con María, no estoy de acuerdo con Juan. La diferencia está en que lo que se nos pide en un ejercicio de comentario consiste en expresar de forma «razonada» nuestra opinión, es decir, sustentando nuestros juicios en razones o argumentos. El resultado nos va a mostrar la capacidad de reflexión y expresión de quien lo realiza.

El comentario de opinión se nos puede solicitar de dos formas:

1. Se enuncia un tema sobre el que debemos expresar nuestra opinión («Expresa tu opinión razonada sobre la xenofobia en la sociedad actual», por ejemplo). Puede ser un examen o puede que queramos expresar nuestra opinión sobre cualquier asunto en un periódico. Lo llamaremos *comentario abierto*.
2. Se nos da un texto y se nos pide un comentario crítico sobre las ideas contenidas en el mismo. Lo llamaremos *comentario inducido*.

En ambos casos, vamos a demostrar nuestra madurez para reflexionar y nuestra capacidad para expresar ideas de forma clara, precisa, ordenada y, a ser posible, objetiva. Es lógico que cuanta más información tengamos sobre el tema a tratar, más fundamento tendrá nuestro comentario, de ahí la importancia, siempre que sea posible, de documentarnos previamente sobre el tema, y si el tema es polémico, procurar informarnos de las distintas posturas y argumentos enfrentados. Hoy día, internet nos puede ayudar a hacerlo de forma rápida.

FASES DE APROXIMACIÓN Y DESARROLLO DEL COMENTARIO DE IDEAS O DE OPINIÓN

Nuestra impaciencia o nuestra prisa por falta de tiempo, en especial en exámenes donde este ejercicio es sólo una parte, nos empuja a empezar a escribir de forma inmediata, sobre todo, cuando el tema que se nos propone lo conocemos y tenemos sobre él una opinión previa. No obstante, debemos actuar con orden, de forma sistemática. El comentario lo agradecerá enormemente. Tanto si vamos a realizar un comentario «abierto» (se nos pide directamente que argumentemos sobre un tema concreto) como si se trata de un comentario «inducido» (se nos pide un comentario crítico sobre las ideas expresadas en un texto), vamos a empezar aplicando los siguientes pasos:

- 1ª fase: búsqueda de información.
- 2ª fase: distanciamiento del tema y búsqueda de perspectivas: la técnica de la pirámide.
- 3ª fase: posicionamiento propio frente al tema.
- 4ª fase: esquema previo y organización de contenidos.
- 5ª fase: redacción.

1. Primera fase: búsqueda de información

Siempre que podamos, y como ejercicio básico e imprescindible de las técnicas de trabajo intelectual, debemos informarnos antes de expresar nuestra opinión sobre un tema determinado. Es algo que por obvio no se dice y, lamentablemente, no se hace. Esta fase de información previa va a enriquecer nuestro pensamiento aportando ideas y perspectivas que podemos no haber leído antes o no haber entendido correctamente por su tratamiento parcial o incompleto.

La televisión es el medio informativo más usado en general, sin embargo, no es un buen medio de información por dos razones: el tiempo en televisión y radio es muy limitado, por lo cual la información suministrada es la justa e indispensable. Además, está su linealidad: al ser una comunicación verbal, oímos una noticia tras otra ininterrumpidamente. Si algo nos llama la atención o tratamos de entenderlo mejor, no podemos volver atrás, ya otra noticia ha aparecido y ha desplazado nuestro centro de interés. El periódico siempre es preferible para informarse porque le da un tratamiento más completo y profundo a los temas y nos permite releer cuantas veces sea necesario hasta comprender el contenido.

Siempre deberemos cuidar, además, la fuente de información, dado que las cadenas de televisión, los periódicos y las cadenas de radio dependen económicamente de sectores parciales de opinión (partidos políticos, sindicatos, Iglesia, empresarios, etc.), por eso la famosa frase «nunca un único periódico», porque sólo obtendríamos una perspectiva de la realidad.

A estos medios tendríamos que añadir hoy día internet, donde no sólo podemos obtener información sino contrastar nuestra opinión en foros más o menos especializados. Con todo, el riesgo de Internet es que hay que ser muy disciplinado para no dispersarse ante la multitud de posibilidades que nos ofrece en cuanto hacemos cualquier consulta. Este problema llega a ser tan importante que debemos valorar si nos compensa o no; pero la respuesta debe ser afirmativa, hemos de familiarizarnos con todos los medios a nuestra disposición y este es, probablemente, el más rico y eficaz en el futuro inmediato. Nuestra opinión expresada con una información previa del tema se va a ver enriquecida y ampliada de manera que aportaremos una visión útil.

2. Segunda fase: distanciamiento del tema y búsqueda de perspectivas: la técnica de la pirámide

Observad atentamente estos cuatro dibujos:

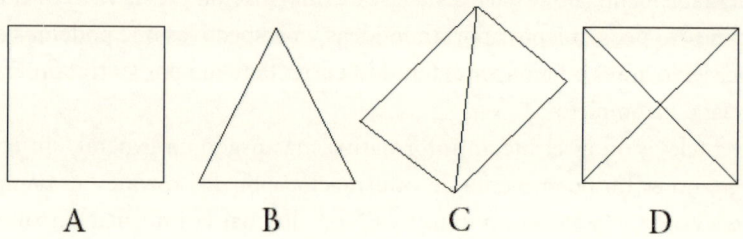

A   B   C   D

Si se os pide que identifiquéis cada una de estas figuras, la respuesta está clara. Afirmaríais que:

A = cuadrado
B = triángulo
C = dos triángulos unidos, o un rombo partido en dos triángulos.
D = cuatro triángulos unidos o un cuadrado partido en cuatro triángulos.

Es cierto, y cada una de las imágenes presentadas corresponde a las figuras geométricas definidas. No puedo decir que lo que afirmáis no sea verdad, pero sí sé que es una verdad parcial y carente de perspectiva y, por tanto, que no se corresponde con la realidad.

La clave para comprenderlo consiste en movernos de donde estamos para cambiar nuestra perspectiva. Cada una de estas cuatro figuras corresponde a una realidad única: una pirámide. Sucede que cada uno la estamos contemplando desde una posición única que nos ofrece una visión parcial que no se corresponde con la realidad completa. Para tener esa visión global tendremos que ir cambiando nuestra perspectiva, rodeando el objeto para integrar en él las distintas imágenes que se nos ofrecen. La realidad, la pirámide, integra en sí todas las figuras anteriores en una única.

En la figura A estamos contemplando la pirámide desde la base, mirando de abajo hacia arriba. En la figura B estamos contemplando la pirámide desde un lateral, de manera que sólo contemplamos esa cara. En la figura C vemos la pirámide desde uno de los vértices, y aparecen dos de sus cinco caras. Por último, en la figura D, contemplamos la pirámide desde arriba, como una fotografía tomada desde un avión y vemos cuatro de sus cinco caras.

Esta rotación de perspectiva que resulta tan evidente en el caso de la pirámide, podemos y debemos aplicarla ante cualquier tema que se nos plantee. Si hablamos de la inmigración, por ejemplo, pensemos en: 1) el propio inmigrante, la necesidad que puede impulsar a un individuo a abandonar todo cuanto conoce para aventurarse en una travesía incierta donde puede encontrar la muerte; 2) la del ciudadano del país de acogida para quien puede suponer una competencia leal o desleal y ve en él un peligro para su estabilidad laboral o un apoyo como mano de obra necesaria; 3) la del gobierno de acogida que debe regular el flujo migratorio entre el interés por una mano de obra necesaria y la regularización legal de los inmigrantes que trabajen en el país; 4) la del país de origen que puede llegar a propiciar la emigración pensando en las divisas que le puedan llegar de aquellos que consigan establecerse para ayudar a sus familias; 5) el problema ético que nace de la confusión lamentable entre quienes simplifican el conflicto a términos meramente económicos (países ricos – países pobres) frente al auténtico drama humano por la supervivencia en los países del tercer mundo.

Cada una de estas perspectivas nos va a aportar una visión que enriquecerá la reflexión, la objetividad y el valor del conjunto.

2.1. Ensayo metodológico sobre un tema concreto: la eutanasia

Para realizar el análisis y el desarrollo de perspectivas, hemos elegido otro tema de actualidad: la eutanasia.

¿Cuántas perspectivas podemos apreciar en el tema?

- La del individuo que pide su propia muerte.
- La de la persona que ha de facilitarle su muerte.
- La de la ley.
- La de la sociedad.

Mantenernos en una perspectiva única nos lleva inevitablemente a simplificaciones que suelen falsear la realidad. Si vemos la eutanasia desde la perspectiva del sujeto (perspectiva 1) y afirmamos que todos tenemos derecho a disponer de nuestra propia vida, podemos estar de acuerdo porque nadie puede impedir que otro que lo desee se suicide; y no parece coherente impedir a una persona enferma una posibilidad que está al alcance de todos los demás. Pero si cambiamos la perspectiva, y ahora somos un médico a quien se le da la orden de proporcionar el veneno a esa persona (perspectiva 2), podemos pensar que ha jurado preservar la vida y va en contra de su juramento hipocrático y tiene derecho a ser respetado y a que nada ni nadie pueda obligarlo a ello. O simplemente le repugna en conciencia participar activa o pasivamente en la muerte de alguien. Este derecho entra en contradicción con el anterior.

El Estado está para conciliar los derechos entre los ciudadanos preservando la justicia (perspectiva 3), teniendo en cuenta que libertad y responsabilidad son dos caras de una misma moneda. Si tenemos aquí dos derechos, uno a la propia muerte, y otro a no participar en ella ¿cuál de los dos debe prevalecer?; ¿queda legalmente resuelto el problema si quien proporciona la muerte lo hace de forma voluntaria? El legislador tiene conciencia social, sabe que lo que se legisla abre la puerta, en el marco establecido por la ley, para una práctica social. Pero ¿se puede legislar la eutanasia con tanto rigor como para garantizar su práctica exclusivamente en casos claros, con un protocolo absolutamente inequívoco que evite negligencias médicas o familiares? El estado debe procurar el bienestar social (perspectiva 4), pero garantizando los derechos consagrados en la Constitución: ¿estamos seguros de que esta legislación traerá más bien que mal a la sociedad?

Si nos mantenemos en una perspectiva única, nuestra opinión es breve, concisa, clara y pobre. Muy pobre. Pero si miramos el asunto desde distintas perspectivas (si se te ocurren más, incorpóralas), inmediatamente surgirán interrogantes y respuestas o sugerencias que anotaremos y que nos servirán para el desarrollo posterior del comentario. De forma rápida, como si fuera una «tormenta de ideas», podría ser algo así:

Fase 2: posibles perspectivas
Tema: la eutanasia

1: La interna o subjetiva: derecho del individuo

Debemos reflexionar sobre el derecho que posee cada individuo para decidir sobre su propia muerte. No parece que nadie pueda interferir en este derecho pero ¿cuando no puede suicidarse tiene derecho a exigir al Estado o a otro individuo que lo haga por él?

2: La externa: la persona que la aplica

¿Puede una persona, una institución o el Estado obligar a un individuo a matar a otro aunque sea por un buen fin (evitar el sufrimiento, por ejemplo)? ¿Cómo puede asumir éticamente el amigo, el médico o el verdugo esta realidad? ¿Cómo puede saber si quien se lo pide lo hace en pleno uso de sus facultades mentales y no como síntoma de una enfermedad mental como la depresión?

3: Perspectiva legal

¿Es posible legislar sobre la eutanasia con garantías tanto para el sujeto como para el conjunto de la sociedad? ¿Cómo se legislará la garantía de que sea una decisión libre, voluntaria y consciente del individuo? ¿Quién garantiza la libertad de decisión en un estado de conciencia equilibrado? Si se nombra un tribunal para que decida, ¿quiénes lo integrarían y con qué criterios de decisión?

4: En relación con la sociedad

¿Cómo asume la sociedad la regularización del deseo de morir? ¿Chocaría con principios religiosos, morales y éticos ancestrales o no?; (para los cristianos, musulmanes y judíos la vida es un don de Dios y solo Dios puede disponer de ella). ¿Es una demanda social real, es meramente coyuntural propiciada por una película o se trata de oportunismo político?

3. Tercera fase: posicionamiento propio frente al tema

Advertimos que aún no hemos iniciado nuestro comentario, estamos en las fases previas, de reflexión sobre el tema. Antes de empezar a redactar nuestro propio comentario todavía nos falta un paso: definir nuestra postura ante el tema, y hacerlo sin miedo. El posicionamiento que adoptemos frente al asunto sobre el que opinamos constituye nuestro «tema», es la idea que vamos a tratar de trasmitir como conclusión en nuestro escrito y va a condicionar el desarrollo del mismo.

La realidad no está dibujada en blanco y negro, en verdadero o falso, en verdad o mentira. La realidad es compleja. Como hemos visto en el ejercicio anterior de búsqueda de perspectivas, cada una de ellas aporta una verdad que le es propia y que puede entrar en contradicción con las demás. En esta tensión de posturas, tendremos que elegir como dominante, que no excluyente, aquella que consideremos más importante.

He dicho dominante, que no excluyente. Significa aquella que para nosotros tenga más fuerza lógica, moral o legal que las demás sin que ello suponga negar lo que de cierto haya en otras perspectivas analizadas.

Ponemos un ejemplo: uno de los problemas más graves de la sociedad actual es la drogadicción. Para prevenirla y actuar directamente contra su distribución, entre otros asuntos, en el gobierno socialista de don Felipe González, se trató de aprobar la llamada Ley Corcuera. Esta ley autorizaría a las Fuerzas y Cuerpos de Seguridad del Estado la entrada a la fuerza en un domicilio particular sin necesidad de esperar una orden judicial si los agentes de seguridad estimaban que existía delito flagrante. Estábamos ante dos derechos que entraban en colisión: el primero garantiza al ciudadano el derecho a la inviolabilidad de su domicilio (Art. 18.2 de la Constitución), por lo tanto, su domicilio no puede ser asaltado ni siquiera por la Policía, sin que medie para ello una orden judicial o consentimiento expreso del propietario; por otra parte, los ciudadanos tienen derecho a la seguridad y el Estado la obligación de velar por el orden público. Esta obligación, si se traduce en la medida expuesta en la Ley Corcuera, colisiona con el otro derecho fundamental recogido en la Constitución. Y, por último, debemos considerar la función del poder judicial. El poder judicial sirve para juzgar y ejecutar lo juzgado. Es el único con capacidad para interpretar la ley aplicándola al caso concreto, y no puede delegar esta función en un tercero, aunque sean las Fuerzas y Cuerpos de Seguridad del Estado sin menoscabo de dicha función. Si se autorizaba la entrada en domicilios sin autorización judicial o consentimiento del propietario, perdíamos la garantía de uno de nuestros derechos fundamentales.

¿Qué posición creéis que prevaleció? Finalmente se declaró inconstitucional el artículo 21 que permitía estos registros.

En este caso, prevaleció como prioritario el derecho fundamental a la inviolabilidad e intimidad de los ciudadanos, y el mantener como deber exclusivo y excluyente del poder judicial el interpretar la ley. Se antepuso este derecho al posible incremento de seguridad que para la sociedad podía suponer esta autorización expresa a las Fuerzas y Cuerpos de Seguridad del Estado. Ello no quiere decir que la seguridad en la sociedad no sea un derecho, ni que no sea verdad que esta medida facilitaría la localización y detención de traficantes de drogas. Estos argumentos siguen siendo válidos, pero secundarios respecto al primero.

Este ejemplo nos demuestra la necesidad de reflexionar sobre las distintas perspectivas posibles en el tema, seleccionar aquella que nos parezca más sólida y coherente con nuestro conocimiento y nuestra intuición para, a partir de ahí, organizar el contenido de nuestro análisis.

4. Cuarta fase: esquema previo y organización de contenidos

Conviene, antes de comenzar a escribir, realizar un breve esquema organizando los contenidos que vamos a desarrollar. No basta con saber lo que queremos decir, también es importante saber cómo lo vamos a decir. En las fases anteriores hemos encontrado lo que podemos decir, ahora debemos planificar el orden y la estructura que vamos a utilizar en nuestra argumentación.

Para ello vamos a utilizar un sistema de aproximación que en la práctica debe ser rápido y muy concreto. Consiste en estructurar nuestro comentario en tres partes:

1. Exposición.
2. Selección de 4 argumentos–base
3. Conclusión.

4.1. *Exposición*

La exposición previa consiste en dar la información objetiva de que disponemos sobre el tema que vamos a tratar. Aquí aparecerán los hechos o datos concretos sin que entremos en ningún tipo de valoración personal. Sirve para cimentar la argumentación posterior y es especialmente importante para clarificar el punto de partida desde el que vamos a opinar. Si estuviéramos reunidos para jugar al parchís, la exposición sería esa fase previa en la que alguien lee las reglas que se van a seguir en el juego.

Con muchísima frecuencia discutimos sin posibilidad de llegar a ninguna conclusión porque no nos damos cuenta de que el emisor y el receptor utilizan una misma palabra pero entendiendo cada uno significados distintos. Podemos estar discutiendo permanentemente a favor o en contra de la eutanasia. Uno a favor y otro en contra de ella. Hasta que a alguien se le ocurre introducir una variable en la conversación y pregunta: «Pero ¿estamos hablando de eutanasia activa o pasiva?»; y los interlocutores se vuelven y preguntan a su vez: «¿Qué es eso?». El uno estaba pensando en proporcionar la muerte a alguien que lo pide. El otro estaba pensando en desconectar de una máquina a alguien que se mantiene con vida artificialmente, inconsciente, en coma, y que no puede pedir nada por sí mismo. Al explicarles la diferencia entre una y otra, puede persistir el desacuerdo de opiniones o que los dos estén de acuerdo con una y en desacuerdo con otra de las formas de eutanasia. Esto no es un supuesto, me ha ocurrido con mis alumnos y me sigue pasando. De ahí que el consejo previo es que, como mínimo, antes de empezar a tratar un tema, en la exposición previa dejemos establecidos con claridad los datos, los hechos y los conceptos sobre los que basaremos nuestra reflexión de forma clara y precisa.

La exposición deberá servirnos para dejar claros los conceptos que vamos a manejar, y si puede haber duda, el significado preciso con el que empleamos una palabra.

4.2. Selección de cuatro argumentos base

Una vez posicionados, de la reflexión previa que hemos obtenido sobre el tema vamos a seleccionar cuatro argumentos, los que estimemos más sólidos, y los anotaremos a modo de esquema breve. Este podría ser un esquema sobre el tema de la eutanasia que cambiaría según el posicionamiento que adoptáramos sobre el tema:

A favor

1. Libertad individual.
2. Conciencia personal.
3. Necesidad del Estado de dar respuestas (nuevas tecnologías).
4. Posibilidad de garantías reales.

En contra

1. El derecho a la vida.
2. Libertad de decisión.
3. Ética frente a terceros.
4. Garantías sociales.

Se trata de notas muy breves. Es un esquema de uso personal. Lo importante es que cuando se haga sepamos qué hemos querido decir con «Libertad individual», porque es lo que vamos a desarrollar a continuación.

Detengámonos ahora y pensemos si nos interesa una organización particular de los argumentos seleccionados para establecer el orden en que los vamos a utilizar. Bastará con que los enumeremos. El orden puede ir de lo general a lo particular, o viceversa, por ejemplo, pero se nos puede ocurrir otro más idóneo según el tema tratado y los argumentos seleccionados. Normalmente, se recomienda que el argumento más fuerte, el más importante, se deje para el final, justo antes de la conclusión. De esta forma, la impresión final será más convincente.

4.3. Conclusión

La conclusión es una síntesis, un breve resumen de lo más relevante que ha quedado dicho en nuestro desarrollo. Tratará de fijar de forma clara y concreta la postura adoptada en el tema cerrando y cuadrando el comentario. La conclusión será tanto más sólida cuanto más lo sean los argumentos que hayamos usado y la concatenación lógica entre los mismos. Es importante, porque sin la conclusión daremos la impresión de tema abierto, sin resolver.

Nuestra conclusión, como el desarrollo, puede coincidir con las ideas expuestas en el texto o no, puede ser contraria o puede ser abierta (conclusión abierta es aquella en la que no se establece una idea dominante o definitiva). Con frecuencia se critica el que dejemos un comentario abierto, que después de haber analizado los pros y los contras de las distintas perspectivas, no nos quedemos con una en concreto afirmándola como válida. No hay que preocuparse. Si hemos analizado las distintas perspectivas, y sus argumentos con rigor, nadie nos puede pedir que descubramos sobre algunos temas lo que llevan siglos tratando de decidir quienes son más sabios que nosotros y sobre lo que aún no hay acuerdo (en el examen de Selectividad de Cataluña del año 2006, se pedía al alumno un comentario argumentativo de 200 palabras sobre este tema: «Mi idea de Dios». Sirva de ejemplo).

Lo que no resulta en absoluto aceptable es el típico «Es muy bonito y me ha gustado mucho» como conclusión. La conclusión es un resumen breve de la idea central y los argumentos más relevantes expuestos durante el desarrollo.

5. Quinta fase: redacción

Ahora estamos en disposición de empezar a escribir. Para que lo escrito resulte equilibrado vamos a tratar de que los párrafos sean homogéneos. Para ello la dinámica a seguir será la siguiente:

1. Desarrollamos cada uno de los apartados en párrafos diferenciados.
2. Cada párrafo no será inferior a 8 líneas ni superior a 12.

Los párrafos excesivamente cortos suelen indicar nerviosismo y falta de estructura de los contenidos. El emisor salta de una idea a otra sin cuidar la relación lógica de los párrafos. La reflexión y el esquema previos tratan precisamente de evitar este problema. En cambio, los párrafos excesivamente largos suelen caer en la divagación, cuando las reflexiones nos asaltan a medida que escribimos y vamos enlazándolas unas a otras sin ver ni pensar donde poner un punto. Esto suele traer consigo complejidades sintácticas que derivan en errores de coherencia y concordancia.

Por otra parte, si somos capaces de escribir 8 líneas desarrollando cada apartado, obtendremos 8 líneas de exposición, más 36 líneas si sumamos cada una de las 8 correspondientes a los párrafos donde vamos a explicar cada uno de los argumentos seleccionados, más las 8 líneas de la conclusión. Un total de 52 líneas. Esta extensión se acomoda al tiempo de que disponemos habitualmente para realizar una prueba como la Selectividad o el espacio de que disponemos en la sección de «cartas al director» de cualquier periódico. Es, por tanto, una técnica en la que podemos desenvolvernos cómodamente para ir introduciendo sobre ella las variables oportunas en función del medio, el receptor, el tema, etc.

5.1. Ensayo práctico: continuación sobre el tema propuesto

En los exámenes de Selectividad de algunas comunidades autónomas se nos da directamente un tema sobre el que debemos realizar el comentario crítico. En ese caso, podemos tratar el tema con libertad. Suelen ser temas controvertidos y de actualidad donde se comprueba la inquietud de la persona por la información actualizada, su posicionamiento crítico y su capacidad de argumentación. A modo de ejemplo, continuaremos con el tema escogido en las fases anteriores y procederemos a realizar directamente el comentario separando cada una de las partes para mayor claridad, lo que no haríamos en el desarrollo real del ejercicio.

El enunciado sería: «Expresa, de forma razonada, tu opinión sobre la eutanasia activa».

Exposición

La eutanasia activa o directa consiste en precipitar o provocar la muerte en casos de enfermedades incurables y, a veces, progresivas y degenerativas. Para ello se recurre a sustancias especiales mortíferas o a sobredosis de morfina. Entre estas enfermedades están el cáncer o los tetrapléjicos severos, pero también otras como la migraña, la obesidad o la depresión crónica. La ley penaliza en la actualidad la eutanasia activa (Art. 143. 4, Código Penal) y cada caso en concreto ha de ser tratado o juzgado en los tribunales.

Argumento 1: derecho a la vida

La Constitución Española garantiza el derecho a la vida como uno de los derechos fundamentales. Y es lógico que así sea cuando uno de los instintos más fuertes del ser humano es el de supervivencia. Se habla del derecho a morir, pero la muerte es un hecho que todos tratamos de retrasar lo más posible, ahora se trata de convertirlo en un derecho. De existir como derecho del individuo tendríamos que aceptar éticamente que es lícito quitar la vida y esto implica no sólo la vida de un tercero, sino la propia vida. Sería el equivalente a decir «porque era mía me maté». Pero no parece lícito que lo que no es válido frente a terceros, quitar la vida a alguien, lo sea para nosotros mismos.

Argumento 2: libertad de decisión

En el supuesto de que la ley que se aprobara permitiera la aplicación de la eutanasia activa, esta habría de ser solicitada de forma consciente, libre y responsable. Son las condiciones básicas que se nos exigen para cualquier negocio jurídico. Decidir acabar con la propia vida es la decisión más trascendente que podemos tomar porque es irreversible. Entre las enfermedades mencionadas está la depresión, cuando hoy sabemos que está inducida por un desequilibrio de algunas sustancias químicas producidas por el cerebro. Esta persona sabemos que es recuperable pero en estado depresivo puede llegar a desear la propia muerte con convicción. No parece que pudiera, en esas circunstancias, considerarse como una decisión libre, sino condicionada por una enfermedad. De la misma forma, si una persona sola y rechazada por la familia a causa de su enfermedad contara con el apoyo y el ánimo de los suyos, quizá sus vivencias cambiasen: su decisión estaría motivada por causas externas. ¿Quién puede acreditar con certeza inequívoca que se trata de una decisión consciente, libre y responsable?

Argumento 3: ética frente a terceros

El tema sobrepasa el ámbito subjetivo. Cuando alguien se sui-

cida no interviene nadie más en el acto, él es agente y paciente de la acción. Pero en el caso de la eutanasia activa se requiere la intervención de alguien que proporcione el medio, que participe activamente de esa muerte. Si la vida es un derecho, preservarla es una obligación y así ha sido considerado ancestralmente. Desde el planteamiento moral, la vida es un don de Dios del que no podemos disponer, como tampoco podemos hacerlo desde un planteamiento agnóstico. La Asociación Médica Mundial, en una resolución dictada al efecto en el año 1984 consideró la eutanasia contraria a la ética y recomendó para estos casos los cuidados paliativos. El sujeto decide sobre su propia eutanasia, pero quien debe cooperar necesariamente también tiene sus derechos.

Argumento 4: garantías sociales

Por último, no parece posible un sistema de garantías suficientes. Que la persona es consciente y libre cuando lo solicita, deberá ser acreditado por alguien. Ese alguien habrá de ser nombrado e instruido en sus funciones con un protocolo que respete todas las garantías. No podrá ser un individuo sino un grupo que tendrá que estudiar cada caso, etc.; pero somos personas, y la experiencia en otros casos, como sucede con la regulación del aborto y las clínicas donde se practica, demuestra que lo que empieza tratando de ser o parecer serio, acaba convertido en burocracia administrativa, y una vez iniciado el camino, a los diez o veinte años, los supuestos aprobados ya se nos quedan cortos. El Presidente del Gobierno español ya ha anunciado su ampliación. Es lícito el miedo de quien piensa que, por piedad hacia casos muy concretos, podemos abrir el camino hacia una eutanasia más o menos indiscriminada con el paso del tiempo que ahorre costes a la Seguridad Social en un país que en el 2050 será el más envejecido del mundo.

Conclusión

En conclusión, estoy en contra de que se apruebe y regule la eutanasia activa. No resulta aceptable éticamente que lo que es ilícito realizar con otro –quitarle la vida–, sea lícito para con uno mismo. Si matar es malo, lo será siempre, por eso el derecho a la vida ya sea propia o ajena es uno de los derechos fundamentales recogidos en los códigos morales y en las leyes. La eutanasia activa excede el ámbito subjetivo e implica a terceros, luego no es exclusivamente una decisión personal, conlleva un pacto con alguien que debe estar en disposición de aplicarla, y esto no se puede forzar. Además, es muy relativo que nadie pueda garantizar por ley que quien lo pide lo haga en pleno uso de sus facultades mentales y no movido por la propia enfermedad o por circunstancias externas que puedan ser reversibles. Afortunadamente, el sufrimiento puede paliarse hoy día hasta la inconsciencia. Y, en cualquier caso, la experiencia nos dicta que de aprobar la eutanasia abriríamos una puerta que nos podría llevar a consecuencias imprevisibles.

5.2. Ejercicios prácticos: propuestas de Selectividad

Como ejercicios prácticos propondremos algunos de los temas que pidieron en la Comunidad Autónoma de Cataluña, en la prueba de Selectividad de los últimos años. En esta prueba se nos pide textualmente: «Desarrolle el tema en torno a 200 palabras, texto argumentativo»:

> Pregunta: como prueba práctica elige alguno de ellos y desarrolla las distintas fases de aproximación para terminar con el desarrollo.
> 1. «Mi idea de Dios» (Com. Aut. de Cataluña 2004/05)
> 2. «Las desigualdades en nuestra sociedad y sus consecuencias» (Com. Aut. de Cataluña 2004/05)
> 3. «¿Para qué sirve el arte?» (Com. Aut. de Cataluña 2006/07)
> 4. «¿Qué son para usted los malos tratos, qué causas tienen, cómo se pueden combatir?» (Com. Aut. de Cataluña, 2006/07)

5.3. A medio camino entre el comentario de opinión abierto y el inducido

En la Comunidad Autónoma de Murcia se utiliza otra forma para pedirnos un comentario de madurez, debemos elegir un tema, pero que esté necesariamente relacionado con el texto que se nos propone. Estos son los textos planteados en junio de 2008:

Opción A

«*Seguimos nuestro viaje a través de España, y encontramos por andurriales y cotarros, ásperos y solitarios, otras ventas y paradores. Si unas están construidas en la altura luminosa de los puertos, otras se agrupan en angosturas, gollizos y cañadas hoscas y fuera de camino. Muchas de estas ventas han sido ha largo tiempo abandonadas; están cercanas a caminos y travesías que han sido hechos inútiles por carreteras nuevas y ferrocarriles. De estas ventas sólo quedan unas paredes tostadas por el sol, calcinadas; los techos se han hundido y se muestra roto el vigamen y podridos y carcomidos los cañizos*».

Fragmento de «Ventas, posadas y fondas»
escrito recopilado en la obra *Castilla*, de Azorín

Pregunta: redacta tu opinión personal sobre el tema que elijas a partir del contenido del fragmento propuesto. ¿Qué temas son posibles relacionados con el fragmento escogido? Te propongo los siguientes:
1. La ruina de la España de principios del siglo XX: un tema muy noventayochista. Podríamos opinar sobre el amor a la pobreza y a la adustez castellana como vía para recuperar el espíritu abnegado entre los españoles que logró la hegemonía de nuestro país en el mundo.
2. La pobreza en el campo: el texto nos muestra las ruinas de las ventas en los caminos. La causa apuntada es el avance de la industria y la despoblación rural. ¿Es un fenómeno que sigue produciéndose en Castilla?; ¿en España?; ¿cómo está esto transformando nuestro país? (también tratado por Delibes en El disputado voto del Sr. Cayo).
3. El abandono del mundo rural por el avance de la industria. Un tema más difícil de defender porque el texto no

se refiere a la industria como algo negativo «han sido hechos inútiles por carreteras nuevas y ferrocarriles», sin embargo, es un tema tópico la defensa de vida rural frente a la vida en la ciudad: sociedad humanizada/deshumanizada.

Opción B

«Pero al día siguiente de estas trifulcas, se celebró en el Cortijo la batida de los Santos, la más sonada, y don Pedro, el Périto, que era un tirador discreto, no acertaba una perdiz ni por cuanto hay y el señorito Iván, en la pantalla contigua, que acababa de derribar cuatro pájaros de la misma barra, dos por delante y dos por detrás, comentaba sardónicamente con Paco, el Bajo, –Si no lo veo, no lo creo; ¿cuándo acabará de aprender este marica? le están entrando a huevo y no corta pluma, ¿te das cuenta, Paco?– Y Paco, el Bajo, –cómo no me voy a dar cuenta, señorito Iván, lo ve un ciego, y el señorito Iván nunca fue un gran matador, pero yerra demasiado para ser normal, algo le sucede a este zoquete.»   5

   10

Fragmento del Libro segundo de la obra *Los santos inocentes* de Miguel Delibes

Pregunta: redacta tu opinión personal sobre el tema que elijas a partir del contenido del fragmento propuesto.

¿Qué temas son posibles sobre este fragmento concreto? Te propongo los siguientes:

1. La desigualdad social: ¿esa desigualdad social plasmada en la novela y en el fragmento continúa hoy?; ¿de qué forma?; ¿qué actitudes se manifiestan ante el fenómeno?
2. El caciquismo: un problema económico y social muy arraigado en algunas zonas de España y que queda plasmado en la novela en este fragmento.
3. La homofobia: un tema más difícil de defender, pero posible a raíz del comentario que hace el señorito Iván: «¿cuándo acabará de aprender este marica?».

Una vez seleccionado el tema sobre el que vamos a realizar el comentario, actuaremos como en el comentario abierto, desarrollando todas las fases. Pero recuerda que es muy importante escoger un tema relacionado directamente con el fragmento que se te ofrece. Si nos desentendemos del texto, la respuesta que ofrecemos será incorrecta por muy bien desarrollada que esté.

En estos casos, conviene que el primer párrafo de nuestro comentario, el correspondiente a la exposición, lo usemos para justificar el tema elegido en relación con el texto. Imaginemos que el tema sobre el que vamos a argumentar es el caciquismo como problema social y económico. En el primer párrafo debemos expresar la relación que este tema guarda con el texto propuesto, podría ser algo así:

> Los santos inocentes, *novela escrita por don Miguel Delibes, trata la transformación de la España rural de la posguerra a través de una familia de 'guardeses'. La relación entre los padres y el amo del cortijo (el señorito Iván) es de servilismo puro, es una relación vertical donde no cabe sino obedecer y dar las gracias. Los hijos, en cambio, que rechazan la propina del señorito y sueñan con irse a trabajar a la ciudad, a un taller mecánico, son la esperanza del mañana que anuncia el fin de esa estructura social agraria basada en el caciquismo propiciado por los latifundios y el autoritarismo.*

El tema ya ha sido introducido y vinculado con el texto que nos ocupa, a partir de aquí podemos empezar el desarrollo siguiendo los pasos sucesivos.

Capítulo IV:
El comentario de opinión sobre un texto concreto o comentario inducido

A diferencia del ejercicio anterior, aquí partimos de un texto concreto donde un autor ha expresado su punto de vista. Esto condiciona nuestro comentario en el sentido de que deberemos ceñirnos más a las opiniones suscritas en el propio texto.

Si hemos realizado las técnicas básicas de aproximación, el esquema será muy útil para estructurar nuestro comentario. Se tratará de seguir el razonamiento expresado en el texto separando los hechos concretos y datos objetivos, de las interpretaciones que se realizan sobre ellos. En este caso, se valora muy positivamente que reflexionemos sobre lo dicho en el propio texto y no usemos el texto como pretexto. La exposición, como fase previa, nos servirá para fijar esos hechos e incorporar aquellos otros que conozcamos relacionados con el tema y que puedan haber sido omitidos en el planteamiento realizado por el autor.

Veamos un ejemplo sobre este texto aplicado en la prueba de Selectividad de la Comunidad Autónoma de Aragón:

Texto

«*España se encuentra hoy en el* top ten *de las potencias mundiales. Los índices políticos, económicos, financieros, culturales,* deportivos, de calidad de vida nos sitúan entre los diez primeros países del mundo. <u>La gran laguna española, sin embargo, es la educación.</u>

Según <u>el último Informe PISA de la OCDE</u> nuestra nación ocupa, en relación a los niveles de conocimiento de los alumnos, <u>lugares casi vergonzosos</u>: en matemáticas el puesto 32; en ciencias, el 31; y, en lectura, el 35. Un desastre sin paliativos.

<u>El profesor dictador</u> de la época franquista no era de recibo y <u>originaba infinidad de abusos inadmisibles. El profesor marioneta de la actualidad,</u> zarandeado por padres y alumnos, <u>no puede evitar la pobreza educativa que padecemos. Una legislación permisiva y absurda está en el origen del deterioro educativo</u> que nos relega a puestos irrelevantes en el concierto mundial. El equilibrio entre la autoridad del profesorado y la flexible defensa de los derechos de alumnos y padres no se ha conseguido. <u>La calidad de la enseñanza se ha igualado en España por abajo</u>. La enseñanza universitaria ha escapado también a la exigencia de la calidad.

En contraposición con todo ello, <u>en el año que ahora concluye España ha sido unos de los faros mundiales de la Cultura</u>. En varias capitales españolas y en otras muchas ciudades de la geografía nacional las muestras culturales se han situado en la excelencia. Los bienes de la cultura se derraman en nuestro país generosamente y sobre todos. <u>De ahí la alarma que causa en los analistas sagaces el deterioro del desarrollo educativo español</u>. De seguir así, la cultura hispana se deteriorará de forma imparable: <u>educación y cultura caminan enlazadas del brazo</u>. Urge, pues, contener la hemorragia educativa.»

Prueba de junio de 2008

1. Elaboración del comentario

1.1. Resumen, esquema y tema sobre el texto propuesto

Seguiremos los pasos de aproximación al texto que hemos recomendado, esto es: resumen, esquema, tema y organización de ideas.

Resumen

España es hoy ya una de las primeras potencias mundiales y, sin embargo, ocupa un puesto «vergonzoso» en educación según el Informe PISA de la OCDE.
Hemos pasado del profesor dictador del franquismo al profesor sin autoridad ninguna. El origen del problema está en una legislación permisiva y absurda que no logra armonizar los derechos de padres y alumnos con la autoridad del profesor.
Es un hecho que España ha sido un referente mundial en la cultura gracias a las muestras celebradas en distintas ciudades. Pero educación y cultura van siempre unidas y el deterioro de la educación traerá el deterioro de la cultura. Urge poner remedio a la educación en España.

Esquema

1. *La educación en España está muy deteriorada (Informe PISA).*
    1.1. *El origen del problema es una legislación permisiva y absurda.*
        1.1.1. *El profesor actual ha perdido su autoridad.*
        1.1.2. *No se logra conciliar el respeto a los derechos de padres y alumnos con la autoridad de profesor.*

2. *España es una de las potencias económicas en el mundo.*

3. *España es un referente cultural en el mundo en la actualidad.*
    3.1. *Pero: cultura y educación van juntas y el deterioro en la educación traerá el deterioro en la cultura.*

4. *Urge poner soluciones que mejoren el nivel educativo.*

Tema

Es urgente solucionar los problemas de la educación en España para evitar el deterioro de la cultura.

En el texto hay una serie de hechos concretos como son los resultados que España obtiene en el Informe PISA, otro es que España es una potencia mundial, una noticia reciente es que adelantó a Italia en Producto Interior Bruto; un hecho de valoración más subjetiva por parte del autor, es que España constituya un referente o «un faro» cultural en el mundo. No obstante, parece cierto que las muestras culturales celebradas en España gozan de prestigio internacional. El autor subraya el contrasentido que supone el estar en uno de los países más ricos, con medios económicos suficientes, y permitir este problema en los niveles de educación. En el texto sólo hay una interpretación de esta realidad: la legislación es la responsable.

1.2. Posicionamiento frente a las ideas del texto

1. *Estoy de acuerdo con el autor en que:*
   1.1. Existe el problema (es un dato objetivo).
   1.2. Es urgente plantear soluciones para evitar el deterioro de la cultura.

2. *Estoy en desacuerdo con el autor en que:*
   2.1. La única causa del problema sea la legislación.

1.3. Organización de ideas

Si buscamos las distintas perspectivas que puede tener el problema de la educación encontramos: el alumno, la familia, los centros educativos, el Estado. Nuestra organización de ideas debe partir del texto para abordar el tema. En este caso, los hechos están constatados (Informe PISA), debemos centrar nuestro comentario en el análisis que el autor realiza de estos datos. Volvemos a la premisa de que la idea que defendemos en nuestro comentario no es excluyente, es decir, no tiene que negar lo que de verdad existe en las perspectivas expuestas, y lo que debemos es añadir nuevas perspectivas que puedan aportar otros planteamientos.

1.3.1. Búsqueda de perspectivas

1. *El alumno como sujeto de su aprendizaje.*

2. *La familia y la sociedad como referente en valores.*

3. *Los centros educativos.*

4. *El Estado responsable de la legislación.*

Al haber adoptado un posicionamiento favorable parcial a las tesis del autor en el texto, la selección de argumentos la dividiremos en dos partes, la positiva (o confirmatoria), donde vamos a apoyar las ideas expuestas por el autor, y la contraria (de refutación), donde vamos a ampliar los argumentos multiplicando los puntos de referencia en el tema. Quedaría algo así:

1.3.2. Esquema previo personal

1. Exposición

2. Argumentos positivos
2.1. Existe el problema.
2.2. La legislación lo propicia.

3. Argumentos contrarios
3.1. El alumno como sujeto.
3.2. La familia y la sociedad.

4. Conclusión

Ahora estamos en disposición de realizar el comentario propiamente dicho.

1.4. Desarrollo del comentario

Exposición

El nivel de la educación en España es muy bajo, el Informe PISA nos sitúa en puestos tan bajos como el 32 en matemáticas, el 31 en ciencias y el 35 en lectura. Tenemos un nivel en educación mucho más bajo del que demuestran países de nuestro entorno con un nivel económico mucho más bajo. España se afianza como el octavo país más rico del mundo, recientemente se ha constatado que el P.I.B. se sitúa ya por encima de Italia.

Argumentos positivos

Argumento 1: existe el problema

El problema existe, el Informe PISA mide los resultados de unas pruebas aplicadas en dos niveles educativos (Primaria y Secundaria) de Educación Obligatoria (antes de los 16 años) en dos materias fundamentales como son Lengua Española y Matemáticas. Hasta su aplicación, el sistema educativo no contaba con ningún referente externo que midiera el grado de rendimiento del alumnado excepto la Selectividad . Pero la Selectividad se aplica exclusivamente a alumnos que han superado la edad mínima, que han obtenido su titulación en la ESO y proyectan estudios universitarios. Al ser una prueba parcial no es indicativa del nivel general de aprendizaje. La prueba aplicada para elaborar este informe de referencia sí lo es puesto que se aplica a todos los alumnos con independencia de su procedencia, interés o resultados académicos previos.

Argumento 2: la legislacion lo propicia

Lo positivo de estos informes es que han detectado el problema y que van a tener una continuidad para poder evaluar las medidas que se pongan en práctica. La legislación en materia de educación ha propiciado esta situación. En poco tiempo se han aprobado y aplicado varios planes de estudio con lo que ello conlleva: sensación inseguridad, de improvisación y confusión para quienes tienen que aplicarlos, los docentes. La promoción automática de alumnos, el querer derivar el problema exclusivamente hacia el profesor que «no motiva», «no diversifica», «no se actualiza pedagógicamente», el vaciar de contenido los programas, el sustituir la evaluación de conocimientos por capacidades, ha generado una práctica docente defensiva. El profesor está más preocupado por no «equivocarse» en los procedimientos, que en enseñar y transmitir unos valores y unos contenidos.

Argumentos contrarios

Argumento 3: el alumno como sujeto

Sin embargo, no parece que la única responsable en la situación que atraviesa la educación sea la legislación, con todo, quizá la más importante. Vivimos en una sociedad en cambio y el sujeto activo de la educación es el propio alumno que debe aproximarse al centro escolar con un respeto hacia la institución y una motivación hacia el aprendizaje por lo que este puede suponer en su vida. Esto no es así. Hemos pasado de un Estado donde estudiar era un privilegio a una sociedad en la que estudiar es un derecho. Y esto es una conquista social. Pero a la vez, el niño vive en un mundo donde todo son derechos, sus necesidades están cubiertas y más que cubiertas, y sus caprichos se satisfacen incluso antes de que aparezcan. Y esto choca con el entrenamiento de la voluntad y el esfuerzo que requiere el estudio con independencia de la legislación que trate de regularlo.

Argumento 4: la familia y la sociedad

La falta de respeto a las normas que tanto se aprecia en las aulas no es un problema del sistema educativo en sí, sino un reflejo de esa misma falta de respeto en la familia y en la sociedad. La permisividad constante en la familia está creando niños–dictadores que obligan a los mayores bajo amenazas. El hecho queda demostrado en el incremento de denuncias de padres hacia hijos maltratadores. Si un niño no respeta a sus padres, principio de autoridad de referencia, difícilmente podemos esperar que respete a un profesor. En la escuela antigua, los padres tenían muy claro que había que salvaguardar el principio de autoridad. Si el profesor castigaba, ellos apoyaban siempre al profesor con razón o sin ella (algo habrás hecho). La nueva familia apoya siempre al niño contra el profesor sin darse cuenta de que si un referente de autoridad es cuestionable, lo son todos, incluso los propios padres. Por otra parte, la sociedad en general, en los medios de comunicación, en la vida cotidiana no enaltece la cultura, sino el consumismo, la juventud (si yo ya soy a lo que la sociedad aspira,

¿para qué voy a cambiar?), la diversión, el éxito inmediato sin necesidad de esfuerzo. No es un buen mensaje.

Conclusión:

La legislación en materia de educación está claro que ha propiciado la situación actual, pero también es cierto que la escuela no es más que el reflejo de la sociedad en la que vivimos. Existe todo tipo de campañas de concienciación social, pero ninguna centrada en inculcar los beneficios individuales y sociales que reporta la educación y los valores que se transmiten a través de ella. Debemos compaginar derechos y deberes con sentido común, y proteger el derecho de quienes sí quieren estudiar. Hay que legislar con conocimiento y con consenso para que cada cambio de gobierno no traiga nuevos experimentos en materia de educación; y, sobre todo, hay que tomar conciencia y concienciar a la sociedad de que la educación es la asignatura más importante para el futuro de una nación. Pero esto sólo puede arbitrarlo el Estado, y hablando de un país tan rico, no sólo puede, sino que debe hacerlo cuanto antes.

2. Ejercicios prácticos: propuestas de Selectividad

El siguiente texto fue utilizado para examen de Selectividad en la Comunidad Autónoma de Canarias. En este caso se le asignó al comentario un valor de 4 puntos. También pidieron «resumen», al que asignaron un valor de 2 puntos. Léelo atentamente:

Texto

Una cuestión de ética cívica
AGUSTÍN DOMINGO MORATALLA

«Hay buenas razones para oponerse a la legalización del matrimonio entre homosexuales. La legalización que ahora se plantea pretende una equiparación jurídica de dos realidades morales diferentes: por un lado, la realidad del matrimonio institucional *sobre el que se ha organizado el derecho moderno de familia, por otro, la convivencia con voluntad de estabilidad de dos personas del mismo sexo. Los grupos que buscan esta equiparación se amparan en los principios de libertad, igualdad y pluralismo sin caer en la cuenta de las contradicciones de su propuesta. Parece contradictorio que aquellos cuya opción ha sido la privatización de su unión poniéndose al margen del juego de las instituciones públicas, pidan el reconocimiento público que la figura del matrimonio supone.*

No está en cuestión la libertad de orientación sexual de los ciudadanos, tampoco las formas de entender y organizar privadamente la convivencia, ni siquiera el respeto y la tolerancia de las formas no convencionales de afecto. Está en cuestión la responsabilidad de una comunidad política con sus inmediatas y futuras generaciones. Están en cuestión los mínimos de justicia con los que se puede construir una ética cívica común. Esto significa hacer el esfuerzo de evitar las simplificaciones con las que a veces se plantea el tema como si fuera un problema entre el catolicismo más reaccionario, que está beligerantemente en contra de la legalización, y el laicismo más libertario, que está también a favor de la equiparación.

Es una pena que la respuesta a estas y otras preguntas tan básicas e importantes para los ciudadanos se simplifique de esta manera. Planteado como un problema de mínimos de justicia, debemos exigir un tratamiento diferenciado a realidades sociales diferentes, y por ello algunas comunidades autónomas han querido regular las 'uniones de hecho'. De esta forma se ha querido compatibilizar la pluralidad de proyectos de vida que suponen diferentes expresiones de la sexualidad y el valor diferenciado del matrimonio como institución social. Pero... ¿qué es hoy el matrimonio?, ¿cuál es su valor en una sociedad individualista y en un Estado atomizador que penaliza educativa, civil y fiscalmente la estabilidad de los cónyuges y la cohesión familiar? La ética cívica que están necesitando nuestras sociedades democráticas no puede prescindir del matrimonio como institución social básica. Y no del matrimonio entendido como simple asociación de personas con independencia de su sexo, porque hay una dimensión histórica, institucional y moral del matrimonio que no nace de la simple voluntariedad de las par-

tes que establecen el contrato, sino de la memoria que hacen del 'tercero'.

El conjunto de la sociedad civil no puede vivir ajeno a las presiones de estos colectivos y descubrir sus limitados proyectos socio-políticos donde la única fuente de identificación es la diferenciación sexual. Algunos partidos que han perdido el norte de la transformación social y el progreso se amparan ahora en las batallas narcisistas de estos colectivos dejando a un lado las banderas rojiverdes del marxismo y el ecopacifismo para agitar las banderas rosas del pan-sexualismo. Es una lástima que Freud no pueda prevenirles de las consecuencias de sus pretensiones, Marx de la miopía de sus batallas y Marcuse de lo incivilizado de su revolución.»

Canarias, septiembre de 2004

Ejercicios propuestos:

1. Realiza las diversas fases de acercamiento: resumen, esquema y tema.
2. Toma posición frente al tema, busca perspectivas y haz un esquema previo de desarrollo.
3. Redacta el comentario crítico sobre las ideas expuestas en el texto, estructúralo en 6 párrafos, un máximo de 52 líneas.

3. Sobre las falacias y la refutación

Las razones o argumentos expuestos en un texto no tienen por qué ser válidos por el hecho de estar escritos. A menudo adolecen de errores lógicos que invalidan las conclusiones aunque las hagan parecer ciertas. Estas «mentiras o falsedades» lógicas es lo que llamamos falacias y son más frecuentes de lo que pudiera parecer, no sólo en los textos de opinión que se nos presentan, sino en la vida cotidiana; su estudio y sistematización nos viene desde la retórica clásica. Descubrir una falacia equivale a invalidar la conclusión por incorrecta, es decir, refutando el argumento «falaz» negamos la conclusión. Conocerlas nos ayudará a mejorar nuestra capacidad crítica. A continuación, enumeraremos y trataremos de explicar las más frecuentes:

1) Falacia de *secundum quid* (regla inquebrantable)

Consiste en no admitir excepciones a lo que se considera una regla inquebrantable. Nos puede llevar a conclusiones absurdas, es la frase lamentable del maltratador: la maté porque era mía (lógica aplicada: tengo derecho a destruir lo que me pertenece –regla inquebrantable–; ella me pertenece, luego tengo derecho a destruirla).

2) Falacia del ataque personal:

Consiste en invalidar los argumentos de un sujeto invalidando a la persona y olvidándose de los argumentos. Muy usada en todos los ámbitos: «tú qué vas a decir si eres un facha», «tú lo que eres es un machista/feminista/rojo/maricón/etc.». La verdad o falsedad de lo dicho es independiente de quien lo enuncia, pero en la conciencia colectiva, invalidando a la persona se invalida el principio de autoridad y, por lo tanto, el peso de sus argumentos.

3) Falacia de falsa autoridad

Un buen argumento de apoyo es acudir al criterio manifestado por una autoridad reconocida (por ejemplo, lo dicho por el Papa para un católico). La falacia de falsa autoridad consiste en recurrir como referente a una persona o grupo que carece de esa autoridad o ésta no está demostrada. El ejemplo más típico está en los anuncios de televisión donde alguien con bata blanca nos recomienda un producto (no se acredita que sea médico) o una institución o empresa absolutamente desconocida nos recomienda algo como lo mejor según su experiencia o el resultado de sus pruebas (no sabemos cuál es la empresa ni cuáles son las pruebas).

4) Falacia *ad baculum* («a base de palos»)

Consiste en intentar imponer las ideas propias mediante la amenaza o el miedo. Es muy usado en ejemplos como «este es el camino, o las consecuencias serán terribles»; «usted no sabe con quién habla», etc. La verdad o falsedad de lo dicho no depende de la fuerza física o el poder de quien lo dice.

5) Falacia por ausencia de prueba

Una regla base de la argumentación (y de la ley) es que quien afirma algo debe probarlo. La fuerza de una idea está en los argumentos que la sostienen, si no existen es «gratuita». Con frecuencia, en el aula, cuando tratamos de iniciar un debate, preguntamos: «¿Qué opinas?»; se responde: «Eso está bien». Entonces intentamos obtener argumentos o pruebas que sustenten esa opinión preguntando: «¿Por qué está bien?». Se responde: «Porque sí». No se puede afirmar que algo, genéricamente, es ilegal, debemos decir qué ley se incumple y porqué, solo entonces lo dicho tendrá toda la fuerza de la ley.

6) Falacia del embudo

A veces se rechaza la aplicación de una norma general apelando a excepciones sin fundamento. Es la típica frase de «no ha pagado la multa porque es policía», el ser policía no constituye una excepción a la regla, la ley debe aplicarse por igual a todos.

7) Falacia casuística

Decimos normalmente que la excepción confirma la regla (los mamíferos son vivíparos, que el ornitorrinco sea ovíparo es una excepción). Esta falacia trata de invalidar una regla basándose en alguna excepción: como este juez se ha equivocado, evidentemente los jueces no saben lo que hacen, la justicia no existe. Aunque se citen diez, veinte o treinta casos, hay miles de jueces que no son noticia porque hacen bien su trabajo. La excepción no invalida la regla, sino todo lo contrario.

8) Falacia de opción

Consiste en no presentar las opciones posibles para inducir la respuesta favorable a nuestros argumentos. Es muy usada en el ámbito comercial: «¿quedamos el martes o el jueves?». Otra opción posible es no quedar, pero la suprimimos de la pregunta para inducir una respuesta positiva a nuestros intereses.

9) Falacia por confusión de causas

En este caso tomamos como condición única y suficiente de nuestra idea una condición accesoria y parcial para el resultado: «es inteligente, luego tiene que aprobar». Además hay que estudiar, no es la única condición necesaria el ser inteligente.

10) Falacia de las preguntas múltiples

Consiste en incluir en una misma pregunta cuestiones diversas de tal forma que la respuesta no pueda darse de forma individualizada. Vamos por la calle y nos piden una firma de apoyo a una campaña «x»: ¿Está de acuerdo con un estado no confesional y con la supresión de subvenciones a la iglesia católica? Puede estar de acuerdo con una de las dos ideas y en desacuerdo con la otra. Pero si se firma el documento se estarán apoyando las dos.

11) Falacia de la falsa ilusión

Consiste en confundir deseos con realidad apoyando y creyendo sólo en las opciones positivas entre las posibles. El ejemplo más clásico es el cuento de la lechera donde se elabora una concatenación de causas–consecuencias siempre positivas (vendo–compro–vendo–compro) olvidando la posible opción de que desaparezca el objeto (se cae la leche y se derrama) que finalmente es la que se cumple en el cuento.

12) Falacia del efecto dominó o de la pendiente resbaladiza

Consiste en llegar a una conclusión contundente, normalmente catastrofista o alarmista, a partir de una concatenación de argumentos en relación causa–efecto. Si la secuencia es larga y el oyente no está atento, suele quedarse con la veracidad del primer argumento base y la conclusión: la vida es un bien sagrado, debemos cuidarla y defenderla, si alguien la ataca usaremos la fuerza si es necesario, el uso de la fuerza necesaria requiere armas para estar a la altura del posible agresor, la tenencia de armas debe ser libre en nuestro país.

13) Falacia por eludir el asunto

Se produce cuando en nuestro razonamiento nos ocupamos de demostrar un asunto distinto al tema que se discute. Imaginemos un texto donde se trata de la constitucionalidad o no de un proyecto de ley y yo dirijo mi discurso a demostrar la incompetencia de los jueces para dirimir esa cuestión. Con independencia de mis conclusiones, no es de lo que se trata.

14) Sofisma patético (*phatos* = emoción)

En este caso se olvidan los argumentos racionales y se trata de apelar a los sentimientos del oyente (lástima/amor/miedo/responsabilidad/etc.). Es demasiado frecuente en los mítines políticos, pero también en la vida cotidiana: si lo haces te voy a querer mucho; si no lo haces me voy a poner muy triste. ¿Cómo vamos a consentir que los otros ganen? ¿Es que no nos han hecho sufrir aún bastante? ¿Quién de vosotros lo va a consentir?

15) Falacia del espantapájaros

Repetimos el discurso de nuestro adversario pero modificándolo de tal forma que nos resulte más fácil refutarlo. Muy usada por los políticos: el político «a» dice: «El país atraviesa la más grave crisis de los últimos veinte años y urge tomar medidas». El político «b» responde: «Usted ha afirmado en su discurso que los empresarios españoles no son capaces y nosotros creemos, confiamos y apoyamos y apoyaremos siempre a los empresarios que son el tejido económico en cualquier país moderno y ya tienen más que demostrado su valor y su capacidad…».

16) Petición de principio

Se intenta que aceptemos como válida una premisa que no ha sido demostrada. Si el principio no ha sido demostrado los argumentos ligados a él no tienen por qué ser válidos: (premisa) «Como la mujer es menos inteligente que el hombre, (conclusión) su acceso a los puestos de responsabilidad ha de ser limitado». La conclusión podría ser válida de ser cierta la premisa, pero esta no ha sido demostrada y además es falsa.

17) Sofisma populista

Consiste en afirmar algo como cierto y demostrado porque así lo opina la mayoría. Sucede que muchas veces la mayoría se mueve por la pasión, no por la razón, su opinión no demuestra la certeza de un argumento. Hace algunos años una mujer fue condenada por asesinar a una joven, todo el mundo la halló culpable, no sólo el jurado popular, sino toda la opinión pública, aunque sólo había indicios y no pruebas. Con el tiempo, otro asesinato demostró que era inocente. La opinión de la mayoría no sustentaba la verdad. Lo que opina la mayoría es algo relativo y las estadísticas resultan muy manipulables.

(Nota: si el tema te ha interesado, te recomendamos la lectura de: *Diccionario de falacias* de Ricardo García Damborenea, que hemos usado de guía y donde podrá ampliar la información.)

3.1. Propuesta de ejercicio práctico sobre un texto de Selectividad

El siguiente texto fue aplicado como examen de Selectividad en la Comunidad Autónoma de Canarias (junio, 2005). Te propongo como ejercicio que trates de descubrir, enumerar y clasificar las posibles falacias presentes en el texto.

Texto

Sorpresas te da la toga
IRENE LOZANO

«Qué grata sorpresa nos ha dado el Consejo General del Poder Judicial con su súbito despertar a los problemas de discriminación sexual. Según su estrenado parecer, constituye una grave deficiencia del proyecto de ley contra la violencia sobre la mujer el que se excluya de su ámbito a los hombres, y el que se conceda a las mujeres que sufren amenazas mayor protección que a los varones. Parece ser que la consideran sexista. Curiosa sensibilidad la de estos atildados varones. No recuerdo que bramaran y patalearan por el hecho de que hasta el año 1985 no entrara una mujer en su órgano de poder. Ni que hayan puesto el grito en el cielo por contar actualmente solo con dos mujeres entre los 21 miembros que integran el CGPJ. Tampoco me viene a la memoria el caso de ninguno que haya sido apartado de la carrera por dictar una de esas atrabiliarias sentencias que ofenden a las mujeres, como la de la célebre minifalda. De los magistrados dijo un informe del Senado en 1989: «La Administración de Justicia es aún poco permeable a la gravedad social de los malos tratos». Las reformas legales, incluso las de gran enjundia, como la que ha planteado el Gobierno con su nueva ley, suelen quedar neutralizadas por la acción de quienes aplican la ley si no hay un cambio en su mentalidad. Esperemos que, en estos 15 años, la sensibilidad de los jueces haya evolucionado más que la de su órgano de poder.

Es verdad que la nueva norma beneficia a las mujeres, pero tal vez no hubiera sido necesario recurrir a ello si todos los estamentos, desde la judicatura hasta la policía, pasando por los medios de comunicación, no lleváramos tantos años fallándoles a las víctimas, restándole importancia a su situación, considerándolo un asunto que debe resolverse en casa, calificándolo de crimen pasional, como si tuviera alguna aureola de romanticismo...

Por eso tiene sentido que se constituyan juzgados específicos en los que se diriman los casos de violencia doméstica, porque en ellos será esperable una mayor preocupación por un problema que, desgraciadamente, no se va a resolver con esta ley.

Serán necesarios muchos años para erradicar el acendrado sentido de posesión que muchos hombres tienen respecto a su pareja, así como la idea de que la violencia es un recurso útil para coartar la libertad de las personas. Ambos principios dormitan en los agresores, que no suelen sentirse disuadidos por las consecuencias penales de sus actos. Son muchos los que se matan o se entregan tras haber asesinado a su pareja, así que no es de espe-

rar que las amenazas a la esposa cejen por el hecho de que ahora están penadas con cárcel.

De ahí que el carácter preventivo y de protección a la víctima cobre enorme relevancia. Cada mujer que encuentre en esta ley un asidero para tomar con libertad la decisión de abandonar a su torturador, sin por ello quedar en la indigencia o la desprotección, será una vida salvada. Y esto es lo verdaderamente importante.

Las muertes de hombres a manos de sus mujeres son igualmente lamentables, pero no están regadas con la savia machista que alimenta la violencia de algunos hombres y las convierte en un problema social. Nada más razonable que abordar de forma específica un problema específico de las mujeres. Los jueces pueden consolarse sabiendo que las maltratadas desearían no necesitar nunca de los privilegios que les otorga la ley.»

El Mundo, 20 de junio de 2004

Capítulo V:
El comentario lingüístico sobre un texto

El comentario lingüístico trata de relacionar el texto y su finalidad concreta con el uso que en él se hace de la lengua: sustantivos, adjetivos, verbos, sintaxis, etc. Es un ejercicio de reflexión importante por cuanto nos demuestra cómo la finalidad de cada texto requiere unos determinados mecanismos lingüísticos para su desarrollo. A través de estas reflexiones, cuando menos, logramos tomar conciencia de la necesidad de usar la lengua de una forma «particular» cuando estamos en clase o tratamos de transmitir unos conocimientos a otras personas. Atacamos a través de esta conciencia un grave problema en la educación, la pobreza del lenguaje que suele justificarse con la terrible frase: «Pero se entiende, ¿no?» cuando se ha tratado de definir un concepto parafraseando los tecnicismos porque son difíciles de memorizar.

La idea clave en este tipo de comentario podríamos enunciarla así: «el fin (requerido en el texto) justifica los medios (lingüísticos empleados)».

UN EJEMPLO PRÁCTICO PARA COMPRENDER

Para comprender lo que de hecho se nos está pidiendo en un comentario lingüístico pondremos un ejemplo sencillo que no tiene nada que ver con la Lengua. Imaginamos ahora que se nos pide que comentemos un vehículo: un camion. ¿Cómo lo hacemos? Una primera reflexión nos dice que existen distintos tipos de vehículos y algunos presentan entre sí diferencias evidentes y constatables. Pensemos ahora en un seat 600. Es evidente que no se parece en nada a un camión. ¿Por qué son diferentes? La respuesta es que la finalidad con la que se diseñaron era diferente.

El camión se diseñó para transportar grandes cargas a largas distancias por carreteras interurbanas e incluso internacionales. Mientras que el seat 600 se diseñó para transportar personas a distancias cortas y en espacios preferentemente urbanos. Una vez que tenemos clara la finalidad con la que cada uno de estos vehículos fue creado, nos resulta fácil comprender cómo cada uno de los componentes mecánicos que integran estos vehículos resultan necesarios para conseguir su finalidad. Así comprendemos que el tamaño reducido del seat 600 facilita la circulación y el aparcamiento en ciudades. Que el motor tenga poca cilindrada no es problema, dado que la velocidad en ciudad, que es donde se desenvuelve, está limitada a 50 Kms/hora, por lo que no requiere de más potencia, y de esta forma se reduce el consumo, etc. De la misma forma, analizamos que el peso de carga que debe transportar un camión requiere de una suspensión especial, unas ruedas grandes y resistentes, un motor de mucha potencia que pueda arrastrar ese peso durante largas distancias, etc. Es decir, comentar ha significado comprender y poner de manifiesto cómo cada uno de los elementos que componen un conjunto (el vehículo) está condicionado por la finalidad requerida y contribuye a conseguirla.

Lo mismo sucede con los textos. La Lengua es un instrumento de comunicación, pero podemos comunicar muchas ideas: sentimientos, conocimientos, órdenes. Y cuando escribimos lo hacemos con un fin determinado: dirigimos una instancia a un organismo oficial, escribimos una carta a un amigo, redactamos un examen de Matemáticas... cada uno de estos escritos responde a fines diferentes y esta finalidad va a condicionar el uso que hagamos de la lengua en cada uno de ellos.

1. Ideas previas al comentario lingüístico

Para hacer un comentario lingüístico debemos tener una buena base de conocimiento en Lengua Española. Esta base la presuponemos en este libro, aunque daremos algunas ideas básicas que inevitablemente nos llevarán a repasar algunos conceptos.

Para el acercamiento a los textos que iremos utilizando en adelante, proponemos un esquema de aproximación meramente pedagógico: veremos las unidades supraoracionales –la entonación–, luego fijaremos nuestra atención en los sonidos –modificación, alteración o usos peculiares–, más tarde usaremos los esquemas sintagmáticos para recordar los elementos sobre los que vamos a centrar ordenadamente nuestra observación y reflexión –nombre y adyacentes, verbo y adyacentes–. Finalmente nos centraremos en la sintaxis oracional del texto.

Se trata de una mera guía de acercamiento. Cuando fijemos nuestra atención en cualquiera de los elementos –nombre, adjetivo, verbo o adyacentes del nombre y verbo–, deberemos anotar nuestras observaciones. Estas observaciones irán referidas a los distintos niveles del lenguaje: morfológico, léxico, semántico y sintáctico. Entendemos que forma y fondo constituyen un todo inseparable, y el significado no solo tiene que ver con la palabra, sino con sus posibles combinaciones y relaciones con las demás que aparecen junto a ella en la oración (relaciones sintagmáticas). Desde este esquema de aproximación, con las observaciones realizadas, elaboraremos nuestro comentario.

Antes de empezar con las prácticas conviene repasar algunos conceptos que nos van a resultar muy útiles. Son conceptos que nos permitirán realizar comentarios de tipo lingüístico con independencia del tipo de texto ante el que nos encontremos.

1.1. Las funciones del lenguaje

Cuando hablamos de un sistema de comunicación con unas reglas concretas conocidas por el emisor y el receptor, hablamos de una Lengua. Hablaremos de lenguaje para referirnos al uso concreto que hacemos de una lengua. Así usamos la lengua española en lenguajes como el periodístico, el humanístico, el científico, el publicitario, etc., donde se haya usado el español como lengua.

La función última de la Lengua es la comunicación, una comunicación se produce cuando alguien (emisor) envía un mensaje (información transmitida) que es recibido por otro (receptor) que lo comprende. Los elementos indispensables para que se produzca un acto de comunicación son:

- Emisor: que envía el mensaje.
- Mensaje: que es la información transmitida.
- Receptor: que es quien recibe y entiende el mensaje.
- Canal: que es el medio a través del cual se transmite el mensaje (el aire en el caso de la comunicación oral, el papel en la comunicación escrita, etc.).
- Código: un conjunto de unidades (sonidos, palabras, etc.) que se combinan entre sí según unas reglas conocidas por el emisor y el receptor (concordancia entre sujeto y verbo, o entre nombre y adjetivo, por ejemplo).
- Contexto: el mensaje se produce en un momento concreto, en un lugar concreto, esto es, en una situación. Y cada unidad (sonido, palabra, oración, etc.) aparece en el mensaje junto con otras unidades, estas otras unidades constituyen su contexto lingüístico.

Veámoslo en un ejemplo concreto: hay dos personas en la biblioteca de la Facultad de Derecho. Se llaman Luis y Ernesto. Luis le dice a Ernesto: «Dame ese libro». Ernesto coge el libro que tiene frente a sí en la mesa y se lo da a Luis. Estamos ante un acto de comunicación porque Luis (emisor) ha transmitido un mensaje («dame el libro».) a Ernesto (receptor) y este lo ha entendido (ha cogido el libro y se lo ha dado a Luis). Para lograrlo han utilizado un código común que ambos conocen y dominan, la lengua española. El mensaje se ha transmitido por las ondas del aire (canal) y se ha producido en unas circunstancias concretas (están en la biblioteca, son las siete de la tarde, tienen frente a sí una mesa que emisor y receptor ven, etc.) que es la situación. Esta situación compartida por emisor y receptor en el diálogo ha permitido que el receptor entienda el significado del determinante demostrativo «ese», por ejemplo. Este demostrativo aparece en el mensaje junto a otras palabras («dame» y «libro») con las que mantiene una relación (el hecho de que «libro» sea un nombre masculino, condiciona el empleo del determinante demostrativo en masculino, por ejemplo), es decir, aparece en un contexto lingüístico concreto.

Cuando emitimos un mensaje podemos centrar su contenido en cada uno de estos elementos indispensables en cualquier acto de comunicación. Esto da lugar a las distintas funciones del lenguaje. Dicho de otra forma, cuando emitimos un mensaje podemos hablar de nosotros mismos (del emisor) o podemos hablar del tiempo que hace (la situación). En todo mensaje hay una función dominante, aunque puedan, en un mismo mensaje, aparecer dos o más funciones. Así si leemos: «Me duele la cabeza porque está nublado» podemos observar dos funciones en el mensaje: se habla sobre el emisor («me duele la cabeza») y se habla del mundo exterior o situación («está nublado»). Pero si nos preguntamos qué parte de la información es la fundamental, estaremos de acuerdo en que es el hecho del «dolor» de cabeza; el que esté nublado resulta accesorio en el mensaje.

1.2. Distintas funciones, distintos textos, distintos rasgos lingüísticos

1.2.1 Función expresiva

Cuando el contenido del mensaje se centra sobre el emisor hablamos de función expresiva. Esta función es dominante en los textos líricos donde se trata de transmitir los sentimientos del autor (emisor). Está relacionada directamente con el uso de primera persona verbal y la primera persona en los pronombres personales (yo, mí, me, conmigo) y determinantes posesivos (mi/mío). También está relacionada con la entonación exclamativa. Toda exclamación revela una reacción anímica del emisor (sorpresa, alegría, miedo, etc.). Existen algunos procedimientos lingüísticos concretos que manifiestan la presencia de esta función, como son el pronombre personal en función expletiva o enfática (*me* bebí tres cervezas), el pleonasmo o redundancia innecesaria tan frecuente en la lengua oral (ven *acá* para *acá*, sube *p'arriba*, baja *p'abajo*, sal *pa fuera*, etc.), con mayor o menor énfasis según el contexto («*venacá pacá*», dicho por un andaluz, suele resultar amenazante), el uso de nombres incontables en plural («le tiró *de los pelos*», en lugar de «del pelo»), etc.

Los sufijos valorativos manifiestan asimismo esta función expresiva. Tanto los aumentativos como los diminutivos no significan mayor o menor tamaño, suelen significar una relación afectiva del emisor por el objeto nombrado; a través de ellos, el emisor comunica sus sentimientos. Cuando la madre acumula diminutivos para nombrar y dirigirse a su hijo, es porque todo le parece poco para expresar el amor que siente por su hijo («¡Ay, del *chiquirritín, chiquirriquitín*...!» cantamos en los villancicos: no bastaba con decir «chico/quitín», aún no se expresa todo el amor que sentimos, necesitamos seguir acumulando diminutivo sobre diminutivo).

1.2.2. Función conativa

Cuando centramos el contenido del mensaje en el receptor hablamos de función conativa. Con frecuencia usamos el lenguaje para tratar de influir en la conducta del receptor, por ejemplo, cuando le damos una orden. Esta función está relacionada con el uso de la segunda persona verbal y pronominal. Es tan importante que hay formas específicas para ella en el verbo, el modo imperativo, y en el nombre, el vocativo.

Suele estar también relacionada con la entonación interrogativa (tratamos de obtener información del receptor) y con la exclamativa, presente en casi todas las oraciones exhortativas. Es poco frecuente en los textos escritos, salvo cuando estos son literarios. Es la función dominante en los textos publicitarios, cuya finalidad última es influir en la conducta del receptor persuadiéndolo para que compre el producto anunciado.

1.2.3. Función referencial

Cuando centramos la información del mensaje en el mundo exterior, lo que no es emisor ni receptor, estamos ante la función referencial. Esta función se relaciona con el uso de la tercera persona verbal y pronominal y la entonación enunciativa. Tratamos de transmitir una información sobre lo que nos rodea, no participamos afectivamente de lo que decimos. Es la función dominante en la mayoría de los textos: científico, periodístico, humanístico, etc.

1.2.4. Función reflexiva o metalingüística

Podemos usar el lenguaje para reflexionar sobre el código, es lo que hacemos ahora mismo. Técnicamente coincide con la función referencial y participa de sus características (uso de tercera persona, tono enunciativo), pero es importante porque diferencia la lengua de cualquier otro sistema de comunicación. Podemos hablar de lenguaje pictórico, pero para reflexionar sobre el uso de los colores no podemos usar pinceles, tenemos que hacerlo con palabras. Podemos hablar de lenguaje matemático, pero cuando reflexionamos sobre él lo hacemos usando la lengua. Es el único sistema que podemos usar para reflexionar sobre sí mismo y esto lo diferencia también de cualquier otro sistema de comunicación animal.

1.2.5. Función fática o de contacto

Cuando usamos la lengua para comprobar que el canal de comunicación está abierto hablamos de función fatica. Es frecuente en el lenguaje oral y especialmente cuando el canal es inusual o de tipo técnico (vamos a iniciar una conferencia en un salón de actos, nos acercamos al micrófono y decimos: «Sí, sí, ¿se oye?»). Su uso es muy escaso y está restringido a este tipo de situaciones.

1.2.6. Función poética

También podemos centrar el interés en el propio mensaje. Dicho de otra forma: importa más cómo se dice, cómo se ha elaborado el mensaje, la forma del mensaje, que lo que se dice, el contenido. Es la función dominante en los textos literarios, especialmente en los poéticos. Para que lo comprendamos, podremos un sencillo ejemplo: si decimos «Hoy soy feliz porque he visto a la mujer que amo y me ha mirado» estaríamos ante un mensaje cuya función dominante es la expresiva porque centra su contenido en el emisor, de ahí el uso de la primera persona verbal («soy», «he visto», «amo») y el uso de primeras personas pronominales («me»).

Pero si lo decimos como lo hizo Gustavo Adolfo Bécquer:

> *«Hoy los cielos y la tierra me sonríen,*
> *hoy llega al fondo de mi alma el sol,*
> *hoy la he visto, la he visto y me ha mirado...*
> *¡Hoy creo en Dios!»*

Está claro que la intención del emisor ha ido mucho más allá de transmitirnos un mensaje. Ha querido no solo decir algo, sino decirlo de una forma determinada y esa forma es más importante que el mensaje en sí. Sigue estando presente la función expresiva, pero es secundaria respecto a la poética.

La función poética es la más compleja porque dado que la intención del emisor es centrar la atención sobre el mensaje, puede conjugar todo tipo de procedimientos retóricos que juegan con cada una de las unidades de la lengua, desde el sonido (la rima, la aliteración, la onomatopeya), como las palabras y su significado (repetición, metáfora, sinécdoque), sintaxis (hipérbaton, paralelismo...), etc. Por ello el comentario de textos literarios merece un apartado por sí mismo.

A modo de esquema, podríamos representarlo así:

Acto de comunicación y funciones lingüísticas

Canal
(Función fática)

Emisor – Mensaje – Receptor
(F. expresiva) – (F. poética) – (F. conativa)

Código
(Función reflexiva)

Contexto
(Función referencial)

1.3. Cuando la precisión no es solo una finalidad sino una necesidad

En la mayoría de los casos empleamos la lengua para transmitir una información y nos conformamos con que esta llegue y, más o menos, se comprenda. Hablamos y oímos más que escribimos o leemos y, en el lenguaje oral, la precisión no es una necesidad inmediata: si no se ha comprendido bien el mensaje, al ser una comunicación bidireccional, el receptor puede solicitarnos en cualquier momento la ampliación o la precisión de la información recibida («Dame el bolígrafo»; «¿Qué bolígrafo?»). Cuando se habla no se suele prestar atención a la forma del lenguaje, nos fijamos en su utilidad, pero no en las palabras que usamos o en que la estructura gramatical sea correcta. En este sentido decimos que la lengua es transparente, lo que importa es que nos entienda el receptor.

En el lenguaje oral, nos apoyamos mucho en la situación, el espacio y tiempo que compartimos con el receptor, y esto nos permite presuponer una gran cantidad de información, por lo que construimos nuestro mensaje partiendo de esta presuposición y utilizando la elipsis de los hechos e ideas que, por resultar evidentes en la situación compartida, no necesitan mencionarse.

El hecho de que el uso de la lengua sea fundamentalmente oral, y especialmente ahora, en el siglo XXI, con la era audiovisual, genera en nosotros unos «malos hábitos» que debemos erradicar cuando tratamos de expresarnos por escrito y con precisión, como se nos pide que hagamos en un examen, por ejemplo.

Un pequeño ejercicio nos puede ayudar a comprender la enorme diferencia que hay entre lengua oral y la escrita. Observa este diálogo:

> *–Me gusta eso.*
> *–Es bonito, ¿verdad?*

Para los interlocutores el mensaje ha sido claro y conciso. Pero imagina que toda la información transmitida tuviéramos que hacerla llegar a alguien que no estuviera presente en el mismo espacio y tiempo. El resultado sería algo así:

> *Estoy en Córdoba, en la habitación de mi amigo Luis (ya el receptor no sabe quién es Luis y qué relación tiene contigo. Tampoco le hemos informado de dónde está esa habitación, el barrio, el bloque, la altura, etc. Hay mucha más información que se pierde por no estar compartiendo el mismo espacio y tiempo: en la calle hace sol o está nublado, estamos cansados o descansados, hemos quedado para estudiar o salir, sentimos el uno hacia el otro una relación de simpatía, antipatía, indiferencia, etc.). Luis tiene abierto ante sí un libro de Historia del Arte donde aparece una fotografía a todo color de «La Piedad» de Miguel Ángel. Señalando la fotografía le digo: «Me gusta eso». Mi amigo, sin levantar la vista del libro, responde: «Es bonito, ¿verdad?».*

Hemos necesitado bastantes líneas para tener una aproximación del contenido al mensaje emitido, recibido y comprendido por los interlocutores de este breve diálogo. Y, aun así, en la conversación, los interlocutores comparten mucha más información de la que hemos expresado en el ejercicio. Esta es una dificultad inherente al texto escrito y deberemos tenerla en cuenta para evitar vacíos de contenido, es decir, omisiones que puedan dificultar la comprensión del mensaje por parte del lector. En nuestra cultura, cada vez más audiovisual, debemos esforzarnos continuamente para superar esta dificultad.

1.3.1. La necesidad de precisión se manifiesta en el léxico

El núcleo del sintagma nominal es el nombre, pero existen distintos tipos de nombres, básicamente los propios y los comunes, y dentro de estos últimos, los concretos, abstractos, contables, incontables, individuales y colectivos. Pues bien, los textos se mueven en distintos ámbitos referenciales según su contenido. Cuando nos movemos en un ámbito referencial físico lo normal es que nos encontremos con nombres comunes concretos, porque estamos significando objetos perceptibles por los sentidos (mesa, silla, aire, átomo, etc.), es lo que sucede en algunos textos científicos o técnicos, o en las descripciones de ambientes o personajes que centran su contenido en el mundo exterior. En cambio, cuando nos movemos en un ámbito referencial abstracto, lo normal es que abunden los nombres comunes abstractos porque estamos significando conceptos o ideas que comprendemos gracias a la reflexión y el conocimiento, pero no por la percepción directa de realidad (amor, relación, pensamiento, reflexión, deuda...), es lo que sucede en textos como el científico o técnico (suma, resta, cuantificación, ecuación, incógnita, dividendo, etc.) y en el filosófico o el humanístico, que centran su contenido en el mundo interior del ser humano y su relación con el mundo exterior (sensaciones, sentimientos, conocimiento, etc.).

1.3.2. El uso de tecnicismos es imprescindible en las distintas ciencias y oficios

En todos los lenguajes escritos, pero especialmente en los lenguajes científicos, se requiere la precisión en los conceptos empleados, de ahí que se utilicen palabras con significados únicos, monosémicos, que eviten posibles ambigüedades. Es lo que llamamos tecnicismos, vocablos con un significado preciso y único en un área del saber o en un oficio. Quiere esto decir que tan tecnicismo es «peritonitis» en el lenguaje médico como «enfoscar» en el lenguaje de la construcción. A medida que más compleja sea la ciencia, mayor número de tecnicismos se emplearán, de ahí que haya muchísimos más tecnicismos médicos que en la construcción. Cuanto mayor sea el número de tecnicismos, tanto mayor será el «carácter críptico» de ese lenguaje y con ello queremos decir simplemente que será más difícil de comprender para aquellos que no estén iniciados en ese área de conocimiento concreto.

Cuando la finalidad del texto es divulgativa o didáctica (libros de texto, por ejemplo), los tecnicismos se emplearán procurando incluir su definición en el propio texto y ejemplos demostrativos que ayuden al lector a comprender su significado. Si el destinatario del texto se presupone una persona entendida en la materia (revistas especializadas, por ejemplo), se usarán directamente sin necesidad de aclaración por parte del emisor, esto conferirá al texto mayor complejidad. En los textos humanísticos, dada la ambigüedad que, por su antigüedad, han ido adquiriendo sus tecnicismos, es frecuente la aclaración sistemática del sentido propio de los términos técnicos que se emplean.

1.4. Lenguajes denotativos y lenguajes connotativos

Estos dos conceptos nos van a ser muy útiles en el comentario lingüístico para separar radicalmente dos tipologías de textos: aquellos en los que buscamos un lenguaje preciso y exacto (denotativo), de aquellos otros en los que interesa sugerir más que significar (connotativo). Debemos comprobar si las palabras han sido usadas con su significado preciso o, por el contrario, se han utilizado por su capacidad de evocar más allá de sí mismas. Cuando lo que importa es trasladar una información de manera precisa y correcta usaremos un lenguaje «denotativo», es decir, usaremos las palabras con el significado que les es propio para evitar ambigüedades o diversidad de posibles interpretaciones. El lenguaje humanístico y científico es denotativo, como lo es el periodístico informativo. Tratan de trasladar al receptor una información objetiva sobre un tema de manera precisa, con claridad y concisión, sin usar más palabras de las necesarias, y de una forma correcta, con total respeto a las normas tanto ortográficas como gramaticales o de redacción. Esto se manifiesta en los rasgos lingüísticos presentes en estos textos.

El lenguaje denotativo se caracterizará por:

- Propiedad en el lenguaje (usamos las palabras con su significado propio y preciso).
- Los sustantivos aparecerán con su determinante, indispensable en la función sujeto.
- Los adyacentes al nombre irán pospuestos y tendrán un carácter especificativo (aportarán información necesaria para identificar al referente).
- Las oraciones serán gramaticales, con verbo, respetarán el orden lógico y dominarán las asertivas y enunciativas.
- La sintaxis será sencilla, con oraciones simples o poco complejas (con pocos verbos). Se respetará el orden lógico oracional y cuando se anteponga algún nexo o función se hará para reforzar el sentido lógico del texto.

Pero puede interesarnos sugerir más que significar, pueden interesarnos más los significados asociados a una palabra que el concepto expresado por la palabra en sí misma, entonces usaremos un lenguaje «connotativo», es lo que sucede en el lenguaje publicitario o en el lenguaje poético. En un anuncio publicitario de una motocicleta de gran cilindrada aparecía el lema: «Suzuki: poder y placer». Los sustantivos «poder» y «placer», sin estructura oracional (porque no hay verbo, ha sido sustituido por los dos puntos), sin un complemento, ni siquiera un determinante, resuenan en nuestra mente y multiplican sus posibles significados por asociación inconsciente hasta nuestros propios deseos. Para cada lector, el «poder» tendrá un significado que le resulte especialmente placentero (el sexual, el de autoridad frente al jefe o los subordinados o los compañeros, el de la potencia del motor que permite desarrollar altas velocidades, etc.), lo importante en el lenguaje connotativo es precisamente esa ambigüedad intencionada que permite al receptor interpretar el mensaje individualmente, según mejor convenga a su subconsciente. Esto mejorará las posibilidades del mensaje para que el producto llegue al receptor, cualquiera que sean sus intereses o circunstancias personales.

Las connotaciones asociadas a un término varían según la sociedad, la cultura, la zona e incluso el individuo. Cuando alguien que vive en una zona geográfica de interior oye la palabra «mar», posiblemente empieza a oler a crema bronceadora y a oír música-disco: los mensajes connotativos que reciba serán placenteros y asociados a las vacaciones y al tiempo libre. Sin embargo, si esta palabra es oída por alguien de un pueblecito de mar de la costa de Huelva, probablemente al oír la palabra «mar» piense en trabajo, en riesgo, en dureza, en la angustia vivida por no saber si esa persona va a regresar. Su experiencia con el «mar» es diferente, por lo que sus valores connotativos cambian. No obstante, hay valores más o menos socializados, aceptados mayoritariamente por todos, son los estereotipos, y serán los recurrentes en este tipo de mensajes.

El lenguaje connotativo no es tan esquemático como el denotativo. En este caso se valora la capacidad de sugerir en el lector y la lengua se subordina a esta finalidad. Lo que sí está claro es que en él nos podemos encontrar rasgos lingüísticos cuya presencia en el lenguaje denotativo significaría un error. Por ejemplo:

- Ausencia de determinación y adyacentes nominales que multiplica los posibles significados de un nombre.
  Es el caso anterior donde observamos tres nombres («suzuki», «poder» y «placer») sin determinación alguna y sin adyacentes. Esta falta de precisión provoca nuestra libre interpretación de los posibles significados.
- Uso de palabras con significados que no le son propios o con posibles interpretaciones (es el caso de la metáfora, o la dilogía). La célebre frase de Francisco de Quevedo: «Frente al hostal había un reloj que daba cuartos» nos dejaba resonando en la mente los posibles significados de la palabra «cuartos»: habitaciones (hablamos de un hostal), cuartos de hora (la campana del reloj sonaba cada cuarto de hora) o dinero, porque las habitaciones se alquilaban por tiempo y cada hora suponía más ganancias para el dueño.
- Posibilidad de ausencia de estructura oracional lógica, ausencia de

verbo, es lo que llamamos estilo nominal. Interesa que el mensaje no sea interpretado racionalmente, sino emocionalmente.

Además del ejemplo anterior de suzuki, observad el inicio de un poema de Juan Ramón Jiménez: «Infancia: campanario, palmera». Si hubiera utilizado un determinante, «mi infancia», por ejemplo, nuestra mente al escuchar el mensaje hubiera centrado el significado de la palabra en la infancia del poeta, algo separado y diferente de nuestra propia infancia. Al usarlo sin determinante la palabra resuena libre en nuestra mente permitiendo que se llene con nuestras propias experiencias. Al no existir verbo, la relación entre «infancia» y los otros dos sustantivos es aleatoria, nos permite interpretarla libremente: ya no es la infancia de Juan Ramón, es la nuestra propia, ya no es el campanario de Moguer, sino el de la Mezquita de Córdoba y la palmera que se erguía majestuosa tras la Puerta del Perdón y dejaba caer sus dátiles a golpes de tirachinas. La indeterminación de los sustantivos me ha llevado a mi propia infancia, me ha hecho niño con el poeta por el poder de sugestión de las palabras.

- Posibilidad de adyacentes nominales con valor explicativo, adjetivos explicativos o complementos que redundan en un significado conocido.

Solemos hablar de adjetivo explicativo o «poético» como algo redundante y, por lo tanto, innecesario. Efectivamente, cuando decimos «nieve blanca», el adjetivo «blanca» no nos aporta información pero esto no quiere decir que sea innecesario. El adjetivo explicativo aporta una visión subjetiva de la realidad por parte del emisor que nos obliga a contemplarla inconscientemente desde la perspectiva que a él le interesa. Si pensamos con objetividad, de la nieve sabemos no solo que sea blanca, también conocemos otras cualidades: es fría, es húmeda, es maleable, se derrite, etc. Lo que el autor logra cuando nos dice «nieve blanca» es que las demás cualidades que conocemos del objeto pasen en nuestra mente a un segundo plano, que las olvidemos. El ejemplo más evidente de esta «manipulación» es que cuando cantamos el famoso villancico de «blanca navidad, nieve…» se nos olvidan los miles de muertos que en estas fechas hay a causa del frío. Nos quedamos exclusivamente con la belleza del manto blanco en el paisaje. Esta capacidad de influir en cómo percibe nuestra mente la realidad gracias a este recurso, no ha pasado desapercibida a los poetas, y mucho menos a los publicistas.

Este sentido explicativo del adjetivo lo podemos conseguir también por posición, es decir, tomamos un adjetivo especificativo y lo situamos entre comas o antepuesto al nombre. La diferencia con el adjetivo explicativo puro es que mientras el adjetivo explicativo significa una cualidad presente en todos los posibles referentes del nombre (agua líquida: no podemos imaginar ningúna agua que no posea esta cualidad), el adjetivo explicativo relativo expresa una cualidad presente en todos los referentes concretos significados en el texto y no en todos los posibles. Andrés Bello, extraordinario gramático, nos ponía este ejemplo para comprenderlo:

    A: Las mujeres cansadas se acostaron.
    B: Las cansadas mujeres se acostaron.
    C: Las mujeres, cansadas, se acostaron.

El adjetivo «cansadas» es especificativo cuando se refiere a «mujeres» (A) porque no todas las mujeres están cansadas, es una cualidad que selecciona un grupo de referentes dentro del conjunto, esto significa que, entre las mujeres, algunas estaban cansadas y esas, y no todas, fueron las que se acostaron. Cuando anteponemos o situamos entre comas el adjetivo (B y C), lo convertimos en un adjetivo explicativo relativo. Significamos que todas las mujeres que estaban allí estaban cansadas y que todas se acostaron. No significamos a todas la mujeres del mundo, solo a aquellas a las que nos referimos en nuestra frase. Esto permite juegos estilísticos y semánticos en español inimaginables en otras lenguas donde la posición del adjetivo está inmovilizada (por ejemplo, el inglés). Garcilaso de la Vega usó mucho este recurso de la adjetivación jugando con los valores explicativo puro y el relativo, observad este simple verso: «en vuestro hermoso cuello, blanco, enhiesto», son tres adjetivos especificativos que han sido convertidos en explicativos relativos por su posición: «hermoso» por la anteposición, «blanco» y «enhiesto» por ir entre comas. De esta forma, en la imagen idealizada que nos ofrece de la mujer nos traslada la sensación de que su cuello, el de su amada, no puede ser ni siquiera imaginado más que hermoso –como no podía ser de otro modo–, blanco –color asociado a la tez noble– y enhiesto– erguido, orgulloso.

Las posibilidades se multiplican. Es importante en este punto revisar y repasar las figuras retóricas. El lenguaje connotativo es propio del lenguaje literario y del publicitario, también está presente en el lenguaje coloquial donde la función expresiva tiene enorme importancia, aunque con distintas finalidades como veremos más adelante.

- Posibilidad de incompatibilidad semántica entre núcleos y adyacentes.

Cuando el lenguaje es usado con propiedad, la coherencia semántica entre núcleos y adyacentes siempre es respetada. Nos referimos ahora a la coherencia necesaria entre núcleos como el nombre o el verbo y los adyacentes como el adjetivo o el complemento directo referidos a ellos. Observemos algunos ejemplos:

> Árbol verde, grande, alto, seco, grueso, viejo, bajo, redondo (adjetivos compatibles, expresan cualidades que podemos imaginar en cualquier árbol).
> Árbol triste, lúcido, inteligente, rápido, sonoro, locuaz… (adjetivos incompatibles, expresan cualidades humanas o propias de seres con voluntad, capacidad de movimiento o de emitir sonidos, impropios de un vegetal).

Esto mismo puede ocurrir en todos los niveles sintagmáticos (verbo: comer piedras –incoherencia–). La incompatibilidad semántica obliga al receptor a forzar intuitivamente la compatibilidad del núcleo y el adyacente multiplicando las posibles connotaciones (el árbol se contamina de la tristeza de quien lo contempla; inspira pensamientos en el emisor que transmite al objeto, por eso es lúcido o inteligente. Los árboles que observamos desde la ventanilla de un tren podemos calificarlos de rápidos, pero el rápido es el tren. Podemos aplicar la sonoridad o la locuacidad para describir el sonido del viento entre sus ramas, pero es el viento quien produce el sonido, no el árbol de forma intencionada, etc.).

1.5. *Relaciones sintácticas polisindéticas y asindéticas*

Relacionado con lo anterior, merecen mención aparte las relaciones polisindéticas y asindéticas. En el comentario lingüístico hablamos de relaciones polisintéticas cuando los nexos entre oraciones están explícitos en el texto. Esto manifiesta la preocupación del autor en señalar de manera clara y precisa la relación lógica entre los contenidos expresados en las oraciones, propio de un lenguaje denotativo y atento a la precisión. Las relaciones polisindéticas serán apropiadas en textos como los científicos o humanísticos.

En cambio hablamos de relación asindética cuando los nexos no están presentes en el texto, cuando se usa la yuxtaposición. En este caso el autor deja libertad de interpretación al receptor, lo que favorece la sugerencia propia de lenguajes connotativos. Podemos encontrar la relación asindética en textos como el publicitario y el literario, también en algunas modalidades de textos periodísticos.

Para comprender lo dicho, observemos estos dos ejemplos:

- El padre leía el periódico y el niño jugaba (A).
- El padre leía el periódico, el niño jugaba (B).

El ejemplo «A» es polisindético, está presente la conjunción «y», lo que nos expresa suma de acciones. A través de ella el autor nos traslada su visión de la realidad. Son dos acciones simultáneas y compatibles.

El ejemplo «B» es asindético, la ausencia de nexo explícito nos da la libertad como lectores de interpretar la posible relación entre las dos acciones. Inconscientemente podemos interpretar una relación copulativa, como el autor. Pero imaginemos que partimos como sujetos de una experiencia previa de falta de cariño por nuestros padres. Es muy posible que interpretáramos una relación adversativa o restrictiva entre las dos acciones, algo así como:

- El padre leía el periódico aunque el niño jugaba (B.1.).

Haciendo hincapié en el hecho de que el padre no compartiera con su hijo ese instante de juegos. También podemos leer la oración desde la perspectiva de un padre cansado que llega a casa con necesidad de un instante de respiro y paz y se encuentra con que:

- El niño jugaba a pesar de que el padre leía el periódico (B.2.).

Ahora imaginemos una familia en la que, cuando el padre leía el periódico, era el momento en que los niños podían jugar a su aire, por costumbre o por organización... Esta experiencia permitiría entender la relación entre los hechos como ilativa (causa–consecuencia):

- El padre leía el periódico, por lo tanto, el niño jugaba (B.3.).

Simplemente subrayar que la ausencia de nexos deja libertad a la mente del receptor para que las posibles connotaciones se multipliquen. Esta ambigüedad puede ser muy interesante cuando tratamos de que sea la mente del receptor la que busque de forma inconsciente la relación lógica entre los enunciados, por ejemplo, en el lenguaje publicitario.

2. El comentario lingüístico de un texto a partir de los modos de expresión

Existen cinco modos básicos de expresión: la exposición, la descripción, la argumentación, la narración y el diálogo. Cada uno de ellos se usa con una finalidad concreta que va a condicionar parte de los rasgos lingüísticos dominantes en cada caso. Cualquier texto que queramos comentar estará expresado total o parcialmente en alguno de estos modos de expresión, de ahí la importancia de familiarizarnos con sus características y cómo estas y su finalidad condicionan el uso que se hace de la lengua en cada uno de ellos.

En este caso recordamos que, al tratarse de un comentario lingüístico (o de los rasgos lingüísticos más relevantes del texto), nos acercaremos al texto mediante una guía de aproximación (unidades supraoracionales, plano fónico, plano sintagmático y sintáctico oracional). Insistimos ahora en que se trata de una guía de aproximación metodológica para revisar ordenadamente los puntos del texto en que vamos a centrar nuestra atención –entonación, sonidos, palabras y combinaciones, oraciones). Las anotaciones y observaciones que hagamos, en cambio, recogerán todo aquello que consideremos relevante tanto en el plano fónico, como en el morfológico, léxico-semántico y sintáctico en cada uno de los elementos analizados. Las observaciones pueden, de esta forma, resultar reiterativas a veces. No nos debe importar, todo lo contrario. Esto nos va a demostrar como todas las unidades y niveles del lenguaje confluyen en una misma finalidad.

2.1. La exposición: sobre un texto de Selectividad

Exponer significa «mostrar algo», cuando vamos a una exposición de pintura, vamos a un lugar donde encontramos los cuadros «expuestos», donde se nos muestran los cuadros para que los veamos. Una exposición en lengua es lo mismo, sólo que lo que aquí se nos muestra no son cuadros sino una serie de mensajes que contienen ideas o hechos concretos. En una exposición no cabe esperar la «opinión» o «valoración» de los hechos o ideas expuestas, ahí ya entraríamos en otra fase, la de opinión o argumentación. La exposición ha de ser objetiva y ceñirse a lo concreto aun cuando el objeto de la exposición sea el esquema de pensamiento de Aristóteles. En la fase «expositiva» no debe expresarse opinión alguna.

La exposición es la técnica quizá más utilizada porque es la que necesitamos para fijar y transmitir conocimientos ciertos de cualquier tipo, tanto técnicos o científicos como humanísticos. Pensemos que en la mayoría de los casos, los conocimientos no se discuten, se transmiten. Cuando ya se saben, se pueden discutir, analizar, rebatir, etc.

Veamos este ejemplo presentado en Selectividad por la Comunidad Autónoma de Baleares:

Texto

«El agua está en constante movimiento en la naturaleza. La –
lluvia y la corriente de los ríos son muestras de este movimiento. –
El agua pasa continuamente de unos lugares a otros del planeta: –
de la atmósfera cae a la tierra, a los ríos y los mares, y de todos –

*estos, por evaporación, vuelve a la atmósfera. Este movimiento   5
continuo del agua de unos puntos a otros es lo que se denomina ciclo del agua. En el ciclo del agua intervienen también los
seres vivos. Por ejemplo, los árboles mueven una gran cantidad
de agua: la absorben del suelo por sus raíces y pierden una parte de esta agua por sus hojas. El aporte de agua a la atmósfera   10
por parte de las plantas se denomina evapotranspiración, y es un
agente importante en el movimiento del agua entre la biosfera, la
atmósfera y la hidrosfera.*

*Aunque el agua circula sin parar, hay zonas en las que abun-
da y otras en las que es escasa. Este hecho está relacionado con   15
el clima, que es diferente en distintas zonas de la Tierra, a causa, entre otros factores, de las diferencias en la radiación solar
recibida, y al reparto de vientos y precipitaciones debido a la
circulación atmosférica. Las zonas más húmedas del planeta
son los trópicos y el ecuador. En estos lugares, la lluvia es muy   20
abundante. En las zonas templadas del norte de Europa, Asia y
América también llueve lo suficiente para que nunca falte agua.
Las zonas más secas, en cambio, se encuentran al norte y al sur
de los trópicos, y en ellas están casi todos los desiertos del mundo.
En contra de lo que cabría pensar, el clima de los polos también   25
es bastante seco.»*

Comunidad Autónoma Balear, Selectividad, 2007

2.1.1. Finalidad de la exposición

La finalidad del texto es informarnos sobre una serie de hechos contrastados. No parece opinable el hecho de que el agua está en constante movimiento; tampoco lo es que la lluvia y los ríos son muestras de este movimiento. Es un hecho comprobado que las plantas aportan agua a la atmósfera, etc. En efecto, estamos mostrando hechos contrastados y ciertos que se nos «exponen» en su conjunto.

La objetividad y la precisión son los objetivos de esta exposición de carácter científico. Se trata de trasladar la información de una manera clara, precisa y correcta. El emisor no participa afectivamente de las ideas que expone, su visión de esa realidad exterior es objetiva.

2.1.2. Elementos supraoracionales

La relación entre los párrafos debe ser clara. Pueden o no aparecer elementos externos que faciliten la comprensión de la relación lógica entre los distintos párrafos, pero la relación no debe prestarse a confusiones. En el caso que nos ocupa no hay elementos externos que manifiesten expresamente esa relación, la relación es estructural, pero es sencilla, de naturaleza deductiva porque va de la afirmación general a los hechos concretos:

1er párrafo. Idea principal: *el agua está en continuo movimiento.*
2º párrafo. Desarrollo 1: *las plantas contribuyen a este movimiento (evapotranspiración).*
3er párrafo. Desarrollo 2: *el movimiento depende del lugar geográfico y las circunstancias que en él inciden (viento, clima...).*

En cuanto a la entonación, dado que el emisor no participa afectivamente de lo expuesto y la función dominante es la referencial, el texto se mueve exclusivamente en la entonación enunciativa. En resumen:

1. Relación entre párrafos clara y sencilla, bien estructurada.
2. Entonación dominante: enunciativa.

2.1.3. Sintaxis oracional

La claridad y la precisión es lo que se persigue en cualquier exposición, tanto más si esta es de carácter técnico o científico. El texto corrobora esta tesis: la sintaxis es clara, sencilla y polisindética. Para comprobarlo vamos a centrarnos en la sintaxis del primer párrafo del texto, en él encontramos las siguientes oraciones:

O1: *El agua está en constante movimiento en la naturaleza.*
O2: *La lluvia y la corriente de los ríos son muestras de este movimiento.*
O3: *El agua pasa continuamente de unos lugares a otros del planeta.*

03.1: De la atmósfera cae a la tierra, a los ríos a los mares, y.
03.2: De todos estos, por evaporación, vuelve a la atmósfera.
04: Este movimiento continuo del agua de unos puntos a otros es.
04.1: Lo que se denomina ciclo del agua.

Las dos primeras oraciones son simples, en ellas se respeta escrupulosamente el orden lógico oracional (sujeto: «el agua»; + verbo: «está»; + complementos: «en constante movimiento»). En 04 nos encontramos solo una oración subordinada sustantiva en función de atributo (04.1) y también podemos observar cómo los elementos aparecen perfectamente ordenados. La más compleja es 03, donde encontramos una relación yuxtapuesta (sentido causal) entre 03 y las dos oraciones coordinadas copulativas 03.1 y 03.2. Solo aquí observamos una alteración en el orden de los complementos por la doble complementación propia del verbo («pasar» de un sitio a otro sitio: si anteponemos uno de los complementos circunstanciales la estructura queda más equilibrada: de una parte, pasa a otra parte).

En resumen:

1. Sintaxis sencilla, polisintética cuando aparecen oraciones complejas.
2. Respeto al orden lógico oracional para facilitar la comprensión.

2.1.4. Nivel sintagmático

A. Sintagma nominal

En el sintagma nominal la precisión se consigue usando los nombres con propiedad, esto es, con el significado que le es propio. En el texto aparecen algunos tecnicismos definidos en el propio texto («evapotranspiración»: aporte de agua a la atmósfera por parte de las plantas), lo que muestra su carácter divulgativo. Dado que el ámbito referencial es concreto (tratamos de fenómenos físicos) aparecen nombres comunes concretos (agua, árbol, tierra, desiertos, raíces, hojas, vientos) e incluso algunos nombre propios para la localización geográfica de los fenómenos (Europa, Asia, América). No todos los referentes son físicos, algunos aparecen como resultado de una operación lógica de relación o de aglutinación, de ahí el uso de nombres comunes abstractos (clima, polos, zonas, agente…). Pero son fenómenos concretos, no tratamos de significar su concepto, de ahí el uso de la determinación en las funciones nucleares del sintagma nominal (el agua, las zonas, un agente, la biosfera, la atmósfera…). Esta determinación es genérica, aludimos, en la mayoría de los casos, a todos los posibles referentes significados por el nombre, de ahí el uso del determinante artículo con valor de determinación mínima en que singular y plural son equivalentes (el aporte de agua/los aportes de agua) funcionando a modo de totalizador (las zonas húmedas…/todas las zonas húmedas…; los árboles mueven…/todos los árboles mueven…).

La precisión en el significado se consigue también a través de los adyacentes nominales, de carácter especificativo, que aportan un significado diferenciador al núcleo nominal y aparecen pospuestos al nombre al que acompañan. Existen adjetivos (movimiento continuo; seres vivos), pero son escasos, como corresponde a un texto más nocional que descriptivo. En cambio abunda la adjetivación indirecta en predicados nominales dado que tienden a definir y clasificar conceptualmente los nombres, por lo que el atributo aparece en forma de sintagma nominal («… son muestras de este movimiento…»; «… el aporte de agua a la atmósfera… es un aporte importante…»; «… las zonas más húmedas son los trópicos…»; «… en ellas están 'casi todos los desiertos más importantes…'»;). Aunque también aparecen adjetivos en estos predicados nominales («… es importante…»; «… la lluvia es muy abundante…»; «…el clima es también bastante seco…», etc.). En resumen:

- Aparecerán los nombres usados con propiedad (con su significado propio).
- Los nombres aparecerán determinados.
  - Posibilidad de determinación mínima cuando nos referimos a hechos universales.
  - Segundos presentadores y valores anafóricos para expresar referentes concretos.
- Uso de adyacentes nominales (adjetivos, complementos del nombre, aposiciones y oraciones subordinadas adjetivas) con valor especificativo para lograr la mayor precisión en cuanto a la identificación inequívoca del referente.

B. Sintagma verbal:

En cuanto al sintagma verbal, nos movemos en un ámbito referencial físico, externo y real, de ahí que el texto se mueva en la tercera persona verbal. Hablamos de hechos constatados y constatables. Usaremos, por ello, el modo de la realidad, el indicativo. El tiempo no es importante, no estamos ante hechos que se suceden en el tiempo, sino todo lo contrario, ante hechos que suceden siempre. Su característica es la atemporalidad. El agua se evapora hoy, como se evaporó ayer y se seguirá evaporando en el futuro. De ahí que el tiempo dominante sea el presente con valor atemporal (gnómico), cuyo uso es exclusivo en todo el texto. En resumen:

- Uso de la tercera persona propia de la función referencial.
- Uso del modo indicativo, expresamos realidades.
- Uso del presente con valor atemporal (gnómico).

2.1.5. Propuesta de ejercicio práctico sobre un texto de Selectividad

El siguiente texto periodístico sobre el «consumo responsable» fue aplicado por la Universidad de Castilla–León como prueba de Selectividad en junio de 2005, en él predomina el carácter expositivo, la argumentación no aparecerá hasta el final, y podrás encontrar buena parte de los rasgos mencionados. Hemos mantenido las preguntas originales de la prueba, porque realizarás con ellas un repaso de todo lo que llevamos visto.

Texto

COMPRAS CON CONSECUENCIAS

«*El consumo responsable es una práctica aún incipiente en España, que pone el acento en el poder de los consumidores para conseguir una sociedad más justa. Apareció en Estados Unidos y en algunos países de Europa, como el Reino Unido e Italia, y, desde hace unos cinco años, también se practica en España.*   5

  '*El consumidor responsable es consciente de sus hábitos de consumo y crítico con el mundo en el que vive*', *explica Carlos Ballesteros, profesor de la Universidad Pontificia de Madrid, y uno de los pocos expertos españoles en esta materia. Por ejemplo, ante la compra de unas zapatillas de deporte, un consumidor responsable se preguntará qué hay detrás de ese producto y cómo se ha elaborado: ¿han trabajado niños en su fabricación?, ¿se han respetado los derechos laborales de los trabajadores?, ¿se ha tenido en cuenta el medio ambiente?*

El consumo responsable, dice Ballesteros, 'no se puede hacer en solitario. Es necesario estar en red, en contacto con gente que comparta nuestros puntos de vista'. Y, además, estar bien informado. Opcions es una revista práctica, pionera en nuestro país, que informa sobre las condiciones en las que se elaboran los productos. Su directora, Montse Peirón, asegura que el objetivo del consumo responsable es 'comprar una estantería sabiendo qué hay detrás del objeto, cómo se ha producido, en qué condiciones, qué hay detrás del entorno social y medioambiental'.

Comercio justo y consumo responsable son dos conceptos que están muy ligados entre sí, pero que no deben confundirse. 'El comercio justo sería una parte del consumo responsable, aunque no puede existir comercio justo sin consumidores responsables', dice Ballesteros. De lo que hay que huir, según el profesor, es del marketing *con causa. 'Si una gran marca apuesta por ser solidaria, y además en Navidad, hay que empezar a sospechar'. Para ser un comprador responsable se puede empezar por algo tan sencillo como observar nuestro consumo diario. El propio sentido común nos sugerirá cambios positivos. Los expertos aseguran que, a veces, las opciones más acertadas no coinciden con los productos más baratos, pero que, a la larga, cambiar los hábitos es rentable.»*

Javier Morales, *El País semanal*

1. Haga un breve resumen redactado del texto (máx. 0,5 puntos).
2. Realice un esquema de la estructura del texto, en el que se visualicen las distintas partes y sus contenidos (máx. 1 punto).
3. Efectúe un comentario crítico atendiendo a los siguientes aspectos (máx. 2 puntos):
    a) Las ideas del autor: tesis que defiende, argumentos que utiliza, ejemplos que expone, importancia, actualidad….
    b) La forma de exposición: ordenación de las ideas, claridad ex-

positiva, riqueza léxica, sintaxis predominante, recursos expresivos...

2.2. La descripción

Se ha definido la descripción como el arte de «pintar con palabras». En la descripción trasladamos al receptor lo que vemos y es necesaria en todo tipo de lenguajes, incluido el científico, a pesar de aquel famoso dicho de que «una imagen vale más que mil palabras».

Conviene diferenciar la descripción objetiva o científica de la descripción subjetiva o literaria. Para comprender mejor las diferencias y los rasgos en cada caso, partiremos de un ejemplo:

2.2.1. La descripción objetiva o científica

> «*El conducto sacro es una prolongación del conducto vertebral en el sacro, contiene las raíces nerviosas de la cola de caballo, el haz de raíces nerviosas espinales que emergen del engrosamiento lumbosacro y del cono medular de la médula espinal. La cola de caballo contiene las raíces de todos los nervios espinales situados debajo de la vértebra L 1.*
>
> *En las caras pélvica y dorsal del sacro aparecen cuatro pares característicos de orificios sacros, por donde emergen los ramos dorsales y ventrales de los nervios espinales. Los orificios sacro anteriores (pélvicos) son más grandes que los posteriores (dorsales).*»

Cuadernos de Anatomía: la espina dorsal

2.2.1.1. Rasgos supraoracionales (párrafos y entonación)

En cuanto a los rasgos supraoracionales, en las descripciones objetivas, la función dominante es la representativa, transmitimos una información sobre el mundo exterior (referencial). El emisor, además, no participa afectivamente de lo descrito, la entonación oracional será la enunciativa. El orden es importante en la descripción, la imagen que trasladamos al receptor de la realidad descrita ha de llegar con facilidad, por lo que los párrafos o los elementos descritos suelen tener una relación de distribución clara en el texto (descripción descendente, ascendente, en barrido lateral, etc.) con apoyo de elementos externos (ordenaciones extrínsecas, intrínsecas o estructurales claras).

1. Entonación enunciativa (función representativa).
2. Organización clara de los contenidos en los párrafos y oraciones para facilitar la visualización en orden por parte del receptor (Incluso extrínseca en el ámbito científico).

2.2.1.2. Sintaxis oracional

En la sintaxis oracional, para lograr la claridad, se respetará el orden lógico oracional, y cualquier anteposición se hará para destacar o subrayar el significado del elemento antepuesto (normalmente complementos circunstanciales con un marcado valor distributivo). Como podemos observar en el texto propuesto, la entonación es enunciativa y se ha respetado el orden lógico de los elementos oracionales, excepto al principio del segundo párrafo, «En las caras pélvica y dorsal del sacro…» (línea, 7), donde encontramos un complemento circunstancial de lugar antepuesto al núcleo verbal del predicado, que destaca la relevancia de su significado en el conjunto de la oración (es allí y no en otro lugar donde aparecen los cuatro orificios).

1. Oraciones simples o con poca complejidad sintáctica.
2. Respeto del orden lógico oracional en los elementos.

2.2.1.3. Nivel sintagmático

A. Sintagma nominal

En el sintagma nominal sigue siendo necesaria la precisión en la expresión, por lo que, en las descripciones objetivas o científicas, se observará un uso atento a la propiedad del lenguaje, los nombres se usarán en su significado «propio», exacto. Pero la idea que tratamos de transmitir es algo concreto (pensemos como ejemplo en la descripción de un cuadro, hay una barca, en la que reman dos hombres...»); por lo tanto, los nombres aparecerán determinados. En la descripción científica, por su valor universal, aparecerán los determinantes artículos con valor de determinación mínima –tratando de asociar el concepto expresado por el nombre a todos los posibles referentes–. Los adjetivos que aparezcan serán especificativos e irán normalmente pospuestos al nombre. Junto al adjetivo, habrá otros procedimientos complejos de restricción (complementos del nombre, aposiciones y oraciones subordinadas adjetivas o de relativo), siempre con carácter especificativo y pospuestos a los nombres de referencia.

En esta descripción de anatomía, en cuanto al sintagma nominal, podemos observar todos estos rasgos: los nombres son usados con propiedad, se usan tecnicismos («caras pélvica y dorsal», línea 7, «orificios sacros», línea 8, «nervios espinales», línea 9, etc.) para lograr la máxima precisión y univocidad. En los casos en que el nombre puede tener varios significados («cara»: 1. Parte anterior de la cabeza humana. 2. Expresión del rostro. 3. Parte inferior de la base del pan de azúcar. 4. Superficie de alguna cosa.) el adjetivo forma parte integrante del tecnicismo, y restringe su significado otorgándole una acepción exacta e inequívoca («caras pélvica y dorsal», línea 7). Dado que el ámbito referencial es concreto, los nombres aparecen determinados en su función nuclear, y entre el uso de la determinación destaca el determinante artículo con valor de determinación mínima («El conducto sacro», línea 1). Los adjetivos que aparecen son especificativos y pospuestos al nombre («conducto sacro», línea 1, «conducto vertebral», línea 1, «raíces nerviosas», línea 3, «engrosamiento lumbosacro», líneas 3-4, etc.); a veces se acumulan incluso dos adjetivos especificativos referidos a un mismo nombre («raíces nerviosas espinales», línea 3; «cara pélvica y dorsal», línea 7). La complejidad nocional requiere el uso de procedimientos complejos como son el complemento del nombre, muy abundante, también con carácter especificativo y pospuesto al nombre («cuatro pares característicos de orificios sacros», líneas 7 y 8; «los ramos dorsales y ventrales de los nervios espinales», líneas 8 y 9, etc.) y, a veces, oraciones subordinadas adjetivas o de relativo («... raíces nerviosas... que emergen de...», línea 3).

La exhaustividad en la descripción es otra característica especial en las descripciones científicas. En ellas se procurará describir todos los detalles pertinentes en el objeto sin omitir ningún rasgo que pudiera ser diferenciador o peculiar.

En resumen:

- Los nombres se usarán con propiedad, es decir, con el significado que les es propio.
- Dado que los nombres significan referentes concretos y precisos, aparecerán determinados. En las descripciones objetivas científicas el determinante más usado será el artículo con valor de determinación mínima.
- La precisión necesaria en las descripciones objetivas y científicas se logrará mediante el uso de tecnicismos, aislados o en combinación con los adyacentes nominales necesarios para lograr la univocidad en la expresión.
- Uso frecuente de adyacentes nominales simples (adjetivos) o complejos (complementos del nombre, aposiciones, oraciones subordinadas adjetivas) de carácter especificativo y pospuestos al nombre.

B. Sintagma verbal

Respecto al sintagma verbal, el estatismo es el rasgo dominante: cuando describimos una imagen no hay movimiento, no hay acción. Como sucedía en la exposición, la ausencia de nociones temporales quizá sea lo más característico; esto hará que las formas verbales usadas aparezcan en presente de indicativo con valor atemporal (gnómico), y normalmente en tercera persona. También aparecerán estructuras atributivas en las definiciones o para caracterizar mediante cualidades permanentes (ser: «eran altas») o transitorias (estar: «estaban enfermos») los objetos o personas descritos. El modo verbal utilizado será el de la realidad, el modo indicativo (se describe lo que está ahí, lo que ves, lo que es real).

En el texto, en cuanto al sintagma verbal, se observa el uso exclusivo del modo indicativo (modo de la realidad), y en presente con valor atemporal o gnómico. Vemos también la aparición de estructuras atributivas para definir («es», línea 1: «el conducto sacro es una prolongación del conducto vertebral ...») o caracterizar («son», línea 10: «los orificios sacro anteriores (pélvicos) son más grandes que los posteriores (dorsales)»). Dado que la función lingüística dominante en el texto es la referencial, los verbos se utilizan en tercera persona («contiene», línea 2; «emergen», línea 3: «contiene», línea 5; etc.).

- Uso del modo de la realidad: el indicativo.
- El texto es estático, no hay movimiento temporal, tiempo dominante el presente con valor gnómico.
- Uso de la tercera persona verbal (función dominante referencial).
- Aparición de estructuras atributivas para definir o caracterizar los referentes.

2.2.2. Descripciones subjetivas o connotativas

A veces, la imagen que pretendemos transmitir no es la realidad objetiva, sino una perspectiva parcial y subjetiva de esa realidad. Los procedimientos clásicos son la descripción positiva o idealización y la negativa o denostación. Para lograr la idealización de la realidad basta con hacer una lista de los elementos y cualidades observadas, eliminar todas aquellas que puedan aportar connotaciones negativas y expresar sólo las positivas. Así obtendremos una idealización:

A. Comentario de un texto descriptivo positivo

Texto

«Corrientes aguas puras, crista<u>linas</u>,	11A	–
árboles que os estáis mirando en <u>ellas</u>,	11B	–
verde prado de fresca sombra ll<u>eno</u>,	11C	–
aves que aquí sembráis vuestras quer<u>ellas</u>,	11B	–
hiedra que por los árboles cam<u>inas</u>,	11A	5
torciendo el paso por su verde s<u>eno</u>...»	11C	–

Garcilaso de la Vega, *Égloga I*, «Nemoroso», versos 239 a 244

Se trata del clásico *locus amoenus* o lugar ideal. A diferencia de la descripción científica, no trata de ser exhaustiva, el autor ha seleccionado solo algunos elementos del paisaje que contempla y esta selección la ha realizado a través de los sustantivos: aguas (v.1), árboles (v.2), prado (v.3), aves (v.4), hiedra (v.5). Es evidente que el paisaje contiene más elementos (cielo, arbustos, insectos, piedras, etc.), Pero, a través de esta selección, el autor centra nuestra atención solo en algunos de sus elementos para proporcionarnos una visión de conjunto selectiva, de ahí que digamos que ese tipo de descripciones son «impresionistas». A continuación, a través del uso de adjetivos y otros adyacentes nominales, de carácter explicativo, ha destacado en los referentes solo las cualidades positivas de los elementos: agua pura, corriente cristalina; prado verde, lleno de sombra; aves que aquí sembráis vuestras querellas (cantoras); hiedra, que camina por los árboles (verdes) torciendo el paso. En resumen:

- Se parte de una selección interesada de elementos para dar una impresión global. Esta selección se realiza a través de los sustantivos en el texto.
- Las palabras no siempre se usan y se combinan atendiendo a su significado propio, se fuerzan los significados y combinaciones para lograr determinados efectos (figuras retóricas).

El poeta ha llegado a utilizar hasta tres adjetivos referidos a un mismo nombre, todos ellos explicativos por naturaleza o por posición. «Corrientes» es un adjetivo especificativo, el agua también puede aparecer «estancada», el hecho de anteponerlo al nombre lo convierte en un adjetivo explicativo relativo, es decir, esas aguas en concreto sólo pueden ser corrientes. De la misma forma, «cristalina» es un adjetivo especificativo, el agua también puede aparecer «turbia», al situarlo entre comas lo convierte en un especificativo relativo: esa agua sólo puede ser cristalina. El único nombre que aparece sin adjetivo es «árboles» («… que os estáis mirando en ellas», v.2), pero esta ausencia de epíteto es sólo aparente porque el color verde va a aparecer como primera palabra en el verso siguiente («verde prado…») y van a ser pintados de verde cuando nos dibuje la hiedra «… torciendo el paso por su verde seno» (v.6).

La caracterización se logra mediante el uso de los adyacentes nominales simples o complejos, el valor explicativo será muy frecuente para condicionar nuestra forma de percibir los referentes.

Es interesante también el uso de la determinación: los nombres aparecen sin determinar en las funciones nucleares (prado, hiedra), aunque se usa con frecuencia el plural genérico (aguas, árboles, aves), que equivalen a una determinación indefinida; no obstante, el autor significa a través de estos nombres referentes concretos y conocidos, la ausencia de determinación obedece en este caso a su uso como vocativos, estamos ante una invocación, el autor habla a la naturaleza como si fuera su interlocutor, a ella va a dirigir sus quejas de amor. En las funciones no nucleares observamos algunos determinantes artículos («por los árboles» (v.5), el paso (v.6)) y otros como el posesivo («vuestras querellas», (v.4)) que acentúan en nosotros la noción de referentes concretos y conocidos, de hecho, la abundante adjetivación contribuye a esta determinación. Estamos ante un paraje en particular donde se encuadra el propio poeta y al que se dirige en segunda persona.

La ausencia de determinantes, al no concretar referentes, deja volar la imaginación del receptor multiplicando sus posibles connotaciones.

El estilo es nominal puro, no hay oración gramatical ni verbos: los verbos que aparecen lo hacen en oraciones subordinadas («árboles que os estáis mirando en ellas», (v.2); «aves que aquí sembráis vuestras querellas», (v.4); «hiedra que por los árboles caminas» (v.5)), por lo que da una pincelada al objeto pero no aportan acción alguna al texto; y, por supuesto, al tratarse de un texto literario y poético, el orden lógico se ve alterado con frecuencia (hipérbaton), la claridad no es su objetivo, el lector tendrá que esforzarse en la recomposición lógica de la forma («de fresca sombra lleno» (v. 3) «x» lleno de fresca sombra: el complemento aparece siempre detrás del adjetivo; o «…que por los árboles caminas» (v. 5) «x» que caminas por los árboles: el complemento circunstancial se sitúa detrás del verbo al que complementa).

A esta multiplicación de posibles interpretaciones contribuye el estilo nominal, la ausencia de verbos.

En el sintagma verbal destaca en el texto el uso de la segunda persona verbal, se dirige al paisaje como si fuera su interlocutor, el receptor del mensaje («estáis», (v.2), «sembráis», (v.4), «caminas», (v.5)), por lo que también aparecen pronombres y determinantes de segunda persona («os estáis mirando en ellas», (v.2); «vuestras querellas», (v.4)). El verbo aparece en indicativo, describimos imágenes reales, y en presente de indicativo, sólo que, en este caso, al tratarse de un supuesto diálogo, tiene un valor de presente actual, las acciones coinciden con el instante mismo de la comunicación.

En los verbos aparecerá el presente de indicativo, con valor puntual o gnómico.

Para terminar, una última reflexión: el lenguaje no está siendo usado con propiedad, los vocablos, a veces, tienen más valor por sus connotaciones que por su significado. En este texto, por ejemplo, destacaríamos la personalización como recurso retórico: el autor se dirige al paisaje como confidente de sus penas, y el paisaje aparece animado como si fuera capaz de escucharlo, de ahí que los pájaros no se limiten a «cantar», sino que «siembran sus querellas» como si sus gorjeos fueran disputas; de la misma forma, «la hiedra» no aparece «creciendo» por el tronco de los árboles, sino «caminando», como si fuera un acto de voluntad propia. Algunos mensajes connotativos son propios de la época, así, para el lector moderno la hiedra no significará más que una planta enredadera, pero para la poesía amatoria del Siglo de Oro, era el símbolo de la pasión amorosa que devora al sujeto como la hiedra al árbol donde crece alimentándose de él. Precisamente, las quejas que va a confesar Nemoroso al paisaje son amorosas.

Las palabras se usan y se relacionan forzando sus significados que potencian su capacidad evocadora.

B. Comentario de un texto descriptivo negativo

En el caso de la descripción negativa o denostación, haremos justamente lo contrario, nos quedaremos sólo con los rasgos negativos y eliminaremos cualquier elemento que pueda aportar sensaciones positivas. Y esto lo haremos en primer lugar mediante la selección de elementos (sustantivos) y, en segundo lugar, mediante su caracterización (adyacentes nominales). El sintagma nominal vuelve a ser la clave. El resultado es justamente el opuesto al que vimos para la descripción positiva. Veámoslo en un texto descriptivo de don Antonio Machado:

Texto

«Por un camino en la árida llan<u>ura</u>,	*11 C*	–
entre álamos march<u>itos</u>,	*7 D*	–

a solas con su sombra y su loc<u>ura</u>,	11 C –
va el loco, hablando a gr<u>itos</u>.	7 D –
Lejos se ven sombríos estep<u>ares</u>,	11 E 5
colinas con malezas y cambr<u>ones</u>,	11 F –
y ruinas de viejos encin<u>ares</u>,	11 E –
coronando los agrios serrij<u>ones</u>.»	11 F –

Antonio Machado, *Campos de Castilla*

¿Ha incorporado el autor a la descripción algún elemento o cualidad positiva? Como en el caso anterior, la realidad nos llega a través de una selección de elementos del paisaje presentes en el texto, y esto se realiza mediante los sustantivos (*llanura, álamos, estepares, colinas, encinares, serrijones*). Hemos de suponer que en el paisaje existen otros elementos que el autor ha omitido para centrar nuestra atención solo en aquellos que le interesan transmitiéndonos una sensación de conjunto a través de la enumeración de algunos de ellos. Y el autor ha seleccionado justo aquellos que le sirven para resaltar la pobreza y la ruina del paisaje. La llanura es «árida», los álamos, que podrían haber aportado una nota de color y vida al paisaje, nos los muestra «marchitos», los estepares «sombríos», las colinas llenas de «malezas» y los encinares viejos y en «ruinas». Por último, los serrijones «agrios».

La subjetividad se pone de manifiesto no solo en la selección de los elementos del paisaje, sino en su caracterización. El autor ha usado con frecuencia epítetos, bien por su significado, bien por su posición. Así, los adjetivos explicativos relativos marcan la inherencia de la cualidad a ese nombre en concreto: «árida llanura», pospuesto podría ser especificativo, la llanura también podría ser fértil, antepuesto lo transforma en un adjetivo explicativo relativo que expresa que la cualidad está asociada de forma permanente a ese referente en concreto, nos está diciendo que la llanura castellana no puede sino ser árida; lo mismo ocurre con los «viejos encinares»; otras veces utiliza adjetivos impropios que fuerzan a la reinterpretación de sus significados. Los «sombríos estepares» aportan al texto un rasgo de anticipación trágica, porque los lugares son «umbríos», no «sombríos», lo que son «sombríos» son los pensamientos; ¿los del poeta en la contemplación de la escena?, ¿los del personaje que va hablando a gritos a solas?; un serrijón, una sierra pequeña, una colina, no puede ser «agria», puede ser «agreste», ¿cómo es un serrijón «agrio»?, es esta ambigüedad la que te obliga a reinterpretar el significado de «agrio» en el contexto del poema y es eso lo que busca el autor de forma consciente para crear nuevas sensaciones, nuevas connotaciones.

En cuanto al sintagma verbal volvemos a encontrar el modo indicativo y el presente, el modo de la realidad y el tiempo coincidente con el acto de comunicación con su valor propio («va el loco», (v 4); «se ven», (v.5)). Hay pocos verbos, sólo dos, y el único que imprime algún movimiento a la escena es el intransitivo «va» refiriéndose al sujeto que centrará a continuación el contenido de la escena: el loco. La utilización de la estructura pasiva refleja otorga a la descripción un aire de aparente objetividad («lejos se ven...», (v.5)).

La claridad y el orden en la descripción no son ya el objetivo, el orden lógico oracional se distorsiona retrasando la comprensión del texto. Así, el verbo principal no aparece hasta el verso 4 y lo hace con el sujeto pospuesto («va el loco»), todo lo anterior son complementos circunstanciales antepuestos a su predicado («Por un camino...», C. C. de lugar 1; «... entre álamos...», C. C. de lugar 2; «... a solas con....», C. C. de modo).

2.2.3. Las descripciones de personajes

Son muy frecuentes y necesarias, especialmente en la novela donde cada personaje nuevo que se introduce suele ser debidamente presentado. Podemos distinguir dos tipos de descripciones físicas: la etopeya, donde solo se describe el aspecto físico del personaje, y el retrato, donde vamos a mezclar rasgos físicos y psíquicos en la descripción. Lo más frecuente es el retrato. Las descripciones literarias no tienen que ser exhaustivas, deben centrarse en aquellos rasgos característicos del personaje, los que son peculiares y constituyen su particularidad frente a los demás. Para ello, no solo nos basamos en la apariencia física, a veces, gestos repetidos, muecas, expresiones lingüísticas asociadas a modo de «muletillas» en el diálogo pueden ser extraordinarias para la caracterización. Observad cómo Camilo José Cela nos va dando el retrato de los personajes que intervienen en la escena a través de la voz del narrador intercalada en el diálogo de los protagonistas:

Texto

«–*Ande, largo.*
–*Adiós, muchas gracias; es usted muy amable.*
–*Nada. Váyase por ahí. Aquí no lo queremos ver más.*
El camarero procura poner voz seria, voz de respeto. Tiene un marcado deje gallego que quita violencia, autoridad, a sus palabras, que tiñe de dulzor su seriedad. A los hombres blandos, cuando desde fuera se les empuja a la acritud, les tiembla un poquito el labio de arriba; parece como si se lo rozara una mosca invisible.
–*Si quiere, le dejo el libro.*
–*No; lléveselo.*
Martín Marco, paliducho, desmedrado, con el pantalón desflecado y la americana raída, se despide del camarero llevándose la mano al ala de su triste y mugriento sombrero gris.
–*Adiós, muchas gracias; es usted muy amable.*
–*Nada. Váyase por ahí. Aquí no vuelva a arrimar.*
Martín Marco mira para el camarero; quisiera decir algo hermoso.
–*En mí tiene usted un amigo.*
–*Bueno.*
–*Yo sabré corresponder.*
Martín Marco se sujeta sus gafas de cerquillo de alambre y rompe a andar. A su lado pasa una muchacha que le resulta una cara conocida.
–*Adiós.*
La chica lo mira durante un segundo y sigue su camino. Es jovencita y muy mona. No va bien vestida. Debe de ser una sombrerera; las sombrereras tienen todas un aire casi distinguido; así como las buenas amas de cría son pasiegas y las buenas cocineras, vizcaínas, las buenas queridas, las que se pueden vestir bien y llevarlas a cualquier lado, suelen ser sombrereras.
Martín Marco tira lentamente por el bulevar abajo, camino de Santa Bárbara.
El camarero se para un instante en la acera, antes de empujar la puerta.
–*¡Va sin un real!*
Las gentes pasan apresuradas, bien envueltas en sus gabanes, *huyendo del frío.*

> <u>Martín Marco, el hombre que no ha pagado el café, y que mira la ciudad como un niño enfermo y acosado</u>, mete las manos en los bolsillos del pantalón.
> Las luces de la plaza brillan con <u>un resplandor hiriente, casi ofensivo</u>.»

Camilo José Cela, *La colmena*
Comunidad Autónoma de Baleares, Selectividad, 2008

En la descripción del camarero, don Camilo no nos ha dejado ni un rasgo físico. La descripción se ha centrado en el carácter, o mejor dicho, en la falta de carácter del personaje. No es un hombre serio ni autoritario, el verse en la necesidad de echar a alguien por no pagar lo evidencia. Es un hombre «blando» y el acento gallego no ayuda. Ese leve temblor de labio es el «tic» con que lo caracteriza «les tiembla un poquito el labio de arriba».

Como contrapartida la descripción que encontramos de Martín Marco es casi puramente externa, centrada en su atuendo, pantalón desflecado, americana raída, triste y mugriento sombrero gris. De su aspecto físico sólo dos rasgos: paliducho y desmedrado. El componente subjetivo es muy intenso por el uso de sufijos valorativos (pálido > palid–ucho, una palidez que no llega a ser ni eso) y, sobre todo, por el uso de la adjetivación: un sombrero puede estar «mugriento», pero no puede estar «triste», triste está quien lo contempla (el camarero) o el propio personaje ante esa situación tan humillante. La información va aumentando con la acción, el gesto del personaje queda estigmatizado por el acontecimiento, la aposición que aparece en el último párrafo («Martín Marco, el hombre que no ha pagado el café, ...») lo persigue como el dedo de un testigo de su humillación que lo señalara por la calle («ese es el que no ha pagado el café»). Cuando mira la ciudad, lo hace como un «niño» enfermo y acosado. De nuevo los adjetivos son clave, además de estos dos que caracterizan directamente al personaje, otros dos van a caracterizar el entorno del personaje: «las luces de la plaza brillan con un resplandor hiriente, casi ofensivo». ¿Cómo puede ser un resplandor «hiriente u ofensivo»?, quien así lo siente es el personaje, es Martín Marco, es hiriente la luz para quien quisiera en ese momento pasar desapercibido, que no lo viera nadie, ni siquiera él mismo; es ofensiva porque las luces irrumpen en su intimidad sin su permiso.

La chica, en cambio, es descrita con tres rasgos: jovencita, muy mona y bien vestida, de ahí una apreciación: debe de ser sombrerera y una buena querida de alguien.

El diálogo también forma parte de la caracterización de los personajes. A través de él obtenemos información sobre su nivel de educación, su estado de ánimo, incluso, en algunos casos, su origen o estrato social si se reproducen «modismos», rasgos fónicos, vulgarismos, etc. En el caso del texto que nos ocupa podemos observar el respeto tenso que mantienen al tratarse de usted en todo momento. La actitud de sumisión humillada de Martín Marco que trata de buscar una salida airosa a su situación: le dejo el libro en prenda, quisiera decir algo hermoso, «en mí tiene usted un amigo». La actitud es contradictoria en el camarero, en él se percibe la tensión entre la necesidad de ejercer de «duro», por su posición, y la comprensión y lástima que le provoca el personaje («Nada. Váyase por ahí. Aquí no vuelva a arrimar»). La última exclamación le sirve de justificación por no haber sido más duro, enfatizada por las exclamaciones: «¡Va sin un real!».

2.2.4. El orden en la descripción

Es importante seguir un orden en la descripción para que resulte clara y estructurada, lo cual será muy necesario en algunos tipos de descripción, especialmente las de carácter científico. En las descripciones físicas, desde la Edad Media, se usó el barrido vertical, es decir, describir al personaje de arriba hacia abajo (pelo, frente, ojos, mejillas, nariz, labios, cuello, hombros, busto, etc.). Es el orden que sigue don Luis de Góngora para describir a su amada en los dos primeros cuartetos del siguiente soneto donde se reproduce el tópico del *carpe diem*, disfruta el instante, el momento:

Texto

Mientras por competir con tu cab__ello__,	11A	–
oro bruñido el Sol relumbra en v__ano__;	11B	–
mientras con menosprecio en medio el ll__ano__		–
11B		–
mira tu blanca frente al lilio b__ello__;	11A	
		5

mientras a cada labio, por cog<u>ello,</u>	11A	–
siguen más ojos que al clavel temp<u>rano;</u>	11B	–
y mientras triunfa con desdén loz<u>ano</u>	11B	–
de el luciente cristal tu gentil cu<u>ello</u>:	11A	–
goza cuello, cabello, labio y fr<u>ente,</u>	11C	10
antes que lo que fue en tu edad dor<u>ada</u>	11D	–
oro, lilio, clavel, cristal luci<u>ente,</u>	11C	–
no sólo en plata o viola tronc<u>ada</u>	11D	–
se vuelva, mas tú y ello juntam<u>ente</u>	11C	–
en tierra, en humo, en polvo, en sombra, en n<u>ada</u>.	11D	–

El orden seguido ha sido el pelo (rubio), la frente (blanca), los labios (rojos) y el cuello (frágil), orden vertical descendente, la caracterización sigue los rasgos tópicos de la belleza ideal de la época y cada cualidad ha sido destacada mediante comparaciones y metáforas en las que los elementos han sido aislados y dotados de voluntad propia (el sol «alumbra» para intentar competir con el rubio de tu cabello, la blanca frente mira con menosprecio al «lilio»; cada labio es más deseado que el clavel; el cuello triunfa –es aún más frágil– del cristal). De esta forma hemos conseguido sublimar otro tópico renacentista, la *donna angelicata*, o mujer angelical, puente entre Dios y el hombre, que no es consciente de su belleza –enamora por sus dones naturales, pero no por su voluntad de conquistar, lo cual sería pecaminoso–. Por eso el texto no se dirige a la dama directamente, sino a cada uno de los elementos descritos en tono imperativo («… goza cuello, cabello, labio, frente…», V. 9) dejando a salvo la voluntad de su amada, aunque finalmente tiene que aparecer y lo hace diferenciada de cada uno de los elementos nombrados («… mas tú y ello juntamente…» V.13).

Aunque el orden puede invertirse, como sucede en este romance anónimo donde vamos de abajo (ropa), hacia arriba (rostro) y seguimos en el rostro un orden ascendente (labios, mejillas, ojos):

Texto

En Sevilla está una erm<u>ita</u>		8–	–
cual dicen de San Sim<u>ón,</u>	7+1	8a	–
adonde todas las damas		8–	–

iban a hacer oración,	7+1	8a	–
Allá va la mi señora,		8–	5
sobre todas la mejor,	7+1	8a	–
saya lleva sobre saya,		8–	–
mantillo de un tornasol,	7+1	8a	–
en la su boca muy linda		8–	–
lleva un poco de dulzor,	7+1	8a	10
en la su cara muy blanca		8–	–
lleva un poco de color,	7+1	8a	–
y en los sus ojuelos garzos		8–	–
lleva un poco de alcohol.	7+1	8a	–
A la entrada de la ermita,		8–	15
relumbrado como el sol,	7+1	8a	–
el abad que dice la misa		8–	–
no la puede decir, non,	7+1	8a	–
bonacillos que le ayudan		8	–
no aciertan a responder, non,	8+1	9a	20
por decir «amén, amén»,	7+1	8	–
decían «amor, amor».	7+1	8a	–

Pero en la literatura moderna se prefiere la descripción impresionista, donde el orden es sustituido por una selección de elementos relevantes que, con dos o tres pinceladas, nos componen la figura, como hace don Federico García Lorca con la protagonista del «Romance de la Pena Negra»:

Texto

«... *por el monte oscuro*	–
baja Soledad Montoya.	–
Cobre amarillo, su carne,	–
huele a caballo y a sombra.	–
Yunques ahumados sus pechos,	5
gimen canciones redondas.»	–

«Romance de la Pena Negra», *Romancero Gitano*,
Universidad de Castilla–La Mancha, Opción A, Selectividad 2008

El poeta granadino es tremendamente sensorial, utiliza los cinco sentidos en la descripción de la protagonista, y lo hace solo en cuatro versos y dos oraciones gramaticales: el olor («… huele a caballo y a sombra…», (v.4)), la vista («… cobre amarillo su carne…», (v.3)), el tacto y la vista («… yunques ahumados sus pechos…» (v.5)) y, por último, el oído («… gimen canciones redondas». (v.6)). El uso de metáforas y sinestesias multiplican las connotaciones sobre las que se dispara nuestra imaginación. Es un universo cerrado: de cobre eran los elementos de cocina en las cuevas gitanas del Albaicín, su carne huele a caballo, símbolo del deseo y la apetencia sexual; pero también a sombra, a noche, a muerte, a tragedia. Los yunques nos muestran su esplendor de mujer, pechos duros, firmes y «ahumados» nos los sitúa ennegrecidos y reclinados sobre el fuego de esa cocina donde brillan los utensilios de cobre; y esos pechos (en plural) poseen voluntad propia (personificación), son ellos los que «gimen canciones» redondas: gimen canciones, no las cantan, gimen las canciones de cuna que amamantarían a sus hijos de tenerlos, como no los tiene, sus pechos redondos gimen lastimosos, ansiosos. Ahora, presentada la protagonista, nos queda una pregunta: «¿Adónde vas sin compaña y a estas horas?».

2.2.5. Propuesta de ejercicio practico sobre un texto de Selectividad (descripciones fisicas)

Texto

«… *Segunda Izquierdo era una mujerona corpulenta y con la cara arrebatada, el pelo entrecano. Se parecía bastante a su hermano José; pero no conservaba tan bien como este la hermosura de aquella raza de gente guapa porque las miserias, las enfermedades y la vida aperreada de los últimos años habían hecho efectos devastadores en su cara y cuerpo. Los que trataron a Segunda en su edad de oro apenas la conocían ya, porque su cara estaba llena de costurones, y en el cuello y quijada inferior llevaba unas rúbricas que daban fe de otros tantos abcesos tratados quirúrgicamente. El ojo derecho no estaba ya todo lo abierto que debía, a causa de una rija, y el párpado inferior del mismo había adquirido notoria semejanza con un tomate a consecuencia de la aplicación de un puño cerrado, de que resultó una inflamación que vino a parar en endurecimiento. Ni aun su hermosa denta-*

5

10

dura conservaba Segunda, pues un año hacía que empezaban a   15
emigrar las piezas una tras otra. El cuerpo se iba pareciendo al de
una vaca que se pusiera en dos pies.»

Benito Pérez Galdós, *Fortunata y Jacinta*,
«Una casa de vecinos».

Para descripciones geográficas es muy útil el barrido lateral. Imaginamos una cámara en nuestro hombro, y empezamos a describir lo que vemos por orden, de derecha a izquierda o viceversa. También es muy usada la técnica de la cámara subjetiva, vamos avanzando y describiendo los espacios según van apareciendo ante nosotros. En cualquier caso, si lo que pretendemos es una descripción objetiva, siempre es clarificador partir de una estructura previa con un pequeño esquema.

2.3. La argumentación

Una argumentación es la exposición de razonamientos que nos conducen a una «tesis» o idea fundamental, a una conclusión. La diferencia básica con la exposición es que en ella enumeramos o «exponemos» hechos, mientras que en la argumentación lo que exponemos son ideas, razonamientos o hipótesis que tratan de comprender, explicar o justificar estos hechos considerando las distintas posibilidades que pueden entrar en contradicción (tesis/antítesis).

La argumentación se caracteriza por ser especulativa, quiere esto decir que tratamos de comprender y explicar la realidad partiendo de hechos sobre los que planteamos hipótesis (suposiciones que tratan de explicar un fenómeno y lo hacen a falta de la demostración o prueba). Las hipótesis son necesarias también para la ciencia. Cuando se trabaja de forma deductiva primero se plantea una hipótesis de trabajo y más tarde tratamos de demostrar su certeza a través de la experimentación. En el caso de las disciplinas humanísticas no sólo es necesario sino imprescindible por la dificultad de la demostración inmediata en la práctica de algunas hipótesis.

Si planteamos como hipótesis de trabajo que una aleación de cinc y cobre nos daría un metal más duro que cualquiera de los componentes por separado, bastará con realizar en el laboratorio la aleación y comprobar la dureza del resultado. Dejaremos de tener una hipótesis al tener una prueba. De ser cierto tendríamos la confirmación, y de ser falso tendríamos la refutación de un hecho. Pero si se plantea la hipótesis de que sustituyendo el libro de texto por el ordenador en el aula en todos los cursos de la E.S.O. los niveles de aprendizaje serían superiores, tardaríamos años en comprobar la afirmación y tampoco el resultado sería una prueba, dado que hay otros factores que inciden en los niveles y rendimientos educativos. A pesar de ello, la hipótesis es la forma más rápida de aproximación al conocimiento, en especial en estos casos donde existe un problema y hay que plantear soluciones.

El segundo rasgo de la argumentación es su carácter dialéctico, entendiendo por dialéctica dos conceptos: la necesaria concatenación lógica de las razones expuestas (causa–consecuencia) y el enfrentamiento con los argumentos o ideas contrarias para confirmarlas total o parcialmente, o refutarlas.

2.3.1. Aproximación sobre un texto concreto

Estas características van a condicionar el uso de la lengua necesario para la realización de una argumentación, en especial en cuanto a la relación sintáctica como veremos en el siguiente texto:

Texto

> *«Teniendo un acierto tan feliz como la palabra para comunicarnos y ensanchar las fronteras del espíritu, incomprensiblemente nos empeñamos en descomunicarnos los unos de los otros nombrando a las cosas de distinta manera. La diversidad de idiomas tiene sus ventajas, pero al precio de bastantes perjuicios:* 5
> *une porque disgrega, incorpora porque margina, y enriquece a la totalidad empobreciendo a las partes. A más idiomas, más rico el universo lingüístico y más pequeñas las comunidades. Como no queremos prescindir de nuestra lengua y tampoco podemos evitar el estar condenados a entendernos, lo solucionamos aprendiendo los idiomas de los países hegemónicos.* 10
>
> *Nadie puede negar lo maravilloso que sería poder leer a los escritores favoritos sin traducir y sin necesidad de aprender otras*

lenguas. Pero ¡qué remedio!, las cosas son como son y estamos dispuestos a conformarnos con el valor histórico y cultural que encierra cualquier idioma, dialecto o incluso pronunciación o modo especial de hablar en cada lugar, por pequeño que sea. Un valor muy en boga y al que no tengo nada que alegar. Lo que no parece coherente es enaltecer esos valores idiomáticos y, al mismo tiempo, pretender unificar el idioma artificialmente en base a los límites geográficos del poder regional. Puestos a ser prácticos, lo más conveniente sería que todos habláramos y escribiéramos Esperanto. Si se trata de conservar historia y cultura, cada lugar debería conservar la suya por incómodo que sea; mientras más diversidad más riqueza cultural. A mi parecer, lo más sensato sería dejar que transcurra esa cultura con naturalidad, según las circunstancias, el deseo y la conveniencia de los interesados. No veo la razón por la que un gallego, por ejemplo, tenga ahora que aprender otro gallego distinto del que está acostumbrado a hablar. ¡Qué necesidad hay de dictar esas normas ni de forzar el curso de la historia!»

Texto aplicado en la Comunidad Andaluza.
Begoña Medina, *El País*

El objetivo de una argumentación es tratar de alcanzar una verdad a través de razonamientos, hechos o pruebas que pueden oponerse entre sí. La claridad ha de ser un objetivo prioritario, por lo que la relación sintáctica procurará ser sencilla, polisintética, y respetará el orden lógico oracional, salvo que estemos ante un texto de marcado carácter literario: no debemos olvidar que la argumentación tiene mucha relación con el arte de persuadir y con la retórica. A diferencia de la exposición, el carácter dialéctico y especulativo de la argumentación, obligará a poner constantemente en relación lógica unas ideas y otras, lo que nos llevará al predominio de la oración compleja y a la presencia de ordenadores del discurso. Pero lo que ahora, pensando ya en el texto anterior, nos interesa destacar es la estructura lógica de las ideas expresadas. Esta relación lógica ha sido presentada como una confrontación constante entre lo ideal (que todos pudiéramos entendernos) y la realidad (apoyamos institucionalmente una diversidad lingüística que lo impide). Simplificando, el hilo conductor del pensamiento expresado en el texto sería el siguiente:

A. Esquema de contenidos

Párrafo 1

>Tesis (ideal): *sería maravilloso que todos nos entendiéramos.*
>Antítesis (realidad): *pero nos empeñamos en hablar lenguas diferentes.*
>>Concesión: *la diversidad de idiomas tiene sus ventajas: une, incorpora y enriquece.*
>>Refutación: *las consecuencias son terribles (porque) disgrega, margina y empobrece.*
>>>Conclusión: *lo solucionamos aprendiendo idiomas.*
>>>Evidencia *de contradicción: (porque)*
>>>1. *No queremos prescindir de nuestra lengua.*
>>>2. *(Pero) estamos condenados a entendernos.*

Párrafo 2

>Tesis (reiteración): *sería ideal leer a los autores en su lengua.*
>Antítesis (realidad): *(pero) nos conformamos con apoyar los valores de las distintas lenguas.*
>>Argumento de apoyo: *(aunque) sean pequeños.*
>>Concesión: *no hay nada en contra de la diversidad lingüística.*
>>Refutación por contradicción: *no es coherente*
>>>1. *Enaltecer los valores idiomáticos.*
>>>2. *Pretender unificar por límites geográficos con el poder.*
>Tesis (reiteración): *sería mejor hablar esperanto.*
>Antítesis (realidad): *(pero) si estamos dispuestos a conservar las distintas lenguas.*
>>Síntesis o conclusión: *conservémoslas con todas sus consecuencias, es decir, tal cual, sin imponer políticamente límites geográficos a las formas de hablar.*

B. La importancia de las relaciones lógicas

Se trata ahora de observar la enorme importancia que adquieren en la argumentación las relaciones lógicas que expresan causa–consecuencia (causales: *porque*; ilativas: *luego, por lo tanto, por consiguiente*; consecutivas: *tanto... que*), restricción o contradicción semántica para las refutaciónes (adversativa: *pero, aunque, sin embargo, no obstante...*) y condición para expresar las hipótesis (condicionales: *si...*). Para destacarlas hemos introducido entre paréntesis en el esquema los nexos que marcarían esta relación lógica entre tesis y antítesis, concesiones y refutaciónes.

En el texto se sacrifica con frecuencia la sencillez por la elocuencia que busca efectos de ironía o contundencia en los argumentos que plantea. Estamos ante un texto periodístico de opinión, por lo que la literarización del estilo para lograr determinados efectos en el lector es normal y, bien usada, potencia la fuerza de los argumentos. No obstante, en él podremos apreciar con facilidad cómo se establecen las relaciones causa–consecuencia entre los hechos y argumentos.

La relación sintáctica entre los dos párrafos existentes es estructural, el segundo párrafo no aparece encabezado por ninguna partícula que exprese la relación lógica, esto no supone mayor complicación en un texto breve, compuesto sólo por dos párrafos. Además, la claridad y contundencia se logra mediante la repetición. Observemos cómo en dos párrafos se ha repetido la tesis tres veces («sería ideal que todos pudiéramos comunicarnos»).

La sintaxis oracional es polisindética pero, en este caso, se ve alterada y complicada con frecuencia por el autor hasta el punto de usar estructuras nominales por omisión del verbo copulativo («a más idiomas, (es) más rico el universo lingüístico...», L. 7–8) o por ir aislada entre puntos con valor de aposición («un valor muy en boga y al que no tengo nada que alegar», L. 17-18).

La relación oracional es la parte más importante en un texto argumentativo, si las ideas han sido expuestas con claridad y la concatenación lógica entre tesis, antítesis, refutaciónes y concesiones se realiza de forma coherente, el autor nos irá convenciendo de forma gradual, paulatinamente. Para lograrlo tratará de ser persuasivo evitando afirmaciones excesivamente categóricas y planteando concesiones que nos muestren, al menos aparentemente, que no estamos en desacuerdo con nuestro oponente por ser él, sino porque sus razones no son válidas.

El esquema de la argumentación se condensa admirablemente en una célebre frase pronunciada por un diplomático portugués que Gonzalo Torrente Ballester nos ofrece en su novela *Off-side*: «Usted tiene razón (*concesión*). Pero no la tiene toda (*refutación*). Y el problema que hay es que con la poca que tiene no vamos a ninguna parte (*conclusión*)».

Antes de terminar, dos últimas reflexiones que también podemos encontrar fácilmente en el texto y constituyen características de los textos argumentativos:

1. En el sintagma nominal el ámbito referencial dominante será el abstracto, usamos sustantivos que normalmente no significan objetos concretos sino conceptos cuyo significado alcanzamos con el razonamiento y no a través de los sentidos: palabra, acierto, espíritu, manera, diversidad, idioma, ventaja, precio, perjuicio, etc.; La complejidad de los conceptos expresados nos llevará al uso de adyacentes nominales (adjetivos, complementos del nombre, aposiciones y oraciones subordinadas adjetivas), pero dada la proximidad de la argumentación con la retórica y la creación literaria (ensayo), el autor puede usar recursos retóricos. El fin, antes que alcanzar la verdad, puede ser simplemente la persuasión del lector o del auditorio; no lo olvidemos, la argumentación no tiene por qué ser objetiva.

2. En cuanto al sintagma verbal, aunque el indicativo seguirá siendo el modo dominante, y con él, el presente con valores actuales o gnómicos, también encontraremos el condicional («... nadie puede negar lo maravilloso que sería...»; «... cada lugar debería...»; «... Lo más sensato sería...») necesario para el planteamiento de hipótesis; y también formas de subjuntivo, modo de la especulación y la subjetividad, a veces forzado por estructuras (como la concesiva: «... por pequeño que sea.»), o para significar la vigencia por tiempo indeterminado de la idea expresada, desde el pasado hacia el presente (pretérito imperfecto: «... lo más práctico sería que todos *habláramos* y *escribiéramos* Esperanto»), o del presente hacia el futuro (presente: «no veo la razón por la que un gallego...

tenga ahora que...». Es conocida la forma de planteamiento de una hipótesis en ciencias cuando iniciamos la frase con un presente de subjuntivo: «supongamos...».

2.3.2. Propuesta de ejercicio práctico sobre un texto de Selectividad

El siguiente texto fue aplicado en Selectividad en la Comunidad Autónoma de Madrid (curso 2003/04). Las preguntas que se plantean sobre el texto son las originales del examen:

Texto

«*Hace tiempo que vengo observando con preocupación que la gente se cree la tele. Que cree que lo estrambótico, arbitrario, excepcional y llamativo, que son norma en la televisión, constituyen la realidad. Las audiencias se disparan cuando aparecen la mujer barbuda o el perro de tres cabezas. El fenómeno no es nuevo. Siempre han existido las coplas de ciego, los cómicos de la legua y los circos ambulantes que hacían posible lo imposible y por unas horas llenaban la vida de exageración, de disparate. La diferencia es que antaño a nadie se le ocurría ordenar su vida cotidiana según esos parámetros. La gente se educaba en familias estables, bajo tradiciones seculares y con certezas sólidas. A nadie se le ocurría romper su matrimonio a la vista de una cara o unas piernas bonitas, abandonar a sus hijos para ver mundo o mentir o darse a la maledicencia para hacerse rico y famoso. A nadie, menos a los trasnochados y los delincuentes. En la medida sin embargo en que hemos pasado de ser un pueblo con tradiciones, relaciones y habilidades heredadas a ser una masa de telespectadores aislados entre sí, nos hemos hecho vulnerables. Hemos sustituido el paseo, la partida con los amigos o los juegos en familia por las películas y magazines favoritos. Está demostrado que hasta carecemos de tiempo para el afecto conyugal por culpa de nuestra entrega a la caja mágica. Ella acorta las horas de sueño, impide las conversaciones, dificulta la lectura y hasta sustituye la misa dominical.*

El hombre y la mujer actuales están solos. Ante las dificultades no acuden al amigo, al sacerdote, a sus padres, sino que
                                                                                                    5

                                                                                                   10

                                                                                                   15

                                                                                                   20

                                                                                                   25

siguen directamente el ejemplo catódico. Los pocholos, los cotos, las maricielos se han convertido en los arquetipos. Los que cocinamos los medios sabemos que estos personajes son monstruos atípicos, creados para divertir a las masas, pero los telespectadores creen en ellos cada vez más. Así, el adolescente que experimenta una gran atracción por su amigo cae en la trampa de creerse homosexual. El depresivo empieza a acariciar la idea de la eutanasia. La gente se casa, se junta, se divorcia y se desjunta a velocidad de vértigo dejando hijos e hijas por el camino, heridas abiertas para siempre. Y en general se piensa que hacerse rico y/o famoso es realmente el objetivo de la vida. El resultado es una infelicidad cada vez más extendida porque los problemas reales, en lugar de afrontarse, se evitan. Porque la enfermedad, la duda, la pena que forman parte inevitable e importante de la existencia se censuran y destierran. Conviene recordar que la tele no es real. Que se inventa diariamente para entretener. Que la vida se desarrolla fuera de su estrecho armazón y que los mecanismos que regulan el ritmo apasionante de la existencia nada tienen que ver con las tonterías catódicas.»

Cristina López Schlichting, «Pocholo es virtual»
ABC, 9 de enero de 2004

Cuestiones:

1. Determine las características lingüísticas del texto que se propone. ¿Qué tipo de texto es? (1,5 puntos)
2. Redacte un resumen del contenido del texto. (1 punto)
3. A partir del texto, exponga su opinión de forma argumentada sobre la influencia de la televisión en la sociedad actual. (1,5 puntos)

2.4. La narración

Narrar es contar una historia. Cuando contamos una historia narramos una serie de acontecimientos que se suceden en el tiempo desde un enfoque determinado, y eso va a ser lo fundamental en la narración: la sucesión de acciones en el tiempo. La única palabra que posee la capacidad de expresar un hecho en distintos instantes temporales es el verbo, y esa será la clave del análisis en los textos narrativos. Además, los verbos aparecerán en primera, segunda o tercera persona, y esto nos dará el enfoque de la narración.

2.4.1. La organización temporal del verbo

Cuando contamos una historia, relatamos hechos ocurridos en el pasado, hechos ciertos que expresaremos a través del modo de la realidad, el indicativo. Con el presente expresamos acciones coincidentes con el acto de habla, por eso el presente es efímero, nada más pronunciarlo, ya es pasado. Pero el pasado abarca una franja temporal tan amplia como pueda recordar nuestra memoria, de ahí la complejidad de las formas de pasado en español. La conjugación verbal, en indicativo, dispone de 5 formas de pasado:

Pretérito perfecto
He amado

Pretérito indefinido
Amé

Pasado anterior
Hube amado

Pretérito imperfecto
Amaba

Pretérito pluscuamperfecto
Había amado

El tiempo se organiza desde la certeza en el modo indicativo visualizando tres ejes temporales básicos:

- Presente: instante en que vivo y coincide con la comunicación actual: amo.
- Pasado: un instante concreto que el hablante concibe en el tiempo pasado: amé.

- Futuro: un instante concreto que el hablante concibe en el futuro: amaré.

Desde estos tres ejes básicos, los tiempos del modo indicativo organizan el pasado sobre tres oposiciones aspectuales (el aspecto es el modo o la forma en que el hablante concibe cómo transcurre la acción en el tiempo):

- Podemos concebir la acción en el tiempo como coincidente con alguno de los ejes temporales (amo, amé, amaba, amaré, amaría) o como ya concluida inmediatamente antes de cualquiera de ellos (he amado/amo; hube amado/amé; había amado/amaba; habré amado/amaré; habría amado/amaría). A las formas que expresan acciones coincidentes con los ejes básicos las llamamos formas imperfectivas (o no acabadas) frente a las formas compuestas de haber + participio, a las que llamamos formas perfectivas (o concluidas).
- Podemos concebir el desarrollo de la acción como algo concreto y puntual (amé) o como algo duradero o habitual, que se prolonga en el tiempo (amaba). Esta oposición aspectual que enfrenta al pretérito imperfecto con el pretérito indefinido, formas puntuales (amé y hube amado), frente a formas durativas (amaba y había amado) es la más importante en la narración.

Las formas durativas equivalen en la narración a un plano general cinematográfico: retiramos la cámara y en la escena están sucediendo simultáneamente muchas acciones. En cambio, cuando usamos el pretérito indefinido, acercamos la cámara a una acción concreta, equivale a un primer plano o plano de detalle. El narrador fija nuestra atención en un hecho particular. Durante la distensión temporal instaurada por el imperfecto (miraba) caben muchas acciones puntuales, observad este ejemplo: «Desde el campanario contemplaba la ciudad: un niño cruzó la calle, el perro del vecino saltó la valla de Frascuelo, María entró en su casa...».

Todas las acciones enumeradas a través de los pretéritos indefinidos (cruzó, saltó, entró...) suceden en el transcurso temporal expresado por el pretérito imperfecto, es decir, mientras él «contemplaba» la ciudad. Además, el orden de aparición de los verbos, expresa también el orden en que se suceden las acciones. Volvemos a insistir en que, a través de las formas de indefinido, el narrador ha centrado nuestra atención sobre acciones concretas seleccionando aquellas que le interesaba transmitir y no otras. Imaginamos que desde el campanario se contemplaban muchas más acciones. Esta selección de acciones es una forma de marcar una percepción subjetiva de la escena.

Este juego estilístico, basado en la alternancia de formas pretérito imperfecto y pretérito indefinido, tan próximo a los movimientos de cámara en los planos cinematográficos, se utiliza desde los primeros textos en castellano. Observad los primeros versos que se nos conservan de *El Cantar de Mío Cid*:

>Con sus ojos muy grandemente llorando –
>*tornaba* la cabeza y *estábalos* mirando: –
>*vio* las puertas abiertas, los postigos sin candado, –
>las perchas vacías sin pieles y sin mantos –
>y sin halcones y sin azores mudados. 5
>*Suspiró* mío Cid triste y apesadumbrado. –
>*Habló* mío Cid y *dijo* resignado: –
>«¡Loor a ti, señor Padre, que estás en lo alto! –
>Esto me han urdido mis enemigos malos. –

El poeta ha jugado justamente con los valores aspectuales que venimos comentando. Inicia la escena usando el pretérito imperfecto (*tornaba, estaba*), expresa una acción durativa en el tiempo durante la cuál pueden suceder otras acciones, pero lo que a continuación introduce con el pretérito indefinido es una sucesión de imágenes que nos hacen ver a través de los ojos del héroe, nos presenta lo que él estaba viendo en una enumeración de sustantivos (*puertas, postigos, perchas*), es el cambio de plano, la cámara se fija ahora en los detalles de la escena acercándonos a los elementos que interesa destacar por su significado. Los adyacentes nominales fijan la atención del auditorio en el estado de abandono de algo tan querido como es su propia casa cuando, caído en desgracia, marcha hacia el destierro (las *puertas* están *abiertas*, ya no guardan nada; lo mismo los *postigos*, ahora ya sin *candados*; las *perchas vacías* son el símbolo de la ruina del caballero ya no hay pieles ni aves de cetrería, nos presenta una casa abandonada). Las acciones posteriores se expresan inmediatamente a través de una sucesión de pretéritos indefinidos: *vio, suspiró, habló, dijo*. Una última genialidad del poeta es la introducción del estilo directo: ahora oímos las primeras palabras que salen de la boca del héroe castellano y va a jugar con el contraste para el que nos ha estado preparando: frente a la desolación y la injusticia, no encontramos rebeldía sino fe: «¡Loor a ti, Señor Padre, que estás en lo alto!». La primera caracterización del héroe, su primera cualidad, es ser un buen cristiano como corresponde a un ideal medieval de perfecto caballero en plena reconquista. El poeta no nos lo ha dicho, nos lo ha dejado deducir haciéndonos oír sus palabras que no son de lamentación sino de alabanza a Dios. Cuando afirmamos que la técnica de *El Cantar de Mío Cid* demuestra una madurez que hace pensar en que no pudo ser el primero, nos referimos a este tipo de detalles.

- La tercera oposición aspectual afecta solo a dos tiempos, el pretérito perfecto (he amado) y el pretérito indefinido (amé). A través de «amé» expresamos un hecho ocurrido en el pasado y que no guarda relación con el presente, es un pasado más o menos remoto, tanto que puede llegar a significar la negación del presente en ejemplos del tipo: «En aquel tiempo amé con el corazón» (ahora ya no amo así). El pretérito perfecto (he amado), en cambio, expresa una acción concluida pero inmediatamente anterior al instante presente, por eso aún guarda relación con él:

–«¿Qué ha pasado?» (justo antes de ahora, cuando he oído ese ruido).

Sin embargo, esta distinción aspectual se ve invertida en algunas hablas hispanoamericanas a las que somos cada vez más sensibles por la proliferación de seriales televisivos. En ellos es frecuente que, en situaciones como la anterior, el personaje diga:

–¿Qué pasó?

Utilizando el pretérito indefinido con valor de pasado inmediato al presente.

2.4.1.1. Otra forma de pasado: el presente histórico

Es muy frecuente usar el presente de indicativo con valor de pasado: es el llamado presente histórico. Su uso está muy extendido no sólo en el lenguaje literario, sino en el habla coloquial por su capacidad de acercarnos a los acontecimientos y hacernos participar en ellos. En una conversación normal podríamos oír:

–¿Sabes que me paró la Guardia Civil?
–¿Y qué pasó?
–Pues nada, que va y me dice el tío que le dé los papeles del coche y el carné de conducir, y yo voy y le pregunto que por qué me ha «parao».

Su fuerza expresiva es indudable, a través de las formas de presente (*va, dice, voy, pregunto*) el emisor revive la escena como si estuviera ocurriendo en ese mismo instante, nos acerca a ella, nos implica en ella, de ahí su valor dramático.

2.4.2. La importancia de los complementos circunstanciales de tiempo

Es tanta la importancia que le concedemos a la expresión de la temporalidad que los complementos circunstanciales de tiempo son los que disponen de más procedimientos de expresión en la oración. Son los únicos que pueden, además de ser expresados a través de un adverbio (en esto coinciden con los complementos circunstanciales de modo (así), de lugar (allí) o de duda (quizá)), o un complemento preposicional (en esto coinciden todos los complementos circunstanciales), pueden ser expresados por un sintagma nominal. Esto nos demuestra la importancia que le damos a la expresión del tiempo en nuestra lengua, y es lo que nos permite situar la acción tanto como deseemos en el tiempo precisando así los valores básicos del verbo:

–Nos veremos entonces.
–Entonces ¿cuándo?
–El jueves, a las tres.

En este ejemplo, el instante marcado por el futuro de indicativo (*veremos*) se ha precisado por los tres procedimientos: adverbio (*entonces*), sintagma nominal (*el jueves*) y complemento preposicional (*a las tres*). El instante futuro significado por el verbo ya es absolutamente preciso.

Los complementos circunstanciales de tiempo van a acompañar a la narración para precisar y organizar los periodos o los instantes temporales expresados

2.4.3. El enfoque de la narración

El autor es quien escribe el relato, pero el narrador es quien en ficción nos cuenta la historia. No conocemos al autor de *El Lazarillo de Tormes*, pero el narrador de la historia es el propio Lázaro, quien cuenta la historia porque un señor se lo ha pedido. De la misma forma, el autor de *La Familia de Pascual Duarte* es don Camilo José Cela, pero el narrador es el propio Pascual que, desde la cárcel, escribe su historia en una carta para solicitar el indulto.

2.4.3.1 Narración en tercera persona

El enfoque en la narración nos va a venir dado por la persona verbal utilizada. La más frecuente es la narración en tercera persona. El narrador cuenta lo que le ha pasado a personajes externos ajenos a sí mismo. La función aparente es la representativa, pero esto habría que matizarlo mucho. Conviene distinguir, al menos, dos enfoques en la narración en tercera persona: el narrador omnisciente, aquel que lo sabe todo y cuenta no solo lo que puede ver (acciones) sino también cómo se sienten y qué piensan los personajes (omnisciente = lo sabe todo de todos), del narrador testigo o cámara, que es aquel que cuenta solo lo que puede ver. El primero es el más frecuente, lleva de la mano al lector y le muestra todo lo relativo a los sucesos y las motivaciones de los personajes, por eso interpreta la realidad para el lector. Observa este breve fragmento de *El Aleph* de Jorge Luis Borges, el narrador omnisciente nos introduce en los sueños del protagonista:

> *Los pavos reales del papel carmesí parecían destinados a alimentar pesadillas tenaces, pero el señor Villari no soñó nunca*

> con una glorieta monstruosa hecha de inextricables pájaros vivos. En los amaneceres soñaba un sueño de fondo igual y de circunstancias variables.

El segundo, el narrador testigo, en cambio está más próximo al relato periodístico, se limita a mostrar los hechos para dejar que el lector interprete lo sucedido.

2.4.3.2 Narración en primera persona

La narración en primera persona nos presenta el relato a modo de autobiografía. En este caso tenemos acceso a los pensamientos y sentimientos del personaje porque es él mismo quien lo cuenta. Esto nos sitúa como lectores en una perspectiva parcial de la realidad, la del narrador. La función dominante puede ser la expresiva, auque también deberíamos precisar mucho más porque la función del narrador en la obra puede ser diversa: puede actuar como protagonista, pero también como testigo relatando acontecimientos ajenos a sí mismo. La primera novela en el mundo que usó esta técnica fue *El Lazarillo de Tormes* en el siglo XVI (¿quién más que él mismo y por encargo iba a considerar la vida de un pícaro digna de ser contada, cuando la novela solo relataba hechos realizados por caballeros?). Observad cómo ya la primera palabra del prólogo es «yo»:

> *Yo por bien tengo que cosas tan señaladas, y por ventura nunca oídas ni vistas, vengan a noticia de muchos y no se entierren en la sepultura del olvido, pues podría ser que alguno que las lea halle algo que le agrade, y a los que no ahondaren tanto los deleite; y a este propósito dice Plinio que no hay libro, por malo que sea, que no tenga alguna cosa buena; mayormente que los gustos no son todos unos, mas lo que uno no come, otro se pierde por ello. Y así vemos cosas tenidas en poco de algunos, que de otros no lo son. Y esto, para ninguna cosa se debería romper ni echar a mal, si muy detestable no fuese, sino que a todos se comunicase, mayormente siendo sin perjuicio y pudiendo sacar della algún fruto.*
>
> *(...) Y pues vuestra merced escribe se le escriba y relate el caso por muy extenso, pareciome no tomalle por el medio, sino por el*

principio, porque se tenga entera noticia de mi persona, y tam- 15
bién porque consideren los que heredaron nobles estados cuán –
poco se les debe, pues Fortuna fue con ellos parcial, y cuánto más –
hicieron los que, siéndoles contraria, con fuerza y maña reman- –
do, salieron a buen puerto. –

2.4.3.3. Narración en segunda persona

La narración en segunda persona es la más infrecuente, esta técnica nos sitúa frente al narrador, no junto a él como sucedía en el caso anterior. Dependiendo de si esa segunda persona es el lector u otro personaje de la novela, nuestra perspectiva varía desde sentirnos confidentes al ser receptores, a la de ser testigos «indiscretos» en una conversación sorprendida al azar. Se acerca mucho al teatro. La función dominante puede ser la conativa, por el intento de influir de alguna forma en el receptor (real o ficticio).

A lo largo de los párrafos anteriores hemos ido mencionando las distintas funciones dominantes en cada una de las perspectivas: referencial para la tercera persona, expresiva para la primera y conativa para la segunda persona. Conviene destacar que la narración suele ser una obra literaria, lo que determina que la función primordial, en todos los casos, sea la poética. El autor de una obra literaria la crea para que perdure. No solo el contenido es importante, la forma es esencial. El estilo y las figuras retóricas se harán presentes con fines concretos al servicio de la intención del autor.

2.4.4. El ritmo narrativo

El ritmo narrativo es la agilidad con que se suceden las acciones en el relato. Cuando vamos al cine decimos que una película es rápida cuando los acontecimientos se suceden ininterrumpidamente, lo que suele llevar a cambios frecuentes de planos y secuencias. En cambio, cuando la imagen se recrea en el paisaje, por ejemplo, los planos se mantienen, el ritmo se ralentiza, vemos mucho pero sucede poco. Lo mismo ocurre en la narración. En el relato, lo que en el cine serían los cambios de plano, se expresa mediante una sucesión de verbos que significan otras tantas acciones. Una narración con un ritmo rápido se caracterizará por la abundancia de verbos principales expresados en pretérito indefinido (acciones puntuales que se suceden en el pasado), se usarán secuencias de oraciones simples o yuxtapuestas para imprimir aceleración a las acciones. En cambio un ritmo narrativo lento se caracterizará por la presencia de pocos verbos en pretérito indefinido y oraciones con frecuentes incisos subordinados que retrasan la acción. Pensemos ahora en la descripción de un personaje o de un paisaje: mientras describimos la acción no avanza, el ritmo se detiene. Lo mismo sucede cuando el autor introduce reflexiones sobre los personajes o los acontecimientos. Los pasajes descriptivos suelen introducirse en el texto mediante formas de imperfecto de indicativo, las acciones concretas mediante el pretérito indefinido.

Este fragmento de *El Estudiante de Salamanca* de don José de Espronceda puede ser muy ilustrativo:

> *Todo en fin a medianoche* –
> *reposaba, y tumba era* –
> *de sus dormidos vivientes* –
> *la antigua ciudad que riega* –
> *el Tormes, fecundo río,* 5
> *nombrado de los poetas,* –
> *la famosa Salamanca,* –
> *insigne en armas y letras,* –
> *patria de ilustres varones,* –
> *noble archivo de las ciencias.* 10
> *Súbito rumor de espadas* –
> *cruje y un ¡ay!, se escuchó;* –
> *un ay moribundo, un ay* –
> *que penetra el corazón* –
> *que hasta los tuétanos hiela* 15
> *y da al que lo oyó temblor.* –
> *Un ¡ay!, de alguno que al mundo* –
> *pronuncia el último adiós.* –
> *El ruido* –
> *cesó,* 20
> *un hombre* –
> *pasó* –
> *embozado,* –
> *el sombrero* –

recatado	25
a los ojos	–
se caló.	–
Se desliza	–
y atraviesa	–
junto al muro	30
de una iglesia	–
y en la sombra	–
se perdió.	–

El texto nos presenta dos partes: una descriptiva de Salamanca (versos 1-10) y otra narrativa (versos 11-33). En la primera parte solo se han usado dos verbos: «reposaba» y «era» («riega» no debemos considerarlo porque aparece en una oración subordinada adjetiva, matiza el significado de un sustantivo anterior, pero no aporta acción al relato). En la segunda parte aparecen trece verbos. El autor ha intercalado el presente histórico (presente de indicativo con valor de pasado: cruje, penetra, hiela…) con pretéritos indefinidos (cesó, pasó, caló, perdió, etc.), la sucesión de formas de presente histórico y pretéritos indefinidos nos presentan las acciones sucesivas y ordenadas temporalmente. La máxima aceleración se obtiene al utilizar tres verbos consecutivos en tres versos seguidos: «se caló / se desliza / y atraviesa» (versos 27-29). Para subrayar esta aceleración del ritmo narrativo el autor ha recurrido además a un recurso métrico: acortar el metro de los versos, ha pasado de usar versos octosílabos en la parte descriptiva (versos 1-10), con los que inicia la narración (versos 11-18), a versos trisílabos (versos 19-22) y para concluir con tetrasílabos (versos 23-33). El efecto sonoro conseguido al acortar las pausas versales no solo acelera la secuencia, sugiere además la respiración entrecortada del misterioso personaje en su huida.

2.4.5. La narración y los géneros literarios

Antes de iniciar la práctica del comentario en un texto narrativo conviene hacer una última reflexión: hemos usado textos poéticos como ejemplos narrativos. La narración pertenece al género de la épica, y los primeros ejemplos que conservamos son poemas, el más extraordinario, *El Poema del Mío Cid* (siglo XII). La narrativa en verso ha tenido en nuestra literatura una amplia implantación y, aunque la máxima expresión sea en prosa a través de la novela, no debemos olvidar los magníficos relatos en verso del romanticismo (Duque de Rivas, José Zorrilla, José de Espronceda, etc.) y su continuación, ya impregnada de lirismo surrealista, por autores del 27 como Federico García Lorca.

2.4.6. Aplicación práctica sobre un texto aplicado en Selectividad

A continuación trataremos de aplicar las ideas anteriores sobre un texto utilizado para el examen de Selectividad en la Comunidad Balear:

Texto

«*Los acontecimientos se precipitaron: bastó que Luis Trías de Giralt efectuara un rápido viaje a París para que, a su regreso, empezara a correrse la voz de que también él se había inscrito. La noticia, que de golpe convertía a Luis Trías en el elemento más calificado para hacerse con el mando de la incipiente organización secreta, provenía en realidad de una de aquellas chicas que asistían a las reuniones del piso de la calle Fontanella: fue después de una noche de gin y desquiciamiento verbal con el propio líder en el bar Saint-Germain, donde juntos incubaron vagas conexiones con misteriosos poderes ocultos. La universidad de Barcelona debía ponerse a la altura de la de Madrid, que en estas lides siempre fue más seria, consecuente y audaz. 'En febrero del 56, después de la suspensión de un Congreso de Estudiantes, en Madrid, los ánimos estaban excitados, hubo un choque, sonó un disparo, y un joven cayó al suelo gravemente herido'. Luis Trías, que por esas fechas estaba en Madrid (empezaba a convertirse en un ser convenientemente ubicuo, escurridizo y sorprendente), fue detenido y sufrió seis meses de cárcel. […] Regresó Luis Trías de Giralt (no volvió solo, como ya se sabe: le acompañaba el fantasma del tormento) ya indiscutible líder (categoría: conectadísimo) y empezó a vérsele a todas horas y en todas partes con Teresa Serrat, que durante su ausencia no solo había continuado valerosamente su obra sino que además le había sido fiel. Entonces fue cuando juntos organizaron tantas cosas que habían de cubrirles de gloria y de prestigio un día que estaban rodeados por la policía*

    5

   10

   15

   20

   25

armada, sin poder salir del aula y llevando varias horas sin hacer
sus necesidades, <u>consiguieron</u>, gracias a un vibrante discurso a
dúo, que todos los alumnos, chicos y chicas, <u>olvidaran</u> sus com-
plejos pequeño-burgueses y se <u>decidieran</u> a orinar allí mismo, sin
vergüenza: el espectáculo <u>revistió</u> un carácter de solidaridad cu- 30
yos pormenores y encantos todavía muchos recuerdan. Su activi-
dad <u>culminó</u> con la famosa manifestación de octubre, después de
lo cual, la universidad <u>estuvo</u> cerrada por la autoridad durante
una semana, a varios estudiantes se les <u>hizo</u> expediente, Teresa y
Luis entre ellos, y otros <u>fueron</u> expulsados o detenidos. No <u>sería</u> 35
justo silenciar cierto noble y valeroso sentido de la entrega, raya-
no en la temeridad, <u>que caracterizó</u> la actuación desinteresada
de Teresa Serrat y de sus amigos. La naturaleza de esta generosa
entrega <u>fue</u> y <u>sigue siendo</u> materia de discusión.»

J. Marsé. *Últimas tardes con Teresa*
Selectividad Com. Balear, junio de 2004

A. Análisis de la perspectiva en la narración

La perspectiva es de tercera persona, el autor relata los hechos sucedidos centrados en dos personajes: Luis Trías de Giralt y Teresa Serrat. Su actitud ante la narración y los personajes es omnisciente. Nos ofrece los hechos interpretados (la causa por la que Luis llegó al mando de la organización, según el autor, fue el viaje a París y el rumor de que se había inscrito, por ejemplo), valoraciones («… Madrid, que en estas lides siempre fue más seria, consecuente y audaz…», L. 11-12) y también los sentimientos de los personajes («… empezaba a convertirse en un ser convenientemente ubicuo, escurridizo y sorprendente…», L. 16-17; «…le acompañaba el fantasma del tormento…» L. 19-20; «… olvidaran sus complejos pequeño-burgueses…», L. 28-29).

B. La organización de los acontecimientos desde las formas verbales

La sucesión de acciones queda expresada en el texto a través de las formas de pasado. El pretérito indefinido individualiza los hechos en su progresión temporal:

«Los hechos se precipitaron...»; «bastó... un rápido viaje a París...» (L. 1-2); «... fue después una noche...» (L. 7-8); «... juntos incubaron vagas conexiones...» (L. 9-10); «... hubo un choque, sonó un disparo y un joven cayó... herido...» (L. 14-15); «... fue detenido y sufrió seis meses de cárcel» (L. 17-18); «regresó...» (L. 18); «... empezó a vérsele... con Teresa Serrat...» (L. 21); «... fue cuando organizaron...» (L. 23-24); «... consiguieron...»(L. 27); «... el espectáculo revistió...» (L. 30); «... su actividad culminó...» (L. 31); «... se les hizo expediente.»(L. 34); «... fue y sigue siendo materia de discusión» (L. 39).

Estas acciones suceden agrupadas en periodos de tiempo indeterminados, más amplios. Para crear este marco temporal de encuadre se recurre al aspecto durativo e impreciso significado a través del pretérito imperfecto de indicativo: a modo de ejemplo citaremos que en el periodo temporal pasado expresado por el pretérito imperfecto «... en Madrid, los ánimos *estaban* excitados...» (L. 13-14), tienen lugar tres acontecimientos puntuales: *hubo* un choque, *sonó* un disparo, un joven *cayó*. Estos marcos temporales expresados a través de imperfectos distendidos son muy frecuentes en el texto: «... convertía a Luis...» (L. 4); «... provenía...», «... asistían...» (L. 6-7); «... debía ponerse a la altura...» (L. 11); «... empezaba a convertirse...» (L. 16) «... le acompañaba...» (L. 19); «...estaban rodeados...» (L. 25).

En esta organización temporal de los acontecimientos se recurre también a otras formas de pasado, aunque escasas, como el pretérito pluscuamperfecto de indicativo para expresar acciones distendidas que sucedieron con anterioridad al eje básico de pretérito (amé). En un ejemplo concreto, este valor impreciso propio del aspecto durativo es delimitado a través de un complemento circunstancial de tiempo: «... durante su ausencia, no sólo *había continuado* valerosamente su obra sino que además le *había sido fiel*». «Había sído» significa un periodo amplio anterior a «fue», al eje básico del pasado, pero gracias al complemento circunstancial de tiempo («... durante su ausencia...») hemos delimitado la duración a un periodo concreto: lo que duró la ausencia de Luis.

Las formas de subjuntivo usadas en primera parte del texto («efectuara» (L. 2) y «empezara» (L. 3)) están obligadas por la estructura sintáctica utilizada al aparecer subordinadas a «bastó» («bastó que...»), en su lugar no podríamos emplear formas de indicativo (* bastó que Luis... efectuó/efectuaba/había efectuado... para que empezó/empezaba/había empezado…), (usamos el signo * para significar que la oración es agramatical o incorrecta). Pero expresan hechos reales ocurridos en el pasado en un instante indeterminado. El autor podría haber optado por redactar los sucesos usando formas de indicativo en otra estructura sintáctica, por ejemplo: «… Luis efectuó un rápido viaje a París, y a su regreso empezó a correrse la voz de que también él se había inscrito.»

Sin embargo, la aparición del modo subjuntivo envuelve los hechos en un aire de capricho, circunstancia o suerte casi ajeno al protagonista, como si los acontecimientos fueran fortuitos y no obedecieran a la voluntad de Luis.

C. Los periodos temporales se precisan y organizan con complementos circunstanciales de tiempo

Los complementos circunstanciales de tiempo ayudan a organizar y delimitar el momento en el transcurren las acciones. En el texto podemos observar:

«… A su regreso…», que marca el instante de inicio de la acción y el instante significado por la forma de subjuntivo «empezara».

«… Después de una noche de *gin*…» fue cuando «*incubaron* vagas conexiones» (L. 9-10).

«Madrid, siempre, *fue* más seria» (¿valor de negación del presente?; ¿ya no lo es en el momento del relato?).

«… Después de la suspensión de un Congreso de Estudiantes». Este hecho marca el instante de inicio del periodo temporal significado a continuación por el pretérito imperfecto, desde ese momento hacia el presente «… los ánimos estaban excitados…y» en ese periodo durativo se intercalan los hechos puntuales que se expresan seguidamente a través de pretéritos indefinidos: «… *hubo* un choque, *sonó*…» (L. 14-15).

«…A todas horas…» empezó a vérsele con Teresa Serrat (L. 21).

«Entonces fue cuando organizaron…» expresa simultaneidad con los hechos relatados anteriormente (L. 23).

«Un día…», el determinante indefinido, con su marcado valor de indiferencia, nos deja sin concretar el instante (un día cualquiera, como podría ser otro), quizá porque no sea relevante tanto el tiempo como el hecho: «consiguieron que… olvidaran … y se decidieran…» (L. 27-29).

«... Después de lo cual, la universidad estuvo cerrada...» organiza la secuencia de acontecimientos en orden cronológico (L. 32-33).

«... Durante una semana... se les hizo expediente...» expresa duración definida y concreta (una semana) durante la que se producen los acontecimientos (L. 33-34).

2.4.7. Propuesta de ejercicio práctico sobre un texto de Selectividad

Texto

«*Desde lo alto del borrico, Cipriano divisó las hileras de palos, las cargas de leña, a la vera, las escalerillas, las argollas para amarrar a los reos, las nerviosas idas y venidas de guardas y verdugos al pie. La multitud apiñada prorrumpió en gran vocerío al ver llegar los primeros borriquillos. Y al oír sus gritos, los que entretenían la espera a alguna distancia echaron a correr desalados hacia los postes más próximos. Uno a uno, los asnillos con los reos se iban dispersando, buscando su sitio. Cipriano divisó inopinadamente a su lado el de Pedro Cazalla, que cabalgaba amordazado, descompuesto por unas bascas tan aparatosas que los alguaciles se apresuraron a bajarle del pollino para darle agua de un botijo. Había que recuperarlo. Por respeto a los espectadores había que evitar quemar a un muerto. Luego, alzó la cabeza y volvió la vista enloquecida hacia el quemadero. Los palos se levantaban cada veinte varas, los más próximos al barrio de Curtidores para los reconciliados, y, los del otro extremo, para ellos, para los quemados vivos, por un orden previamente establecido: Carlos de Seso, Juan Sánchez, Cipriano Salcedo, fray Domingo de Rojas y Antonio Herrezuelo.*»

Miguel Delibes, *El hereje*

Actividades propuestas:

1. Realiza el resumen, el esquema y enuncia el tema del texto propuesto.
2. Reflexiona sobre la perspectiva y el ritmo narrativo en el texto.
3. Analiza los rasgos lingüísticos propios de la narración en el texto.

2.5. El diálogo

El diálogo trata de reproducir una conversación entre dos o más personajes. El género por excelencia donde se utiliza es el dramático, aquí el diálogo vivo es el soporte íntegro de toda la obra: desde que se levanta el telón estamos asistiendo como testigos a una acción dialogada entre los actores. Pero puede aparecer también en los demás géneros literarios, tanto en la épica –es muy frecuente en la novela–, como en la lírica –recordemos que, incluso en el siglo XIX, el teatro se escribió en verso (con el paréntesis del Neoclasicismo) y en él se nos conservan diálogos en verso maravillosos–.

En la literatura actual se sigue el principio de «naturalidad», es decir, procurar que los personajes hablen según su origen, su formación, y su carácter. En el teatro clásico es frecuente oír a pastores expresarse en lenguaje culto como cortesanos cultivados, el principio de naturalidad rompe con esta posibilidad. Esto hace que, en el diálogo tanto en la novela como en el teatro modernos, se procure «imitar la realidad». A diferencia de la exposición, la narración o la argumentación, el diálogo es abierto y en él puede aparecer cualquiera de los modos de expresión anteriores: un personaje puede dirigirse a otro haciendo una exposición –pensemos en *La lección* de Ionesco–, o para convencerlo de hacer algo esgrimiendo razones –interesantes los diálogos de Celestina con Melibea–, o para contar un suceso –hay intervenciones narrativas en *Yerma*, por ejemplo–, cuando esto sucede, los rasgos y caracteres lingüísticos van a ser coincidentes con los que hemos venido explicando respectivamente para la narración, la argumentación o la exposición. Pero a diferencia de los anteriores, el diálogo presenta una característica única: es una comunicación bidireccional en la que los participantes pueden interpelarse, interrumpirse, animarse, etc. Y además, en el caso del diálogo en el teatro, incorporar la gestualización como parte del mensaje, es decir, importa no sólo el contenido del texto sino el tono en que se dice, el énfasis, el gesto del rostro del actor, la expresión corporal, etc.

Ciñéndonos al comentario de un texto concreto, las funciones y rasgos lingüísticos presentes pueden ser muy variadas, pero debemos centrar nuestra atención en dos rasgos diferenciales:

1. La caracterización de los personajes en el diálogo.
2. Las funciones conativa y expresiva.

El plano fónico, que hasta ahora no había aparecido en nuestros comentarios, puede tener en el caso del diálogo un papel relevante a la hora de caracterizar a los personajes. Observemos este fragmento de diálogo perteneciente a la novela *Misericordia*, de Benito Pérez Galdós, entre el ciego Almudena y la «señá Benina».

2.5.1. Aproximación a los rasgos lingüísticos del diálogo a partir de un texto

Texto

–¿Qué sucieder *ti*?
–Una cosa tremenda. Estoy que no vivo. Soy tan desgraciada, que si tú no me amparas me tiro por el viaducto... Como lo oyes.
–Amri... tirar no.
–Es que hay compromisos tan grandes, tan grandes, que parece imposible que se pueda salir de ellos. Te lo diré de una vez para que te hagas cargo: necesito un duro...
–¡Un durro! –exclamó Almudena, expresando con la súbita gravedad del rostro y la energía del acento el espanto que le causaba la magnitud de la cantidad.
–Sí, hijo, sí... un duro, y no puedo ir a casa si antes no lo consigo. Es preciso que yo tenga ese duro: discurre tú, pues hay que sacarlo de debajo de las piedras, buscarlo como quiera que sea.
–Es mocha... mocha... –murmuraba el ciego volviendo su rostro hacia el suelo.
–No es tanto –observó la otra, queriendo engañar su pena con ideas optimistas–. ¿Quién no tiene un duro? Un duro, amigo Almudena, lo tiene cualquiera... Con que ¿puedes buscármelo tú, sí o no?.

2.5.1.1. Caracterización de los personajes en el diálogo y funciones del lenguaje

Los personajes van a caracterizarse mediante el uso peculiar que hacen de lengua, en todos sus niveles. La entonación cobra especial relevancia en el diálogo: frente a la entonación enunciativa, casi constante que hemos visto en los demás modos de expresión, en el diálogo aparecerá tanto la admiración, para subrayar el énfasis del mensaje (función expresiva), como la interrogación para interpelar al receptor (función conativa). A través de la entonación podemos caracterizar al personaje como tranquilo (entonación enunciativa, oraciones gramaticalmente correctas, uso de nexos oracionales), como nervioso o alterado (entonación exclamativa, frases nominales, uso de la elipsis, construcciones asindéticas, repeticiones, etc.). En el caso de la novela, los incisos del narrador ayudan a esta caracterización.

2.5.1.2. Las unidades supraoracionales: la entonación

En el texto, el diálogo se inicia con la búsqueda de información por parte de Almudena que explique la desesperación de la señá Benina. Sus intervenciones son breves. En la primera interroga («¿Qué *sucieder* ti?», L. 1), en la segunda reacciona con sorpresa, enérgicamente. Este estado de ánimo se expresa en el texto por la exclamación («¡Un *durro*!», L. 8), en la tercera intervención lo vemos pasando del asombro y la perplejidad a la preocupación, el tono ahora es enunciativo («Es *mocha... mocha...*», L. 14), son rasgos propios de la función expresiva, nos trasladan información sobre las sensaciones y reacciones del emisor. Además, Benito Pérez Galdós subraya esta intencionalidad de expresión con sus incisos en el diálogo. En el momento de la exclamación nos añade que la pronuncia «expresando con la súbita gravedad del rostro y la energía del acento el espanto...» (L. 8). En el inciso que hace a su siguiente intervención, Almudena ha pasado de la exclamación enérgica a un murmullo, la preocupación se manifiesta en el gesto «... volviendo su rostro hacia el suelo» (L. 14).

El tono usado en las intervenciones de la señá Benina es enunciativo hasta su última intervención, la sensación de agobio y nerviosismo se nos ha transmitido por otros procedimientos. Pero en su última intervención es interesante observar el uso de la interrogación retórica («¿Quién no tiene un duro?», L. 17) para responderse inmediatamente en un intento desesperado de minimizar el problema («Un duro... lo tiene cualquiera» L. 17-18); así como la interrogación enfática, claramente conativa, que plantea al final: «¿Puedes buscármelo tú, sí o no?». La relación de cariño y conocimiento mutuo entre los personajes hace innecesaria la pregunta, Benina sabe que Almudena no puede conseguirlo y la disyuntiva planteada (¿sí o no?) manifiesta la desesperación de la protagonista.

La función de encuadre y descripción de la escena y los personajes que realizan los incisos del narrador en la novela se logra mediante las «acotaciones escénicas» en el teatro, aunque son mucho más escasas y concisas. El autor teatral cuenta con un director para la puesta en escena, el novelista no.

2.5.1.3. *Los puntos suspensivos*

Usamos los puntos suspensivos básicamente con tres funciones: la primera interrumpir una enumeración que podría ser continuada (valor equivalente al de «etcétera»). La segunda para indicar que se ha omitido parte de una frase que tratamos de reproducir literalmente, es lo que venimos haciendo habitualmente cuando citamos parte de un texto. Y la tercera para expresar una pausa, una interrupción en el personaje. Esta pausa que realiza el personaje puede trasladar connotaciones muy interesantes al diálogo.

En el texto de *Misericordia* observamos que los puntos suspensivos acompañan regularmente las intervenciones de Almudena («*Amri*... tirar no», L. 4; «Es *mocha... mocha...*», L. 14), trasladamos así al lector la dificultad que el personaje tiene para encontrar las palabras precisas, su inseguridad. También se usan en el caso de Benina. La pausa producida por los puntos suspensivos permite subrayar la importancia o enfatizar lo que digamos a continuación. Esta intensidad será mayor cuanto más breve sea lo que sigue, es lo que sucede en la primera intervención: «... me tiro por el viaducto... Como lo oyes» (L. 3) o en «Sí, hijo, sí... un duro» (L. 11). En cambio, en su última intervención, manifiesta inseguridad, la pausa desmiente la rotundidad de la afirmación y subraya la observación de Galdós: «lo tiene cualquiera... Con que ¿puedes buscármelo tú, sí o no?» (L. 18). ¿Lo tiene cualquiera?, el autor en un inciso previo nos apuntaba: «... queriendo engañar su pena con ideas optimistas» (L.16). Benina sabe que no lo tiene cualquiera, y menos Almudena.

La interpretación del uso de los puntos suspensivos es puramente connotativa, están en función del desarrollo del diálogo, y esto es lo interesante, nos permite percibir sensaciones y sentimientos en los personajes: nerviosismo, inseguridad, reflexión, etc.

2.5.1.4. Procedimientos fónicos

En este ejemplo cobra especial relevancia la alteración fonética de algunas palabras. A través de ella se caracteriza la dificultad en el idioma de un extranjero (Almudena es marroquí). En el texto observamos alteraciones como:

- «*Sucieder*» por «suceder» (L. 1)
- «*Amri...*», posiblemente por «al tren» (L. 4)
- «*Durro*» por «duro» (L. 8).
- «*Mocha*», por «mucho» (L. 14)

En cambio, no se ha caracterizado el personaje de la «señá Benina» con ningún vulgarismo fónico, a pesar de que en su propio nombre se la caracteriza con un vulgarismo («señá» por «señora», supresión de consonante sonora intervocálica) que quiere etiquetarla. Se nos presenta como alguien que, a pesar de su condición de sirvienta y mendiga, es una persona con una cultura no acorde a su situación ni a al ambiente en el que se desenvuelve. Y, en efecto, este será un elemento clave de la novela de Galdós.

2.5.1.5. Procedimientos léxicos

Se trata de observar ahora qué clase de palabras usan los personajes, si son vulgares o si por el contrario son cultas, si se han utilizado procedimientos de derivación o alteración que puedan introducir rasgos expresivos que contribuyan a la caracterización de los personajes.

En nuestro caso, el léxico usado es coloquial, no observamos en él ningún rasgo relevante, son palabras usuales. Lo que habría que destacar en este caso es la ausencia de palabras en las intervenciones de Almudena. Sólo ha utilizado expresiones compuestas por dos («¡Un *durro*!») o tres palabras, algunas incluso repetidas («Es *mocha... mocha...*», L. 14), esta pobreza caracteriza la dificultad lingüística del personaje marroquí.

El diálogo, a diferencia de los demás modos de expresión, se mueve con frecuencia en el plano apelativo del discurso, esto es, la interpelación directa al interlocutor. Este plano apelativo está vinculado con la función conativa y tiene su máxima expresión en el uso del modo imperativo en el sintagma verbal y del vocativo en el sintagma verbal. Las dos formas las encontramos en el texto: «Sí, hijo, sí...» (L. 11), «Un duro, amigo Almudena, un duro...» (L. 17) y el imperativo: «discurre tú,...» (L. 12). El vocativo «hijo», tan frecuente en zonas como Andalucía, y «amigo» referido a Almudena, marcan el tono coloquial y la relación de confianza entre los dos personajes.

Los verbos cambian de primera a segunda persona. Benina es mucho más expresiva, interrogada por Almudena habla en primera persona con frecuencia («Estoy que no vivo», Soy tan desgraciada...», «me tiro por un viaducto...» (L.1-2); «te lo diré una vez... necesito un duro...», (L. 6), etc. A veces, enfatizando el uso con el pronombre personal de sujeto: «Es preciso que yo tenga ese duro...» (L. 12).

El uso de la segunda persona verbal indica la presencia de la función conativa, el intento desesperado de Benina por lograr la ayuda de su amigo: «...si tú no me amparas me tiro por el viaducto...» (L. 3); la lleva incluso al uso del imperativo directo: «discurre tú...» (L. 12), la última interrogación equivale casi a una orden, cuanto sitúan al receptor en la disyuntiva: ¿puedes ayudarme tú, sí o no?

El problema que afecta a la protagonista tiene un origen, quiere salvar la situación de su señora, pero sabe que no se lo puede contar a su amigo, este no podría comprender su generosidad o fidelidad. Para evitar el riesgo, recurre a las estructuras impersonales en el texto: «haber en» 3ª persona del singular + complemento directo: «Hay compromisos...» L. 5; «... hay que sacarlo de...», L.12).

Insistir, por último, en el uso de los pronombres personales de primera y segunda persona. En español disponemos de desinencias funcionales en el verbo. Basta decir «amo» para que el receptor entienda primera persona; basta decir «amas» para que entienda segunda. En cambio, la posibilidad de distinguir género masculino y femenino en el pronombre de tercera persona (él/ella) hace que los usemos con frecuencia. Esta información contenida en la desinencia verbal hace innecesario el uso del pronombre personal de primera y segunda persona en el discurso. Cuando los usamos, enfatizamos los valores del «yo» y el «tú» por alguna causa (lo he dicho yo –ojo que yo no es cualquiera, marca una línea cualitativa entre el «yo» y el «tú» y subraya la autoridad del yo frente al tú). En el texto es interesante destacar el uso de los pronombres de primera y segunda persona por parte de Benina : subrayan el hecho asumido por el personaje de que la solución no puede aportarla sino ella: «es preciso que yo tenga ese dinero...» (L. 12). Utiliza el «tú» en varias ocasiones: «... si tú no me amparas...» (L. 3), «... discurre tú...» (L. 12) y «... puedes buscármelo tú...» (L. 18), a través del pronombre enfatiza la carencia de alternativa y acentúa el intento de persuasión: tú junto a mí o contra mí.

Cuando aparecen los pronombres de primera y segunda persona en cualquier texto, merece la pena detenerse a reflexionar sobre la finalidad de su uso, siempre aportan valores expresivos.

2.5.1.6. *Procedimientos sintácticos oracionales*

Almudena casi no usa oraciones gramaticales en el texto, y cuando lo hace aparecen incorrecciones gramaticales: «¿Qué *sucieder* ti?» (L.1), en lugar de «¿Qué te sucede?»; el verbo aparece en infinitivo y nos falta la preposición que introduciría el complemento indirecto que, en cualquier caso, debería ser «te». En la segunda intervención, vuelve a aparecer el verbo en infinitivo: «*Amri*... tirar no»; y el adverbio de negación aparece pospuesto al verbo en una posición anómala en nuestro idioma («al tren, no te tires»). En la última intervención, observamos el uso del adverbio (mucho) en femenino «Es *mocha*... *mocha*...» L. 14), puede que se trate de un determinante y el personaje tenga en su mente un sustantivo con el que esté concertando («es mucha cantidad», por ejemplo), pero parece una caracterización más de la dificultad que el personaje tiene en el uso del idioma.

Benina presenta un uso más elaborado de la sintaxis a pesar de la situación de nerviosismo que atraviesa, incluso sorprende la utilización de nexos de relación en oraciones como la que compone su tercera intervención: «es preciso que yo tenga ese duro: discurre tú, pues hay que sacarlo de debajo de las piedras, buscarlo como quiera que sea» (L. 12-13).

Pero, a pesar de la abundancia de nexos, otros procedimientos sintácticos contribuyen a trasladarnos esa sensación de ansiedad y desesperación, por ejemplo:

- El uso de oraciones breves, sucesivas en la primera intervención de la protagonista concuerdan con su significado, coinciden con esa

expresión de desesperación que transmite: «una cosa tremenda. Estoy que no vivo. Soy tan desgraciada que...» (L. 2-3).
- En algún caso se ha suprimido el nexo prefiriendo los dos puntos para separar causa de consecuencia: «es preciso que yo tenga ese duro: (por lo tanto) discurre tú...» (L. 12).
- El uso de estructuras nominales, normalmente para enfatizar el significado del nombre, como sucede en la primera intervención de Benina «Una cosa tremenda» (L. 2), o en la respuesta de Almudena «¡Un *durro*!». O bien por mera elisión del verbo para imprimir sensación de rapidez y nerviosismo: «Sí, hijo, sí... (necesito) un duro...» (L. 11), sensación remarcada por la repetición del adverbio de afirmación («sí... sí...»).
- Perífrasis de obligación: «... hay que sacarlo...» (L. 12)
- La repetición, que siempre es un recurso de intensificación semántica: «hay compromisos tan grandes, tan grandes...» (L.5); «Sí, hijo, sí...» (L. 11); «Es *mocha... mocha...*», nos dirá Almudena (L. 14), «... un duro... es preciso que yo tenga ese duro.» (L. 11-12); «¿Quién no tiene un duro? Un duro...lo tiene cualquiera». (L. 17-18).
- El empleo de oraciones subordinadas consecutivas, que expresan la consecuencia provocada por la intensidad de la acción: «Soy tan desgraciada que... me tiro por el viaducto.» (L. 2 y 3). «... Hay compromisos tan grandes... que parece imposible... (L. 5).

Como vemos, todos los niveles de análisis manifiestan el grado de tensión y desesperación de la situación planteada y caracterizan a los personajes: un extranjero que choca continuamente con las barreras del idioma intentando comunicarse con torpeza, y una Benina con una expresión elaborada que no concuerda con el personaje de una sirvienta cuyo corazón la lleva a mantener con la mendicidad a su señora arruinada. El nerviosismo y la ansiedad de los protagonistas se ha transmitido con la entonación, las frases cortas nominales, el uso de expresiones rotundas, la reiteraciones, etc.

2.5.2.El diálogo en la novela

El diálogo aparece con frecuencia en la novela. Ya hemos visto en el fragmento de *Misericordia* que es un recurso de primer orden para la caracterización de los personajes. Hay tres formas de introducir el diálogo en la novela:

1. Mediante el <u>estilo directo</u>, en el que el narrador reproduce literalmente el diálogo, incluidos los rasgos peculiares ya sea fónicos, léxicos o sintácticos, como hemos visto que sucedía en el caso de Almudena. Aparece normalmente introducido por un verbo de lengua del que se separa el discurso con dos puntos: «Pedro llegó a la reunión y, entonces, dijo: 'No me gusta el arroz con leche'». Las comillas indican la literalidad de la cita, pero pueden suprimirse en la novela. La cita textual impide que haya transformaciones gramaticales. Observamos que el verbo principal es un pasado (dijo), mientras que el verbo que aparece en la oración subordinada sustantiva de complemento directo («no me gusta el arroz con leche») se emplea en presente de indicativo. Otras veces la frase literal se introduce directamente y el verbo de lengua aparece detrás entre guiones: «No me gusta el arroz con leche –dijo Pedro cuando llegó a la reunión». En el estilo directo podemos aplicar el análisis de caracterización de personajes, porque son ellos quienes hablan usando sus propias palabras, No así en el estilo indirecto ni en el estilo indirecto libre, fórmulas en las que es el narrador quien nos habla.
2. El <u>estilo indirecto</u> se introduce mediante un verbo de lengua seguido de una conjunción anunciativa: «Pedro llegó a la reunión y, entonces, dijo que no le gustaba el arroz con leche». A través del estilo indirecto el emisor se compromete a reproducir el contenido del mensaje, pero no su forma. Tiene libertad para usar sus propias palabras en lugar de las utilizadas por el personaje y la concordancia temporal y modal entre los verbos es obligada. Observamos como el verbo de la oración subordinada ha pasado a expresarse en pretérito imperfecto de indicativo (gustaba) para concertar en el tiempo pretérito del verbo principal (dijo).
3. El <u>estilo indirecto libre</u> es una mezcla de los anteriores. Como en el estilo indirecto, el emisor se compromete sólo a reproducir el contenido y no la forma del mensaje. Coincide con el estilo directo en que no hay conjunción anunciativa que introduzca el diálogo.

Se diferencia de los dos en que tampoco se utiliza verbo de lengua para introducir el texto: «Pedro llegó a la reunión: no le gustaba el arroz con leche». Se ha suprimido el verbo de lengua (dijo), tampoco se ha usado conjunción para introducir la subordinada (que); en cambio, como ocurría en el estilo indirecto, el verbo de la subordinada se modifica para concertar en tiempo con el instante pasado (gustaba). El estilo indirecto libre se utiliza más para introducirnos en la mente, en los pensamientos, del personaje que en el diálogo propiamente dicho. Muchas veces es difícil distinguir si un discurso de este tipo es interior (lo que se piensa) o exterior (lo que se dice), si pertenece al narrador o al personaje. Pero, precisamente aquí reside en parte su interés, en la ambigüedad, no sabemos donde acaba el narrador y donde empieza el personaje. En ambos casos, asistimos a la reproducción de los pensamientos del personaje, por lo tanto ya no estamos en el diálogo. Pero sí presenta fidelidad al empleo que el emisor hace de la lengua, y por tanto, permite su caracterización.

Hablamos de <u>monólogo interior</u> cuando en la novela reproducimos el pensamiento del personaje. Hay novelas que no salen del monólogo interior, por ejemplo, *Oficio de Tinieblas 5* de Camilo José Cela, o *El Ulises*, de Joyce, pero no es lo normal. Tratamos de evocar el fluir de los pensamientos tal y como surgen en la mente del personaje, unas ideas atraen a otras a veces sin causa aparente, el autor no trata de articularlos ni cohesionarlos lógicamente para dar sensación de naturalidad. Esto lo diferenciara del soliloquio en el teatro, donde el lenguaje se somete a elaboración lógica.

Aunque se cita como procedimiento de la novela moderna (muchos citan a Virginia Wolf), ya lo podemos observar en la narrativa de Benito Pérez Galdós. En el capítulo XI de su obra *La desheredada*, podemos leer:

Texto

¡Qué hermoso palacio, Dios de mi vida! ¡Cuánto habrá costado todo aquello! ¡Pensar que es mío por la Naturaleza, por la ley, por Dios y por los hombres, y que no puedo poseerlo...! Esto me

vuelve loca. Dios no quiere protegerme, o quiere atormentarme
para que aprecie después mejor el bien que me destina. Si así no 5
fuera, Dios hubiera hecho que yo me enterara de que la marquesa
estaba en Madrid. El corazón no puede engañarme, el corazón
me dice que cuando yo me presente a ella, cuando me vea... No,
no quiero pleitos; quiero entrar en mi nueva, en mi verdadera fa-
milia con paz, no con guerra, recibiendo un beso de mi abuela y 10
sintiendo que la cara se me moja con sus lágrimas. ¡Es tan buena
mi abuelita...! Y aquel Alonso cojo, ¡qué fiel y honrado parece...!

Hablamos de soliloquio cuando un actor se queda sólo en el escenario y comienza a hablar para sí mismo. Es famoso el que realiza Segismudo en la Jornada 1ª de *La vida es sueño*, de Calderón, aunque, en este caso es escuchado sin saberlo por Rosaura:

Texto

¡Ay mísero de mí! ¡Y ay infelice!
Apurar, cielos, pretendo
ya que me tratáis así,
qué delito cometí
contra vosotros naciendo; 5
aunque si nací, ya entiendo
qué delito he cometido.
Bastante causa ha tenido
vuestra justicia y rigor;
pues el delito mayor 10
del hombre es haber nacido.
Sólo quisiera saber,
para apurar mis desvelos
(dejando a una parte, cielos,
el delito de nacer), 15
qué más os pude ofender,
para castigarme más[...].

En ambos casos, no estamos ante diálogo propiamente dicho, se usa para introducir al espectador en la mente del personaje, su forma de reaccionar ante la situación, sus reflexiones, sus sentimientos.

2.5.3. Propuesta de ejercicio práctico sobre un texto de Selectividad

«–Hijo, eres un cabezota –le reprendió bonachonamente Cortabanyes–, no mereces lo que tienes. Piensa que eres rico, una personalidad pública, no puedes agarrar una pataleta cada vez que algo o alguien te contraríe. Frialdad, hijo. Eres rico, no lo olvides: tienes que defenderte, y poco, no vayan a creer que los ataques te pueden dañar. Lepprince abatió la cabeza y se quedó inmóvil. Cortabanyes le palmeó el hombro.

–¡Ah, los jóvenes, tan impulsivos! –declamó–. Anda levanta ese ánimo, que llaman a cenar. Eso nos sentará bien. Procura que Pere Panells ocupe un lugar preeminente en la mesa y muéstrate cortés. Luego te lo llevas aparte, le das un coñac y un puro y te reconcilias con él. Si es preciso, le pides perdón, pero no tiene que salir de esta casa con la cabeza llena de nubes negras. ¿Lo has entendido?

Lepprince dijo que sí con la cabeza.

–Pues levántate, lávate la cara y vamos al comedor. No puedes llegar tarde a la cena: es tu fiesta. Y prométeme que no volverás a perder el control.

–Te lo prometo –dijo Lepprince con un hilo de voz.»

Eduardo Mendoza, *La verdad sobre el caso Savolta*
Islas Baleares, Selectividad, junio de 2007

Capítulo VI:
El comentario de textos literarios

El texto literario es distinto a cualquier otro texto que podamos comentar. En todos los demás lenguajes –exceptuando el publicitario– la lengua, es decir, las palabras usadas y su forma de combinarse, es algo transparente. Al hablar el emisor usa la lengua de forma inconsciente y centra su atención en el contenido del mensaje y en que la información sea recibida y comprendida por el receptor, pero no presta atención a la forma del mensaje, a las palabras que usa y cómo las combina.

En el mensaje literario, el autor trata de transmitir un mensaje que perdure en el tiempo y lo hace con conciencia plena de forma y estructura, de ahí que la función lingüística dominante sea la poética incluso cuando nos encontremos con un fragmento de novela donde lo que se reproduce es un diálogo coloquial que podríamos estar oyendo en la calle. Lo que debemos recordar es que, en este caso, ese registro coloquial ha sido elegido de forma consciente por el autor para lograr un fin. Pero hablar de lenguaje literario es, también, un tanto genérico, porque habrá tantos textos como autores, corrientes literarias y, sobre todo, géneros literarios. En efecto, no comentamos igual un poema, que un fragmento de novela o un diálogo teatral. El poema es una obra completa en sí misma, cuando comentamos un poema, comentamos una obra con un principio, un medio y un fin. En cambio, cuando comentamos un texto perteneciente a una novela o a una obra de teatro, comentamos el fragmento de una obra superior. La condensación de figuras retóricas está en relación con la extensión de la obra: cuanto más larga sea la obra, menor número de figuras retóricas serán empleadas (novela), a menor extensión, mayor condensación de figuras, debemos comprimir el mensaje y decir mucho en poco espacio, es el caso de la poesía.

Por otra parte, en el caso del fragmento de teatro o de novela, estamos ante una parte de un todo, los personajes o paisajes que aparecen en el fragmento desempeñan una función dentro del conjunto principal. En la medida en que hayamos leído la obra, podremos comprender mejor lo que leemos y situar la acción dentro del conjunto del que forma parte. Aunque esta fase de contextualización es importante en cualquier texto, en el caso del teatro y la novela, son imprescindibles.

1. Fases de acercamiento al comentario literario

De cualquier forma, hay tres pasos previos al comentario propiamente dicho y que son comunes. A través de ellos vamos a «enmarcar» el texto en su contexto, es lo que llamamos contextualización, y lo haremos mediante tres acercamientos: el acercamiento a su época, el acercamiento al autor y la situación del fragmento en el conjunto del texto. Ya sea un texto lírico, épico o dramático, la obra que vamos comentar ha sido producida en un periodo literario concreto, en un siglo concreto que imprime sus normas y extiende su influencia a la producción intelectual y artística. Si vamos a comentar una obra de teatro, por ejemplo, del siglo XVIII, habrá sido compuesta como afirmación o rechazo de las normas neoclásicas defendidas por los ilustrados, habrá sido escrita en prosa o verso en función de que el autor defendiera el teatro del Siglo de Oro por encima del pretendido por el nuevo siglo o no. No será lo mismo si comentamos un fragmento de *Yerma* o de *Luces de Bohemia*, el teatro en el siglo XX tiene otras claves, como también tienen claves teatrales diferentes Federico García Lorca y Valle-Inclán. En la medida en que tengamos más información sobre el periodo, las corrientes literarias y el propio autor, mejor podremos comprender el sentido y la trascendencia de lo que leemos.

Esto no quiere decir que no podamos leer una obra literaria sin haber estudiado previamente la época y el autor. Afortunadamente la literatura es una creación hecha para disfrutar y, con independencia de nuestra información, siempre nos aportará el goce de la lectura y un nivel de información. Lo que tampoco cabe duda es que una buena base sobre las características de la época y las circunstancias y experiencias del autor pueden ayudarnos a disfrutar más en profundidad de lo que leemos. Ese «ya me has quitado lo que yo más quería…. Ya estamos solos mi corazón y el mar» de Antonio Machado no lo leemos igual como poema aislado que en el conocimiento de la tragedia personal vivida por el autor: el amor de su vida, Leonor, muere por una trágica enfermedad en plena juventud. Tampoco lo leemos igual si inundamos de connotaciones tópicas la palabra «mar» (*yo solo y la inmensidad*, por ejemplo), que si hemos estudiado que se trata de uno de los símbolos de Antonio Machado para significar la muerte (ya estamos solos mi soledad y la muerte, la mía, la de Leonor, la inmensidad, la nada, la eternidad…).

Es conveniente, a medida que vayamos estudiando, organizar algunos cuadros cronológicos y esquemas con las principales características de los movimientos y los autores. Allí podremos consultar y recordar con rapidez los hitos de los periodos literarios y sus características fundamentales, así como los rasgos biográficos más importantes, las claves interpretativas y la evolución de cada autor concreto que podamos, en un momento, comentar. Este material resultará de gran ayuda cuando nos situemos ante una obra para realizar un comentario.

1.1. Primer paso. Acopio de información: época, género, autor, obra

Cuando se nos pide que comentemos un texto literario, normalmente se nos identifica al autor y la obra de donde procede. Tal y como hacíamos en los comentarios de opinión, la primera fase, previa, será la de acopio y organización de información. Trataremos de saber quién es el autor, cuál es la evolución de su obra, qué lugar ocupa este texto en el conjunto de su producción, etc. Además del periodo literario al que pertenece y cuáles fueron sus características más destacadas. Una vez que tengamos esta información podemos empezar a redactar esta fase de acercamiento al comentario.

1.2. Segundo paso. Organización de los contenidos en la introducción del comentario

A partir de ahí empezaremos a organizar la información desde lo más amplio (época y periodo literario) a lo más concreto (género, autor y obra):

1. Empezaremos por dar los rasgos más importantes del periodo literario.
2. En segundo lugar, las características particulares que afectan a ese género literario en concreto dentro del periodo literario.
3. En tercer lugar, situaremos al autor en este periodo.
4. A continuación realizaremos un esbozo rápido de la evolución del autor dentro del que enmarcaremos la obra en concreto que vamos a comentar.
5. Por último nos centraremos en la obra donde se encuentra el fragmento: realizaremos un esbozo rápido de su estructura y situaremos el fragmento dentro del conjunto.

Ahora ya podemos empezar a comentar el texto propiamente dicho.

Hay que insistir en que se trata de esbozos, de una mera introducción que nos sitúe en perspectiva el texto que vamos a comentar. En ningún caso debemos sustituir el comentario de texto por un desarrollo más o menos brillante del periodo, el género o el autor desentendiéndonos del texto. Estaríamos usando el texto como pretexto y no es de lo que se trata. Cuando se nos pide un comentario de texto, se nos pide que comentemos el texto, esta fase es una introducción que enmarca nuestro comentario, pero no sustituye al comentario.

1.3. Tercer paso. Redacción de la introducción

No siempre todos los pasos indicados serán relevantes: por ejemplo, si comentamos un poema, el libro no tiene por qué tener una estructura definida ni un argumento donde situar la acción que se nos plantee en el texto. Insistimos en que lo importante es seleccionar sólo aquellos datos que puedan aportar información al comentario, y no todo lo que sepamos o encontremos sobre el autor y la obra. Se trata de una introducción, procuraremos no excedernos en extensión.

Trataremos de encuadrar los bloques de información de una manera organizada, usando para ello los párrafos necesarios.

A. Ejemplo de introducción a un poema de Antonio Machado

Texto

«¡Colinas plateadas,
grises alcores, cárdenas roquedas
su curva de ballesta
ariscos pedregales, calvas sierras,
caminos blancos y álamos del río,   5
tardes de Soria, mística y guerrera,
hoy siento por vosotros, en el fondo
del corazón, tristeza en torno a Soria, obscuros encinares,
tristeza que es amor! ¡Campos de Soria
donde parece que las rocas sueñan,   10
conmigo vais! ¡Colinas plateadas,
grises alcores, cárdenas roquedas!...»

Antonio Machado, *Campos de Castilla*, poema 23

Reflexiones previas al comentario

Antonio Machado es uno de los autores españoles más importantes de la lírica española del siglo XX. Sobre él podemos tener algunas ideas generales o muchísima información si lo hemos estudiado recientemente. El texto pertenece a su obra *Campos de Castilla*, esto es relevante porque en la evolución poética del autor pasa por un primer momento modernista antes de alcanzar su estilo propio que se manifiesta precisamente en esta obra. Fue escrita en Soria, su época más feliz y más intensa, pero la obra no trata de sus sentimientos hacia Leonor, sino sobre el paisaje castellano, resalta su pobreza y manifiesta su amor por esta tierra.

La aceptación y el amor hacia la pobreza de la tierra de Castilla es un elemento propio de la Generación del 98, Unamuno defendió la idea de que las condiciones de la vida y la tierra condicionan el espíritu de su gente. Considera imprescindible regresar a la austeridad castellana para recuperar la fortaleza del espíritu hispano que fue capaz de crear un imperio desde la miseria. Será importante destacar entonces su relación con la ideología del 98. Sabemos que estuvo relacionado con don Miguel de Unamuno, con quien mantuvo correspondencia, se le considera como el poeta de la Generación del 98 y lleva a su poesía las preocupaciones regeneracionistas de su época.

Su vida fue muy discreta: ambiente familiar intelectual (su abuelo también fue profesor), estudios en Madrid en la Institución Libre de Enseñanza, que le marcará en su pensamiento, dos visitas a París, contacto con las nuevas tendencias poéticas, saca la cátedra de Francés con plaza en Soria, matrimonio y muerte de Leonor. Se traslada a Baeza, periodo de añoranza. Guerra Civil, es socorrido por el bando republicano que le facilita el paso a Francia.

Tres vivencias resultan claves en su biografía: su contacto con la Institución Libre de Enseñanza que marcó su línea de pensamiento (krausismo), su relación con Unamuno, que enfocaría su pensamiento hacia la realidad de España, y su amor por Leonor, muerta prematuramente en Soria. Su última etapa estará marcada por la guerra civil y el exilio para morir en Francia. Nació en pleno triunfo del modernismo, y en él inicia sus primeros pasos, después fue alcanzando un estilo propio, depurado y reflexivo. En su etapa final, cultiva la prosa, el filósofo prevalece sobre el poeta.

Sobre estos datos básicos, una vez precisados con la información necesaria, podríamos elaborar una aproximación así:

Breve introducción a la época

El movimiento poético que marca el final del siglo XIX en España es el modernismo. La novela realista, que había supuesto una apuesta por cambiar la realidad, que recoge el espíritu de la revolución del 68 y que irá de la mano de la primera República y la Restauración, daría paso a un naturalismo que nunca llegó a calar en España.

La poesía no encontraba su camino y frente al compromiso con la realidad, aparece el Modernismo, de la mano de Rubén Darío, para buscar la belleza, el arte por el arte, desvinculándolo de cualquier compromiso social ni práctico.

Breve encuadre en su generación

Pero un acontecimiento histórico conmocionó las conciencias de los intelectuales españoles: la pérdida de Cuba y Filipinas en 1898. Desaparecían así las últimas colonias españolas en América y supuso la toma de conciencia de la ruina que se había ido fraguando poco a poco. Algunos autores tratan de reaccionar y buscar soluciones. El movimiento que responde a este espíritu se nombró como Generación del 98 y a él estuvo ligado Antonio Machado, amigo de Miguel de Unamuno, el inspirador de este movimiento. Todos sus autores cultivaron la novela y el periodismo, solo Antonio Machado cultivó la poesía.

Breve referencia biográfica y literaria

Antonio Machado nació en Sevilla (1875) y murió en Francia, en Colliure (1939). De joven viajó a París (1899 y 1902), entonces centro intelectual de Europa, donde entró en contacto con las nuevas corrientes. Deslumbrado por el Modernismo escribe *Soledades*. En 1907 obtiene la cátedra de Francés en Soria. Allí conoce a Leonor, el amor de su vida, y entra en contacto con la realidad de Castilla, el alma de España para los noventayochistas. Su poesía se transforma para alcanzar un estilo depurado, más esencial, menos sensual y más reflexivo. Leonor muere a los 17 años. El poeta queda sumido en una depresión. Estas tres experiencias (el amor, el paisaje castellano, la muerte), van a dejarnos el ejemplo más depurado de su poesía: *Campos de Castilla* (1912), obra a la que pertenece el fragmento que vamos a comentar.

B. Ejemplo de introducción a un fragmento de teatro de Federico García Lorca

Veámoslo ahora sobre un fragmento perteneciente a una obra teatral, *La Casa de Bernarda Alba*, de Federico García Lorca. (Examen de Selectividad, Islas Baleares, septiembre de 2006.)

Texto

«MARTIRIO: *(en voz baja)* Adela *(Pausa. Avanza hasta la misma puerta. En voz alta)* ¡Adela! *(Aparece Adela. Viene un poco despeinada)*
ADELA: ¿Por qué me buscas?
MARTIRIO: Deja a ese hombre.
ADELA: ¿Quién eres tú para decírmelo?
MARTIRIO: No es ese el sitio de una mujer honrada.
ADELA: ¡Con qué ganas te has quedado de ocuparlo!
MARTIRIO: *(en voz más alta)* Ha llegado el momento de que yo hable. Esto no puede seguir así.
ADELA: Esto no es más que el comienzo. He tenido fuerza para adelantarme. El brío y el mérito que tú no tienes. He visto la muerte debajo de estos techos y he salido a buscar lo que era mío, lo que me pertenecía.
MARTIRIO: Ese hombre sin alma vino a por otra. Tú te has atravesado.
ADELA: Vino por el dinero, pero sus ojos los puso siempre en mí.
MARTIRIO: Yo no permitiré que lo arrebates. Él se casará con Angustias.
ADELA: Sabes mejor que yo que no la quiere.
MARTIRIO: Lo sé.
ADELA: Sabes, porque lo has visto, que me quiere a mí.
MARTIRIO: *(Desesperada)* Sí.
ADELA: Me quiere a mí. Me quiere a mí.
MARTIRIO: Clávame un cuchillo si es tu gusto, pero no me lo digas más.
ADELA: Por eso procuras que no vaya con él. No te importa que abrace a la que no quiere; a mí, tampoco. Ya puede estar cien años con Angustias, pero que me abrace a mí se te hace terrible, porque tú lo quieres también, lo quieres.
MARTIRIO: *(Dramática)* ¡Sí! Déjame decirlo con la cabeza fuera de los embozos. ¡Sí! Déjame que el pecho se me rompa como una granada de amargura. ¡Le quiero!
ADELA: *(En un arranque y abrazándola)* Martirio, Martirio, yo no tengo la culpa.
MARTIRIO: ¡No me abraces! No quieras ablandar mis ojos.

Mi sangre ya no es la tuya. Aunque quisiera verte como herma-
na, no te miro ya más que como mujer. (La rechaza).
ADELA: *Aquí no hay ningún remedio. La que tenga que aho-* 40
garse que se ahogue. Pepe el Romano es mío. Él me lleva a los
juncos de la orilla.
MARTIRIO: *¡No será!»*

Federico García Lorca, *La casa de Bernarda Alba*

Reflexiones previas al comentario

Sabemos que Federico García Lorca fue uno de los grandes renovadores del teatro español del siglo XX. Fue reconocido primero como uno de los grandes poetas de la generación del 27, a los que conoció durante su estancia en la Residencia de Estudiantes en Madrid. Su personalidad era arrolladora, tremendamente vitalista. Su amistad y admiración por Manuel de Falla le inculcó el amor por la música, y fue un extraordinario poeta simbólico y sensorial, pero también surrealista y frustrado (*Poeta en Nueva York*). Es uno de los poetas con más personalidad del panorama literario español del siglo XX, su estilo resulta inconfundible.

Su vocación lo fue llevando hacia el teatro, al que se dedicó como autor y actor con la intención de llevar la cultura hasta el pueblo llano con la experiencia de La Barraca. Fue quien mejor captó la frustración de la mujer en su sociedad, y es un tema casi obsesivo en sus obras dramáticas. Creará un nuevo modelo de teatro «trágico y poético», en un panorama en el que el teatro estaba en decadencia y se reclamaba una transformación de la escena en España. La tragedia la concibe como una lucha irreconciliable entre fuerzas antagónicas: la presión de los convencionalismos sociales fuerza a los personajes obligándoles a renunciar a sí mismos, y el ansia de libertad individual de los protagonistas pugna por existir contra esa fuerza ciega.

Se habla de teatro poético por la introducción en sus obras de un lirismo extraordinario al que, a veces, otorga valores funcionales en la trama (anticipación, por ejemplo). *La Casa de Bernarda Alba* ha cobrado mucha importancia últimamente, recientes estudios afirman que el personaje se inspiró en una persona real, su tía, y sus primos, en venganza por la ridiculización que sintieron, tramaron como venganza su fusilamiento. Su muerte en plena juventud lo transformó pronto en un icono como poeta y como símbolo de las víctimas inocentes de nuestra guerra civil. Dado que lo que se nos plantea es el fragmento de una de sus piezas teatrales, enfocaremos el encuadre más hacia su influencia en el teatro que hacia la poesía.

Sobre estos datos básicos, una vez precisados con la información necesaria, podríamos elaborar una aproximación así:

Breve introducción a la época

A comienzos del siglo XX el panorama teatral en España era pobre y conformista. Se tenía una visión del teatro como mero entretenimiento para un público burgués, con una cierta dosis de crítica, como el teatro de Jacinto Benavente, o puramente humorístico y costumbrista como los sainetes de los hermanos Álvarez Quintero. Frente a este panorama, dos grandes figuras se alzan en la renovación de la escena en el siglo XX: Federico García Lorca y Ramón María del Valle-Inclán.

Breve encuadre en su generación

Algunos autores de renombre reaccionaron en contra de este teatro «burgués», ponían en cuestión su concepción, sus valores estéticos y la ideología subyacente. Pedían la renovación autores como Unamuno, Jacinto Grau o Valle-Inclán, pero sus intentos tuvieron poca repercusión cortapisados por los propios empresarios a quienes criticaban. En este panorama surge la llamada generación de los años 20, donde encontramos a autores como Lorca, Alberti, Casona y Jardiel Poncela.

Breve referencia biográfica y literaria

Federico García Lorca nació en Fuente Vaqueros (1898) y murió trágicamente fusilado en la guerra civil, en Víznar (1936). Tras una infancia en ambiente rural, estudió en Granada Filosofía y Letras y Derecho. Su amistad y admiración por Manuel de Falla le llevó a la música y el folclore populares. Clave en su vida sería su estancia en la Residencia de Estudiantes de Madrid donde trabó amistad con los autores del Grupo del 27. En esta etapa fructífera cultiva la música, el dibujo, la poesía (*Libro de poemas*, 1921, *Canciones*, 1927, *Poema del Cante Jondo*, 1931, y *Romancero Gitano*, 1928) y el teatro (*Mariana Pineda*, 1927). Tras una estancia en Nueva York, cuya angustia nos dejó reflejada en su obra *Poeta en Nueva York* (1940, póstuma), regresa a España y en 1932 es nombrado director de La Barraca, compañía de teatro universitario que trató de llevar el teatro por los pueblos de Castilla. A partir de aquí, se dedicó íntegramente al teatro.

De sus piezas teatrales destaca la trilogía de *Yerma* (1934), *Bodas de Sangre* (1933) y, sobre todo, *La Casa de Bernarda Alba* (1936), su obra más conocida y valorada. La tensión dramática en su teatro se plantea siempre como resultante de un enfrentamiento dialéctico entre dos fuerzas antagónicas: la libertad y la represión, representada por un principio de autoridad «social» y «moral» colectivo. La visión de la realidad impuesta por la colectividad reprime al ser y niega su libertad y su existencia individual.

El conflicto es el desencadenante de la tragedia. Destaca, además, por conciliar la tensión dramática con un nuevo modelo al que podemos llamar «teatro poético» donde la lírica aparece como parte integrante del drama (voces premonitorias parecidas al coro griego en algunos casos).

Encuadre del fragmento en la obra

A diferencia de la poesía que comentamos anteriormente, estamos ante un fragmento que pertenece a una obra superior. Para iniciar el comentario y comprender la función y las fuerzas que actúan en el texto y, en nuestro caso, los personajes, debemos realizar una breve síntesis del argumento y situar el episodio en su lugar correspondiente. El tono, la tensión dramática, la elocución, van a depender de cómo se relacionan los personajes entre sí y en qué momento del argumento nos encontremos. Si tenemos la posibilidad de encuadrar el fragmento, debemos hacerlo.

En el caso que nos ocupa, podríamos decir algo así:

Precisamente, el fragmento que vamos a comentar pertenece a *La Casa de Bernarda Alba*. En ella, la acción se desarrolla en un espacio físicamente cerrado, la casa de Bernarda, enmarcado por la palabra con que se abre y se cierra la obra: «Silencio». La acción da comienzo con el velatorio del marido y el inicio de un luto riguroso que mantendrá a madre e hijas recluidas en la casa durante años; y finalizará con otro velatorio, en este caso el de una de las hijas, Adela. Frente al principio de autoridad, simbolizado por Bernarda, estarán las ansias de vida de sus hijas y su lucha interna entre el acatamiento y la rebeldía. A partir de ahí, los personajes adquieren valores simbólicos: Bernarda y la autoridad, Adela y su rebeldía, Martirio y su resignación amargada, la abuela y su huida a la locura, etc. El fragmento de diálogo que vamos a comentar pertenece al enfrentamiento entre Adela y Martirio.

Adela ha burlado la autoridad de Bernarda encontrándose furtivamente con Pepe el Romano, el que está destinado a casarse con la hermana mayor. Martirio, en una recriminación donde late la envidia, no está dispuesta a que su hermana Adela disfrute de algo que a ella le es negado y que se niega a sí misma.

2. El comentario propiamente dicho

El comentario propiamente dicho variará en función del género al que pertenezca el texto. Los modos de expresión, tal y como hemos visto, nos darán algunas de las claves lingüísticas presentes en los textos. Independientemente de que nos encontremos ante una novela, un fragmento de teatro o un poema, podremos encontrar partes descriptivas o argumentativas, dialogadas o expositivas, sobre las que podremos observar las características que ya hemos expuesto. Pero además, cada uno tiene su técnica que deberemos conocer y estudiar para poder profundizar en el comentario de texto. Si hablamos de poesía, por ejemplo, la estrofa, la rima y el ritmo van a ser elementos a considerar de manera específica; si hablamos de novela, tendremos que analizar la perspectiva del narrador, si hablamos de teatro las fuerzas actanciales de los personajes, etc. No tratamos de hacer un tratado exhaustivo de cada uno de los géneros, pero sí daremos algunas ideas previas que consideramos necesarias para cada uno de los modelos literarios básicos tal y como venimos haciendo.

Dicho esto, la técnica de aproximación al texto será la combinación entre las que ya hemos estudiado:

1. Resumen, esquema y tema (en los comentarios de opinión).
2. Determinación de los modos de expresión presentes en el texto.
3. Acercamiento sistemático por niveles: supraoracional, fónico, sintagmático y sintáctico-oracional.

2.1. Comentario de un poema

Un poema es un conjunto de versos en el que el poeta expresa una idea marcada por su forma particular de sentir la realidad –lírica–. Normalmente el conjunto de versos viene determinado por la estrofa utilizada que obliga no solo al número de versos, sino también al tipo de versos –número de sílabas por verso– y rima en el poema –asonante o consonante–, aunque hay estrofas con un número ilimitado de versos –la lira o el romance, por ejemplo–.

La brevedad del poema impone al autor una exigencia enorme para poder expresar con pocas palabras su pensamiento. Esto va a forzar al límite las posibilidades expresivas del idioma, se reinventa el significado de las palabras, las combinaciones, el orden: estos fenómenos son los que encontraremos clasificados en los llamados recursos retóricos. La clasificación de tipos de estrofas y los recursos retóricos los podremos encontrar en cualquier manual, por lo que ahora nos limitaremos a reflexionar brevemente sobre la importancia de estos aspectos.

2.2. El ritmo como elemento esencial del poema

Lo esencial en el texto poético es el ritmo. Tanto es así que si nos encontramos ante un poema que carece de ritmo, decimos de él que es «prosaico»; de la misma forma, si nos encontramos con un fragmento en prosa que posee ritmo, decimos que es prosa «poética». El ritmo es la repetición de un fenómeno a intervalos regulares de tiempo. Fenómeno rítmico puede ser tanto la repetición de un sonido (golpe de un palillo sobre un tambor), como la repetición de un gesto (subir y bajar la mano a intervalos regulares), como la ausencia de un sonido (el silencio repetido a intervalos regulares). La clave para que el fenómeno sea rítmico está en la regularidad en el tiempo.

En la poesía, el ritmo se consigue principalmente a través de la métrica. Vamos a observar el siguiente fragmento:

>Que por ma*yo* era por mayo,
>   3   4   7
>
>cuando hace la ca*lor,*
> 1   2   7
>
>cuando los trigos encañan,
> 1   4   7
>
>y están los campos en fl*or,*...
> 2   4   7

Hemos marcado y numerado las sílabas tónicas de cada verso. Se trata del inicio de un conocido romance anónimo. El romance, como forma estrófica, está compuesto por un número indefinido de versos octosílabos con rima asonante en los versos pares (2-4-6-, etc.) quedando los versos impares sueltos. Como fenómenos rítmicos, al recitar el poema, hemos producido los siguientes:

1. <u>Versos isométricos</u> (versos con el mismo número de sílabas): esto es, estamos pronunciando secuencias de 8 sílabas, tras lo cual realizamos un silencio, una breve pausa a la que llamamos pausa versal. La mayoría de las estrofas tienen un número de sílabas regular, la regularidad de los versos (isosilabismo), desde la Edad Media, se considera signo de destreza poética («... a sílabas cuntadas, ca es gran maestría...», decía el autor de *El libro de Alexandre* allá por el siglo XIV). Los versos pueden ser irregulares (heterosilábicos), por adaptarse a una melodía –como suponemos que sucedía en las jarchas mozárabes o los Cantares de Gesta– o intencionadamente para acomodar el ritmo al tema en cada momento, como vimos que sucedía en el fragmento de *El estudiante de Salamanca* (pág. 134).
2. <u>Rima asonante</u> (subrayada en el texto): en este caso, el fenómeno rítmico consiste en la repetición de una secuencia definida de so-

nidos (rima), sólo vocálicos (rima asonante) o vocálicos y consonánticos (rima consonante) a partir de la última vocal acentuada de cada verso (precisamente el acento versal), lo que se produce, gracias a la métrica, a unos intervalos regulares de tiempo. En nuestro ejemplo, un romance, esta repetición se produce cada dieciséis sílabas. La rima asonante es tenida como más natural y popular, más fácil, desde las primeras líricas populares –las jarchas mozárabes, el romancero anónimo en la Edad Media–. En cambio, la rima consonante se tiene como más culta, y aunque ya existía en la poesía española, se refuerza su presencia como manifestación culta casi exclusiva a partir del Renacimiento con la entrada de la versificación italianizante –estrofas con versos de once y siete sílabas, rima consonante–. Esta conciencia se mantiene hoy día.

3. <u>Acento versal</u>: es el que hiere la penúltima sílaba de cada verso. Una sílaba tónica de especial relieve por venir seguida de la pausa versal. En todos los versos el acento versal es el que hiere la penúltima, pero debemos recordar que, en métrica, cuando un verso acaba en palabra aguda, debemos sumarle una sílaba. Así, en el fragmento elegido, los versos 2 y 4, acaban en «calór» y «flór», tienen siete sílabas, pero al acabar en aguda contaremos 7 + 1, es decir, 8, y el acento versal, por tanto, hiere la séptima sílaba del verso. De la misma forma, si la última palabra hubiera sido esdrújula, le habríamos restado una sílaba, por lo que el acento versal seguiría hiriendo en la séptima sílaba del verso.

2.3. El acento rítmico y el acento extrarrítmico

A partir del acento versal, generamos el acento rítmico del verso; acento rítmico es el que hiere las sílabas pares a partir el acento versal. En nuestro caso, como el acento versal hiere la séptima sílaba, serán acentos rítmicos los que hieran las sílabas 5, 3 y 1. Si estuviéramos ante un verso endecasílabo, el acento versal caería en la décima sílaba (siempre la penúltima del verso), lo que condicionaría que los acentos rítmicos en ese verso fueran los que hirieran las sílabas 8, 6, 4 y 2.

Los acentos extrarrítmicos, los que hieren las sílabas impares a partir del acento versal, rompen la cadencia natural del ritmo dominante y suelen actuar como un subrayado en la palabra sobre la que recae. Al autor le ha interesado destacar esa palabra, esa combinación, ese giro, por algún motivo. Convendrá detenerse brevemente a reflexionar en cada caso concreto. En el romance que nos ocupa, donde encontramos abundantes acentos extrarrítmicos en 4 y 2, la acomodación del ritmo a la melodía con que se cantaba, que aún conservamos, obliga a esta acentuación concreta. El resultado es precioso.

2.4. Otros procedimientos rítmicos

Estos fenómenos (número de sílabas, uso de rima, estrofas definidas) son los más comunes en la poesía de todas la épocas, excepto ya la del siglo XX en la que tiende a liberarse de la rigurosidad métrica. Aún desapareciendo la estrofa y la rima, el ritmo debe mantenerse en la poesía, aunque lo haga con otros procedimientos lingüísticos. En este sentido, debe recordarse que cualquier fenómeno de repetición produce ritmo. En el fragmento que hemos elegido, por ejemplo, podemos observar otros procedimientos rítmicos internos logrados con repeticiones: iniciamos versos con la misma palabra (anáfora): cuando... cuando... (v. 2 y 3), usamos estructuras quiásmicas, o de repeticiones inversas («... los trigos encañan/están los campos...»), paralelismos («... por mayo /era/ por mayo...»), etc.

Además hay que atender a la acentuación interna de los versos, a través de la que puede lograrse efectos rítmicos muy interesantes, como sucede en el siguiente verso de Rubén Darío:

Ínclitas razas ubérrimas / sangre de Hispania fecunda
  1   4   7   1   4   7

En este caso la alternancia rigurosa de sílaba tónica + átona + átona (imitación de un antiguo ritmo del latín), el equilibrio de la cesura en dos partes regulares (al primer hemistiquio hemos de restarle una sílaba por acabar en esdrújula), el inicio de ambos hemistiquios con acento en la primera sílaba (ínclita/sangre), le da una rotundidad al verso maravillosa, próxima a las marchas militares, que es de lo que se trata.

2.5. La opacidad de la poesía

El poema está condicionado por la extensión que ocupa. Esta suele ser breve en la mayoría de los casos. Pensemos en un soneto. En catorce versos el autor ha de contar su historia, ha de decir todo cuanto desea transmitir. Para lograrlo, forzará al límite los mecanismos del lenguaje. La forma, el cómo se dice, ganará al fondo, al contenido. Forzar los mecanismos del lenguaje significa encontrar nuevas formas de significar, o de significar con mayor intensidad. Los recursos empleados han sido continuamente observados y sistematizados. Son las llamadas figuras retóricas, de dicción, de pensamiento, de significado.

Las figuras retóricas no han sido inventadas por los literatos para lograr un lenguaje específico. Existen en la lengua coloquial y todos los hablantes las usamos constantemente: cuando decimos de alguien que «... es un burro», estamos realizando una metáfora impura, identificando a una persona con un animal al que consideramos símbolo de la estupidez y de la tozudez, y, al identificarlo, trasladamos esas cualidades a la persona identificada. Pero el hablante que lo usa no es consciente de estar elaborando una metáfora que, por otra parte, puede estar ya tipificada en la lengua y funcionar a modo de etiqueta aplicable sin reflexión por parte del emisor. Lo mismo podríamos decir de la expresión «ir de copas» (continente por contenido) o de un rebaño «con cincuenta cabezas», que además tendrían cuerpo y patas, (la parte por el todo), etc. Los críticos han observado estos recursos producidos en el idioma y los han clasificado. Los autores los usan como nosotros, pero elaborándolos a partir de elementos nuevos para crear nuevas combinaciones que fuercen el significado.

La consecuencia directa de forzar el sistema es la opacidad del lenguaje (su falta de transparencia). En ocasiones, se fuerza tanto el significado de las palabras, de los sintagmas, las combinaciones, que no entendemos inmediatamente el contenido. El autor nos obliga a detenernos y reflexionar para reorganizar las palabras y descubrir el sentido de la expresión. Cuando lo descubrimos, se abre ante nosotros el significado pretendido con toda su intensidad o su belleza. No cabe duda, por ejemplo, de que la blancura de un mantel nunca ha sido mayor que cuando Góngora la nombraba como «nieve hilada», o que el verdor de la higuera nunca fue tan intenso ni brillante como cuando Juan Ramón se asomó al brocal del pozo y descubrió aquel «palacio de esmeralda».

No obstante la figura retórica no deja de ser la descripción sistematizada de un procedimiento lingüístico. Dicho de otro modo, podemos enseñar la fotografía de un león y ya sabremos lo que es un león. Podemos enseñar la fotografía de una cebra y ya sabremos lo que es una cebra. Pero mal comentario haríamos si al contemplar una imagen de un león atacando a una cebra nos limitáramos a decir: «es un león y una cebra». Mejor comentario haría de la fotografía quien sin saber lo que es un león ni una cebra nos dijera: «es un depredador atacando a su víctima» porque implica un mayor conocimiento de la relación que los elementos componen en la imagen mostrada. Por eso no debemos confundir el comentario literario con un glosario de figuras retóricas utilizadas en el texto. Para comentar un texto debemos intentar comprender y expresar cómo la forma utilizada contribuye a transmitir un mensaje determinado.

2.6. Las figuras retóricas son intuitivas

Nuestra forma de acercamiento a la realidad es racional. Cuando leemos tratamos de comprender, descubrir y entender el mensaje que hay detrás de las palabras. En el arte, y en la poesía muy particularmente, no siempre es así. A veces, es mucho más importante sentir: percibir las sensaciones que el texto nos transmite. La falta de interpretación racional nos produce frustración. Esta frustración desaparece cuando comprendemos que lo que el autor trata de trasladarnos son sentimientos, intuiciones, estados de ánimo como la frustración o la felicidad, la melancolía o el hastío, el enamoramiento o la paz interior. Si alguna vez no comprendemos una expresión poética, debemos dirigir nuestro análisis a lo que nos hace sentir. Es posible que ni el propio poeta sepa por qué ha acuñado una expresión. Federico García Lorca nos lo dejó muy claro en la conferencia-recital que dio en el Ateneo de Madrid con motivo de la presentación de su obra *Romancero Gitano*:

> *«Si me preguntan ustedes por qué digo yo «mil panderos de cristal herían la madrugada», les diré que los he visto en manos de ángeles y de árboles, pero no sabré decir más, ni mucho menos explicar su significado. Y está bien que sea así.*

El hombre se acerca por medio de la poesía con más rapidez al filo donde el filósofo y el matemático vuelven la espalda en silencio».

«Primer Romancero Gitano», *Clásicos Castellanos*
Espasa–Calpe, Madrid, 1991, pág. 310

No creo necesario añadir nada más a lo que un autor de la talla de García Lorca declaró sobre la génesis en su mente de la creación lírica. Esto no quiere decir que la creación poética sea fruto de la inspiración divina o de la casualidad, tras la aparente sencillez de las rimas de Gustavo Adolfo Bécquer se nos conservan manuscritos con cientos de correcciones. Lo que leemos es fruto de una intencionalidad creativa.

2.7. Comentario práctico de un poema: Juan Ramón Jiménez, El viaje definitivo

Texto

El viaje definitivo
JUAN RAMÓN JIMÉNEZ

… Y yo me iré. Y se quedarán los pájaros (2, 4, 8, 10)	12−1 = 11A	–
cantando; (2)	03a	–
y se quedará mi huerto, con su verde árbol (5, 6, 10, 11)	12A	–
y con su pozo blanco. (4, 6)	07a	–
Todas las tardes, el cielo será azul y plácido; (4, 7, 10, 11, 13)	15−1 = 14A	5
y tocarán, como esta tarde están tocando, (4, 6, 8, 10, 12)	13a	–
las campanas del campanario. (3, 8)	09A	–
Se morirán aquellos que me amaron; (4, 6, 10)	11A	–

    Y el pueblo *se h*ará nuevo cad*a a*ño;   10A   10
     2   5 6   10

    Y en el rincón aquel de mi *huerto* florid*o y en*calado, 15A   –
         4   6   8   11   14

    Mi *espíritu* errará, nostálgico...   10–1= 09A   –
       2   6   8

    Y yo m*e iré, y* estaré solo, sin hogar, sin árbol 14A   –
     2   4   6 7   11   13

    Verde, sin pozo blanco,   07a   –
     1   4   6

    Sin ciel*o azul* y plácido...   8–1 = 07a   15
     2   4   6

    Y se quedarán los pájaros cantando.   12A   –
         5   7   11

                         Juan Ramón Jiménez, *Tercera antología poética*.
                         Biblioteca Nueva, Madrid, 1970

2.7.1. Estudio y reflexiones sobre la métrica del poema previas al comentario

En este texto de Juan Ramón Jiménez destaca la irregularidad métrica del poema, alternan versos de arte menor y versos de arte mayor, con distinto número de sílabas, apenas repite un verso y, sin embargo, la sensación rítmica que percibimos es muy fuerte. Observemos cómo predominan los versos con sílabas impares (3, 7 (x 3), 9 (x 2), 11 (x 2), 13 y 15 = 10 versos) sobre los versos pares (10, 12 (x 2), 14 (x 2) = 5 versos). Es interesante que en los casos de versos con sílabas pares, se introduzcan acentos extrarrítmicos que mantienen la cadencia con los versos anteriores, por ejemplo:

    Mi *espíritu* errará nostálgico
    y yo m*e iré, y* estaré solo, sin hogar, sin árbol

        – 2 – – – 6 – 8
        – 2 – 4 – 6 7 – – – 11 – 13

En el segundo verso, de catorce sílabas, los acentos 2, 4 y 6 son extrarrítmicos, pero son simétricos al verso anterior y coincidentes en las sílabas 2 y 6. Esta coincidencia se repite sistemáticamente en los versos con sílabas pares excepto en el último cuyos acentos son todos rítmicos hiriendo sílabas impares (5, 7 y 11).

Además, para mantener el ritmo, el autor recurre a la repetición, en algunos casos paralelística:

y yo me iré...	*(v.1)*
y se quedarán los pájaros / cantando;	*(v.1–2)*
y se quedará mi huerto...	*(v.3)*
y yo me iré...	*(v.12)*
y se quedarán los pájaros cantando	*(v.15)*

La conjunción «y» aún se utiliza en más ocasiones:

... y con su pozo blanco	*(v.4)*
... azul y plácido;	*(v.5)*
y tocarán...	*(v.6)*
y el pueblo se hará...	*(v.9)*
y en el rincón...	*(v.10)*
... florido y encalado,	*(v.10)*
... y estaré solo.	*(v.12)*
... azul y plácido...	*(v.14)*

Otras estructuras de repetición son:

- Anáfora: 8 de los 15 versos comienzan por esta conjunción, si les sumamos las 5 más que aparecen en el interior la reiteración ya de por sí produce un efecto sonoro claro.
- Paralelismos sintagmáticos:
    1.1. Con su verde árbol.
    1.2. Con su pozo blanco.
    2.1. Sin hogar.
    2.2. Sin árbol verde.
    2.3. Sin pozo blanco.
    2.4. Sin cielo azul y plácido.

Es interesante comprobar que no sólo coincide la secuencia morfológica (en la 1 se ha cambiado el orden de adj. + nombre, a nombre + adj., inversión o quiasmo), sino también la silábica.

Preposiciones:	1 sílaba: con, sin
Determinante:	1 sílaba: su
Nombres :	2 sílabas: árbol, pozo, cielo, hogar
Adjetivos:	2 silabas: verde, blanco, azul, plácido (3-1)

Y rítmica en las secuencias (acentos en sílabas 3 y 5, en la primera; acentos en sílabas 2 y 4 en la segunda) sistemáticamente.

- Estructura circular: el poema acaba como empieza («y se quedarán los pájaros cantando»).
- Multiplicación de acentos en el verso 6 con aliteración del fonema «t»: «... y tocarán, como esta tarde están tocando» (¿onomatopeya?).

(Para la métrica hemos de tener en cuenta las normas, en nuestro caso, las sinalefas que hemos marcado con el subrayado. En el propio texto hemos anotado con números las sílabas acentuadas para el posible estudio rítmico, así como el cómputo métrico por versos.)

2.7.2. Fases de acercamiento: reflexión previa

El poema se ha compuesto como una sucesión de afirmaciones en futuro todas ellas encabezadas con la conjunción «y». Partimos de una afirmación categórica: la muerte («y yo me iré») y frente a ella dos percepciones: la de la continuidad de la vida centrada en el mundo exterior (los pájaros, el huerto, el árbol, el pozo, las tardes, las campanas). Después el fenómeno de la muerte se hace extensivo a los seres vivos («se morirán aquellos que me amaron...»). Y, finalmente, acaba centrándose en la vivencia subjetiva de la propia muerte: la soledad en ausencia del mundo exterior.

Aunque el poema empieza en primera persona («... me iré»), pasa a tercera persona ya desde el primer verso («... se quedarán...») y se mantiene así hasta que regresa al «yo» pero también visto desde fuera, en tercera persona: «mi espíritu errará, nostálgico...» (v. 11). La primera persona regresa en los cuatro últimos versos («… iré…», «… estaré…», v. 12). Esta distinción ya nos muestra una estructura de contenido.

El tema central del poema parece una visión nostálgica anticipativa sobre la soledad en la muerte por cuanto supone la negación de la realidad tangible, de lo concreto, centrado en lo cotidiano vinculado afectivamente con el poeta: no es un huerto, sino «mi» huerto; no es un árbol cualquiera, sino aquel que pertenece a «mi» huerto; todos morirán, pero a él le interesa «aquellos que me amaron…».

Resumen

Expresaremos con nuestras palabras las ideas expuestas, en este caso es sencillo, bastará con eliminar lo circunstancial (hay muchos adjetivos prescindibles en el resumen) y nos quedaremos con lo sustantivo. Algo así:

El mundo seguirá su curso indiferente tras la muerte del poeta (pájaros cantando, huerto, árbol, pozo, cielo y campanas). También morirán quienes le amaron, será un espíritu errante y, en su muerte, quedará solo, sin nada, mientras la vida continúa.

Esquema

Ya hemos visto en las reflexiones previas que la persona verbal nos indica una estructura simple: la primera parte, centrada en el mundo exterior (v. 1-11); y la segunda parte, centrada en la soledad, en el «yo» del poeta (v. 12-15). A esto podríamos añadir, si quisiéramos, una tercera parte de transición, cuando pasa de los objetos a las personas (v. 8-11). Nuestra propuesta sería:

1. Mi mundo seguirá su curso indiferente tras mi muerte (v. 1-7):
    1.1.: Lo concreto: pájaros, huerto, árbol, pozo, campanas.

2. También morirán quienes me amaron (v. 8-11).
    2.1. Mi espíritu errará por mi huerto.

3. Quedaré solo (v. 12-15):
    3.1. Lo concreto: sin hogar, sin árbol, sin pozo, sin cielo

Tema

Para enunciar el tema trataremos de buscar la palabra que condense el sentido principal del poema. En nuestro caso, nos la da el propio autor en el verso 11: «nostálgico». Y ahora procuraremos completarla con los complementos adecuados para ceñirla al significado del texto. La nostalgia se experimenta por una anticipación de la propia muerte, y se centra en la soledad que va a experimentar por cuanto significa el fin del mundo material que le pertenece con el que se siente vinculado. Trataremos de decirlo con el menor número de palabras posibles:

Nostalgia ante la idea anticipada de la propia muerte por la soledad y la ausencia de todo lo querido.

2.7.3. Análisis de los modos de expresión

En este caso sólo tenemos un modo de expresión en el texto, la exposición, se mueve un único plano temporal: el futuro. El texto se ha organizado mediante una simple suma de afirmaciones enlazadas por la conjunción copulativa «y».

2.7.4. Acercamiento al texto por niveles

2.7.4.1. Nivel supraoracional

El texto se mantiene en un tono enunciativo. No se usan exclamaciones ni interrogaciones. No hay exaltación (no hay rebeldía sino nostalgia).

Se utilizan puntos suspensivos en tres ocasiones: al principio del poema, tiene un valor continuativo, el mismo que el de la conjunción «y» situada al principio absoluto. Transmite la sensación de que sorprendemos el pensamiento del autor en su proceso de elaboración. Se utilizan también en el verso 11 («… mi espíritu errará, nostáljico…»), en este caso, su valor es suspensivo, deja al lector interrumpido permitiendo que las connotaciones se multipliquen en su mente. Y, por último, en el verso 14 («sin hogar, sin árbol, sin pozo, sin cielo azul y plácido…»), con más valor de enumeración abierta, los elementos de los que carecerá podrían seguir enumerándose.

2.7.4.2. Nivel fónico

- Destaca el uso de «j» por «g» en la palabra «nostálgico» que aparece en el verso 11. Sabemos que se trata de una peculiaridad ortográfica de Juan Ramón Jiménez. Si no tuviéramos identificado al autor, solo por esto podríamos haberlo identificado.
- En el verso 6 se produce una aliteración del sonido «t»: onomatopeya, trata de imitar el sonido de las campanas.
- Anáfora en los versos 1, 3, 4, 6, 9, 10, 11 y 15 por repetición de la conjunción copulativa «y».

2.7.4.3. Nivel sintáctico oracional

La sintaxis es sencilla. Hay dos oraciones simples en el texto y, el resto, excepto dos oraciones subordinadas (adjetiva y modal), son oraciones coordinadas copulativas. El significado se alcanza por acumulación de ideas.)

2.7.4.4. Nivel sintagmático

A. Sintagma nominal

- Nombres: vocabulario sencillo. Llama la atención la abundancia de nombres comunes concretos (pájaros, huerto, árbol, pozo, cielo, campanas), que además se repiten en la primera y última parte del texto. El único nombre abstracto que aparece es «espíritu» (v. 11).
- Pronombres: uso del «yo» enfático en el primer verso («Y yo…») y en el verso 12, repetitivo. Uso insistente del «se» en estructuras medias («… se quedarán…» (v. 1 y 15), «… se quedará…» (v. 3), «… se morirán…» (v. 8), «… se hará…» (v. 9)). «Me» aparece en verso 1 («… me iré…»), verso 8 («… me amaron…»), verso 12 («… me iré…»).
- También observamos el uso del pronombre demostrativo «aquellos» como antecedente de una oración subordinada adjetiva. Marca la lejanía en el tiempo subjetivo del poeta.
- Determinantes: el uso de los determinantes señala un ámbito re-

ferencial concreto, además, los referentes mantienen relación entre sí. Los nombres aparecen determinados (los pájaros, mi huerto, su pozo, las tardes...), alternan los artículos determinados expresando referentes conocidos (los pájaros probablemente del huerto, las tardes de su pueblo, el pueblo –Moguer–, etc.); con los determinantes posesivos: mi huerto, su... árbol, su pozo, mi huerto..., que expresan la relación entre referentes más con vínculos afectivos (es mío porque lo amo) que materiales.

B. Adyacentes nominales

- Simples (adjetivos): hay adjetivación, aunque no excesiva, observamos:
  - Adjetivos explicativos: por su relación de significado: verde árbol (v. 3), cielo azul (v. 5), huerto florido (v. 10); por su posición entre comas: errará, nostáljico... (v. 11).
  - Adjetivos especificativos: pozo blanco, huerto encalado.
  - Los adjetivos se introducen de forma directa: verde árbol, cielo azul y plácido, huerto florido y encalado. Y por procedimientos indirectos, a través de verbos copulativos («... el cielo será azul y plácido...» v. 5; «... estaré solo...», v. 12) o predicativos («... errará nostáljico...», v. 10, «... el pueblo se hará nuevo...», v. 9).

  En cuanto al significado, la mayoría se mueve en el campo sensorial (verde, azul, florido, encalado) y en el campo de los sentimientos (plácido, nostáljico, solo). Al ámbito nocional sólo pertenece «nuevo» referido a pueblo.

  La coherencia semántica se mantiene en la mayoría de los casos, sólo se rompe en la combinación «cielo... plácido». Se trata de una traslación, la placidez es experimentada por el sujeto que lo contempla, no es una cualidad del propio cielo.

- Complejos (complementos del nombre, aposiciones y oraciones subordinadas adjetivas):
  - Sólo observamos dos complementos del nombre, uno en el verso 7: «las campanas del campanario», además es reiterativo. Y otro en el verso 10: «... el rincón... de mi huerto...».

Como oraciones subordinadas adjetivas aparece una en el verso 8: «… se morirán aquellos que me amaron». No se observa anomalía semántica en la combinación de elementos, excepto la reiteración del verso 7.

C. Sintagma verbal

- Verbo: los verbos aparecen casi todos expresados en futuro de indicativo, modo de la certeza y realidad, alternan la primera persona (iré, v. 1 y 12; estaré, v .12) con la tercera persona de singular (quedará, v. 3; será, v. 5; se hará, v. 9; y errará, v. 11) y del plural (quedarán, v. 1; tocarán, v. 6; morirán, v. 8; y se quedarán, v. 15).

Sólo dos formas verbales difieren, ambas aparecen en oraciones subordinadas y, por tanto, no alteran la línea temporal: «están», presente de indicativo, en el verso 6, en una oración subordinada circunstancial de modo: «como esta tarde están tocando»; y «amaron», en el verso 8, en una subordinada adjetiva: «aquellos que me amaron». El uso de esta forma de pasado es interesante: se podría haber utilizado el presente (aquellos que me aman), el uso del pretérito nos muestra al emisor inmerso ya en la vivencia futura, se contempla a sí mismo como muerto y echa una mirada regresiva al tiempo presente. La proximidad entre las dos formas (verso 6, presente, verso 8, pasado) nos sumerge en la precipitación íntima del autor hacia ese tiempo futuro, con él ya muerto.

Semánticamente dominan los verbos con significados estáticos: «se quedarán (v. 1, 3 y 15), será (v. 5), están (v. 6), estaré (v. 12). El único verbo de acción pura es «iré», acción en movimiento, que resulta antitético con «quedar», esto marcará la antítesis entre el yo que se marcha (muere) y todo lo demás que permanece (vive).

D. Adyacentes verbales

- Adyacentes verbales: aparecen pocos complementos circunstanciales. Destacan los de modo significativamente: «cantando» (v. 2 y 15), «tocando» (v. 6), «con su verde árbol y con su pozo blanco» (v.

3 y 4), «como esta tarde están tocando» (v. 6), «sin hogar, sin árbol / verde, sin pozo blanco, / sin cielo azul y plácido» (v. 12-14).

Por lo demás se observan tres complementos circunstanciales de tiempo: «…todas las tardes…» (v. 5), «… esta tarde…» (v. 6), «… cada año…» (v. 9); un complemento circunstancial de lugar: «… en el rincón aquel…» (v. 10).

Resulta interesante este predominio de los matices de modo (ha usado un total de 11 en 15 versos), el autor centra su atención en la cualidad de la permanencia. No sólo es importante el hecho de que permanezcan, sino cómo lo hacen (compañía/soledad).

2.7.5. Realizamos el encuadre el poema

Reflexiones previas

El poema pertenece a Juan Ramón Jiménez, un poeta puro. Sus vivencias poéticas siguen la evolución de la poesía de su época: un inicio inspirado en la sencillez sentimental de Gustavo Adolfo Bécquer, el descubrimiento arrollador del modernismo de la mano del propio Rubén Darío, el contacto con los autores del 27 en la Residencia de Estudiantes, y, por último, su camino hacia una poesía «esencial» y pura, original. Se dedicó exclusivamente a la literatura, la guerra civil lo llevó a exiliarse a Puerto Rico, allí vivió hasta su muerte. Su poesía viene enmarcada por su carácter depresivo yególatra (según Pablo Neruda, *Confieso que he vivido*), la muerte de su padre, la depresión como enfermedad, su paso por sanatorios mentales, su triunfo literario como modernista, la estancia en Madrid, su matrimonio con Zenobia Camprubí que le aporta equilibrio y sosiego, su compañera, su exilio, la muerte de Zenobia, son los acontecimientos que enmarcan las etapas más importantes de su vida. Concretando con los datos necesarios, podríamos realizar el encuadre del poema:

Breve introducción a la época

El éxito de la novela y el compromiso con la realidad en la segunda mitad del siglo XIX casi anula la poesía, excepción hecha de dos autores líricos tardíos, románticos, de enorme influencia en la poesía posterior: Gustavo

Adolfo Bécquer y Rosalía de Castro. Se impuso una poesía prosaica y filosófica, la de Núñez de Arce o Campoamor. Frente a este panorama, el Modernismo, con Rubén Darío, se impuso como aire fresco en el ambiente. El propio Rubén Darío en Madrid intervendrá en los debates literarios y con él llegan los movimientos franceses que lo inspiraron, el Parnasianismo y el Simbolismo. A estos movimientos, pronto se suma el Surrealismo. Esta búsqueda de la belleza, junto a la liberalización de las formas tradicionales, el no reconocer límites al proceso creativo, la búsqueda de nuevas formas de comunicación, de ritmo, de sensaciones inconscientes, fraguará en España, de manera especial en los autores de la Generación del 27, tristemente malograda por la guerra civil española.

Breve encuadre en su generación

Se vive una batalla por la renovación en todos los géneros literarios, por romper el compromiso con la realidad en la novela, en el teatro, en la poesía. El foco de estas ideas será Francia, de allí regresarán autores como Rubén o Antonio Machado, impregnados de esas inquietudes que empujaban a indagar posibles caminos en todos los ámbitos. No sólo la poesía, el Modernismo en España nos dejó la arquitectura de Gaudí, el surrealismo nos aportó a Buñuel en cine, Dalí en pintura, Lorca en poesía. La búsqueda de nuevos caminos, el cubismo de Picasso.

Breve referencia biográfica y literaria

Juan Ramón Jiménez (1881–1959) perteneció a esa generación de lucha consciente y de cambio en la poesía. Andaluz, nacido en Moguer (Huelva), sintió con claridad su vocación lírica. Pronto abandonó la universidad de Sevilla para dedicarse a escribir y publicar una poesía sentimental y sencilla inspirada en Bécquer (*Ninfeas* y *Almas de violeta*). En 1900 marchará a Madrid para intervenir en defensa del modernismo, llamado por Villaespesa. La muerte de su padre lo sume en la depresión, tiene que ingresar en un sanatorio mental (Burdeos–Madrid) y, posteriormente, convalecer en Moguer donde permanecería cinco años. Allí escribió *Platero y yo*, el mejor ejemplo de prosa lírica modernista. Cuando regresa a Madrid en 1911 se hospeda en la Residencia de Estudiantes en contacto con los autores del 27, pero ya su vocación poética lo lleva hacia una poesía intimista, esencial y sutil. Su matrimonio con Zenobia Camprubí y su viaje por América (*Diario de un poeta recién casado, Piedra y Cielo, Belleza*…) marcará su evolución poética que le valdría el Premio Nobel en 1958. A la segunda época pertenece el poema que vamos a comentar, de su obra *Poemas Agrestes* publicada en 1911.

2.6.6. ¿Cómo enfocamos y organizamos el comentario de un texto literario?

Reflexión previa

Si en los comentarios lingüísticos que hemos venido realizando, lo que determinaba el enfoque de nuestro comentario era la tipología o la modalidad del texto (narración, argumentación, etc.), en el caso del texto literario será el tema de la composición la clave para comprender los rasgos utilizados. El autor ha tratado de transmitirnos una idea, esta idea la hemos condensado al determinar el tema del texto (*nostalgia ante la idea anticipada de la propia muerte por la soledad y la ausencia de todo lo querido*). Nuestro comentario tratará de comprender y expresar por escrito cómo todos los recursos de la lengua se han puesto al servicio de la intención del autor para hacernos llegar esa idea.

Para ello nos será de mucha ayuda el esquema que hemos realizado. Cada parte de la estructura contribuye a alcanzar la idea final, pero de una forma determinada: podemos tener una parte expositiva, otra argumentativa, otra descriptiva o podemos, como es nuestro caso, ir del mundo exterior al interior y esto determinará unos rasgos lingüísticos o literarios específicos (uso de la primera persona frente a la tercera, por ejemplo).

Conviene iniciar el comentario propiamente dicho enunciando el tema y las partes de la estructura, y, a partir de ahí, comentar los rasgos más relevantes que hemos ido hallando en las fases de acercamiento, para demostrar cómo todos los niveles (supraoracional, fónico, léxico, sintagmático y sintáctico) confluyen para transmitirnos la idea fundamental (el tema).

2.6.7. Comentario propiamente dicho

En este poema Juan Ramón Jiménez anticipa de forma nos-

tálgica su propia muerte, sintiéndola como soledad ante la pérdida de todo aquello que le es querido y de sus sensaciones. El tema de la soledad de la muerte ya fue tratado por uno de sus grandes maestros, Gustavo Adolfo Bécquer, que de forma obsesiva nos repetió: «¡Dios mío, qué solos se quedan los muertos!» mientras describía paso a paso el entierro de una niña. El poeta onubense interioriza el tema y siente ahora la soledad en primera persona, la soledad en su propia muerte.

El texto queda organizado en tres partes: una primera en la que centra su atención en el mundo exterior que continuará indiferente al hecho de su ausencia. Una segunda, que subraya el carácter inevitable de la muerte y se centra en lo humano («aquellos que me amaron» (v. 8), «el pueblo se hará nuevo» (v. 9). Y una tercera que se centra en el propio poeta y su sentimiento de soledad en la propia muerte («Y yo me iré; y estaré solo...» v. 12 y ss.).

Ha usado una versificación irregular donde predominan los versos de arte mayor alternando con versos de arte menor. La forma parece arbitraria, sin embargo, la sensación rítmica que percibimos es muy fuerte. Predominan los versos con sílabas impares (3, 7 (x 3), 9 (x 2), 11 (x 2), 13 y 15 = 10 versos) sobre los versos pares (10, 12 (x 2), 14 (x 2) = 5 versos). Pero es interesante observar cómo en los casos de versos con sílabas pares se introducen acentos extrarrítmicos que mantienen la cadencia con los versos anteriores, por ejemplo:

```
11    Mi espíritu errará nostálgico
12    y yo me iré, y estaré solo, sin hogar, sin árbol

      - 2 - - - 6 - 8
      - 2 - 4 - 6  7 - - - 11 - 13
```

En el segundo verso, verso de catorce sílabas, los acentos 2, 4 y 6 son extrarrítmicos, pero son simétricos con el verso anterior y coincidentes en las sílabas 2 y 6. Esta coincidencia se repite sistemáticamente en los versos con sílabas pares, excepto en el último cuyos acentos son todos rítmicos, hiriendo las sílabas impares (5, 7 y 11), aislando el verso del conjunto, centrando en él todo el sentido conclusivo del poema: «Y se quedarán los pájaros cantando.»

La rima asonante y la irregularidad métrica con versos cortos intercalados sugieren un aliento interrumpido, una respiración entrecortada, casi un susurro. Y en efecto, la entonación constante, enunciativa, asertiva, huyendo de exclamaciones o interrogaciones que maticen o potencien la expresividad, nos acerca a ese desaliento nostálgico que inunda el poema.

La primera oración se plantea desde el principio como la continuación de un pensamiento anterior. Se abre con un «y» continuativo precedido de unos puntos suspensivos. El pensamiento ya ocupaba la mente del poeta, nosotros participamos como testigos a un fragmento de su reflexión. Una oración rotunda, con cuatro sílabas y un «yo» enfático, subrayado al ser la primera sílaba acentuada en los dos versos donde aparece (1 y 12) nos sitúa al autor frente al mundo exterior. Elude la palabra muerte que parafrasea con un «me iré», un viaje que más tarde identifica explícitamente con la muerte («se morirán aquellos que...», v. 8, «... mi espíritu errará...» v. 11) pero la paráfrasis produce una suspensión que nos permite adentrarnos poco a poco en el contenido para ir ganando intensidad a medida que avanzamos en el tema.

Inmediatamente, frente al «yo» del poeta, aparece el mundo exterior en una enumeración de oraciones y elementos donde el polisíndeton, producido por la repetición constante de la conjunción «y... y... y», reiterada además como anáfora en los versos (1, 3, 4, 6, 9, 10, 12 y 15) y las estructuras paralelísticas hacen ganar en intensidad expresiva a medida que avanzamos en la lectura. Frente a la primera persona verbal y pronominal («yo me iré»), ahora aparece la tercera («se quedarán...»). Frente al verbo en movimiento «iré», la antítesis inmediata «se quedarán» delimita con enorme plasticidad la frontera ente los dos mundos, el «yo» frente a «ellos», el mundo interior frente al mundo exterior. La emoción se intensifica cuando centramos la atención sobre las partes separadas antes de llegar al todo, por eso el poeta nos descompone la realidad en elementos concretos, sencillos, cercanos: la realidad queda representada para Juan Ramón en sustantivos definidos, determinados: los pájaros, el huerto, el árbol y el pozo, el cielo y las campanas, en las personas que lo amaron.

Pero importa no el mundo exterior ajeno al autor, sino el mundo sentido por el autor, interiorizado a través de las sensaciones, de ahí la importancia no solo de qué es (árbol, pozo, huer-

to...) sino del cómo es, de cómo lo percibe el poeta: sensaciones visuales expresadas a través de adjetivos: verde árbol (v. 3), pozo blanco (v. 4), cielo azul (v. 5), huerto encalado (v. 10); sensaciones auditivas expresadas por gerundios durativos: pájaros cantando (v. 1-2 y 15), las campanas... tocando (v. 6 y 7); sensaciones visuales y olfativas: huerto florido (v. 10); sensaciones y sentimientos íntimos: cielo... plácido (v. 5). Su atención a las sensaciones llega a reproducir el sonido de las campanas mediante la aliteración (letra «t») y el ritmo constante en las sílabas pares:

y tocarán, como esta tarde están tocando,   13a
    4   6   8   10   12
las campanas del campanario.   09A
   3   8

Apoyada por la aliteración del sonido «a» en el verso siguiente (sonido asociado a la luz y la claridad según los simbolistas), conseguido mediante una construcción reiterativa (pleonasmo) en que la palabra derivada sigue a la simple (campana–campanario).

Los adjetivos explicativos condicionan nuestra percepción de la realidad, la hacen coincidir con aquella que el poeta quiere mostrarnos, pero se ha hecho de forma muy discreta, apenas se usan anteposiciones (verde árbol (v. 3), tanto explicativos como especificativos aparecen pospuestos en su mayoría (pozo blanco (v. 3), el cielo será azul y plácido (v. 5), huerto florido y encalado (v. 10), cielo azul y plácido (v. 14)), o en predicados nominales detrás del verbo (el cielo será azul y plácido (v. 5), estaré solo (v. 12) expresando tanto sensaciones cromáticas (blanco, azul, florido...) como sensaciones subjetivas (plácido, solo, nostáljico...). En una ocasión le otorga una especial relevancia al adjetivo que se convierte en explicativo relativo encerrado entre comas: «mi espíritu errará, nostáljico...», y es precisamente donde centra el sentimiento que le embarga ante la anticipación de su soledad en la muerte, el tema de la composición.

El universo que nos presenta es un universo cerrado, los elementos están relacionados entre sí. Los determinantes posesivos marcan ese mundo de pertenencia recíproca donde el huerto es mío, y el árbol y el pozo pertenecen al huerto como partes insepara-

bles de él. Cuando aparezca la soledad de la muerte, desaparecerán los determinantes («estaré solo sin hogar, sin árbol... sin pozo... sin cielo...» v. 12-14), ese mundo ya no será mío, será ajeno a mí.

Esta aparente sencillez en la caracterización de los objetos, sin forzar posiciones ni estructuras, colabora a trasladarnos una naturalidad acorde con el hecho inevitable de la continuidad de la vida tras la muerte. Todo permanecerá como siempre. No hay rebeldía en el autor.

Del mundo exterior se acerca al mundo interior. Ahora centra nuestra atención en las personas, los demás («Se morirán aquellos que me amaron...», v. 8) y luego el «yo» («... mi espíritu errará, nostáljico...», v. 11). Frente a la concreción visual de su huerto, pozo, árbol... la imprecisión del pronombre demostrativo: «... aquellos que...». La inmersión en el fenómeno de la muerte se ha hecho sutilmente, mediante el juego de los valores temporales en los verbos.

Frente al presente de indicativo que nos situaba al poeta vivo en el presente («... como esta tarde están tocando...), en el verso 8 nos transporta con él hacia el tiempo futuro donde ya siente la muerte como un hecho, de ahí que el fenómeno de la muerte de quienes lo amaron se enuncie en pasado («... se morirán aquellos que me amaron...», v. 8). La cadencia rítmica se relaja en esta secuencia, también disminuye la anáfora (sólo 2 versos empiezan con la conjunción «y» frente a los 4 que había en los versos anteriores), las oraciones casi coinciden con los versos y los versos 10 y 11 componen la oración más extensa del poema. La alteración del orden sintáctico en el verso 10, anteponiendo el lugar a la acción, nos hace regresar a «aquel rincón» (obsérvese cómo el uso de los demostrativos «aquellos/ aquel» refuerza la distancia temporal, la visión desde la muerte en la que ya se siente), para introducirnos de nuevo en el «yo» y preparar el desenlace del poema en los cuatro últimos versos. Pero este «yo» queda expresado en tercera persona, «mi espíritu errará...», hasta aquí se ha integrado en el mundo exterior y se contempla a sí mismo desde el otro lado. El adjetivo, aislado entre la coma y los puntos suspensivos, con una palabra esdrújula situada justo delante de la pausa versal, concentra ahora la sensación que domina a Juan Ramón: «nostáljico».

El poeta acelera el desenlace en los cuatro últimos versos. Lo *que le duele de la muerte es la soledad marcada por la ausencia de «su» realidad. Ha planteado un final de poema circular, obsesivo, retorna al «yo» en primera persona afirmando lo inevitable de la muerte para, inmediatamente, centrarse en su significado («… estaré solo»), la soledad, intensificada por la enumeración de complementos circunstanciales de modo entre comas, donde retornamos a los elementos del inicio, donde el huerto ha sido sustituido por «hogar» (porque el huerto era su hogar), donde han desaparecido los determinantes posesivos (ya nada será suyo): «… sin hogar, sin árbol verde, sin pozo blanco, sin cielo azul y plácido…»; este efecto de aceleración se mantiene en nuestra mente: los puntos suspensivos dejan la enumeración abierta, podrían continuarse o podríamos continuarla con nuestras propias connotaciones, nuestros miedos, nuestras experiencias.*

El último verso, retornando al principio del poema, serena el ritmo, nos invita a continuar ininterrumpidamente la reflexión, la acentuación exclusiva en las sílabas impares, lo aísla del resto del poema y lo sitúa como una vuelta al punto de inicio, subraya la indiferencia del mundo exterior ante la tragedia de la ausencia íntima y la soledad de la muerte. Nos deja una sensación nostálgica de aceptación ante lo inevitable rota por la reiteración obsesiva de los elementos ausentes..

El poema, en conclusión, es un buen ejemplo de la poesía de Juan Ramón Jiménez. Retoma un tema de Bécquer, poeta admirado en su juventud, la soledad de la muerte, y lo interioriza haciéndonos experimentar la soledad como ausencia de lo cercano, lo vivido y sentido por nosotros, un intimismo nostálgico muy acorde con la personalidad de Juan Ramón Jiménez. Para ello ha transmitido el mundo exterior mediante la selección de elementos cotidianos en una enumeración abierta y obsesiva. La tensión en la fuerza expresiva se consigue gracias al polisíndeton, la anáfora, los paralelismos y la estructura circular del poema que nos deja en el punto de inicio. Resulta admirable la atención a la cualidad de los objetos expresada a través de los adjetivos en el texto, la cadencia rítmica entrecortada por la diversidad métrica y los efectos que logra tras esa aparente anarquía que incluso pueden hacernos oír las campanas del campanario de Moguer.

2.6.8. Propuesta de ejercicios prácticos sobre dos textos de Selectividad

Texto 1

No quiso ser.

No conoció el encuentro
del hombre y la mujer.
El amoroso vello   5
no pudo florecer.
Detuvo sus sentidos
negándose a saber
y descendieron diáfanos
ante el amanecer.   10
Vio turbio su mañana
y se quedó en su ayer.

No quiso ser.

Miguel Hernández, *Cancionero y Romancero de Ausencias*
(1938-1941)

Texto 2

A contratiempo

Este poema tiene un son
que no es el suyo. Imaginad
que estamos bailando un bolero.
Pero la música que suena
yo no la oigo: es otro ritmo,   5
otro compás, el que yo llevo.
Bailo a destiempo, a contratiempo.
Mi pareja se queja porque
la estoy pisando. ¿Cómo puedo
decirle que escucho una música   10
que ya sonó o no sonó nunca?

Nos sentamos. No nos miramos.
(No nos veríamos).
El son
de este poema no es el suyo: 15
llevamos músicas distintas.
Por eso el baile es imposible
y debo desistir.

José Hierro, *Cuaderno de Nueva York*

1. Escriba un breve resumen del texto. (Puntuación máxima: 1 punto.)
2. Indique el tema y la organización de ideas en el texto. (Puntuación máxima: 2 puntos.)
3. Comentario crítico sobre el contenido del texto. (Puntuación máxima: 3 puntos.)

Examen de Selectividad
Comunidad Autónoma de Andalucía

3. Comentario de un texto novelístico

Una novela es una historia, el relato que alguien (narrador) hace de unos hechos que acontecen a unos personajes a lo largo del tiempo. Tres elementos resultan esenciales en esta pequeña definición: los personajes, el tiempo y el emisor o narrador. Vamos a tratar ahora cada uno de estos apartados con detenimiento:

3.1. Los personajes en la novela

Desde el principio, las epopeyas, las gestas, las hazañas, eran relatadas para ser recordadas. Las acciones no se realizan solas, hay quien las realiza, por eso, los hechos no se producen sin sujetos, sin personajes. Muchos héroes han sido forjados en la imaginación de los narradores para servir de referente a todo un pueblo, el Mío Cid es un magnífico ejemplo. Esto no quiere decir que no haya novelas sin personajes, a veces interesa más el ambiente que los personajes en sí (pensemos en *La Colmena* de Camilo José Cela, donde hay tantos personajes que lo que se pretende es justamente resaltar el efecto del conjunto), pero no es lo normal. Los personajes pueden ser tratados de distintas formas en el relato, y nos interesa reflexionar sobre ello.

Hay tres aspectos a considerar en el tratamiento de los personajes:

1. Su evolución en la obra.
2. Su fuerza actancial.
3. Su función actancial.

3.1.1. Su evolución en la obra

Hay personajes cuyas características se definen al principio cuando aparecen y ya no cambian ni modifican su forma de actuar independientemente de las experiencias narradas en la historia. Son lo que llamamos «personajes planos». Resultan cómodos para el narrador porque no evolucionan y sus acciones y reacciones son predecibles. En cambio, hay personajes que se inician en la historia con unas características que van cambiando, modificándose a medida que transcurren los acontecimientos. Son lo que llamamos «personajes redondos o modelados». Resultan más complicados y sus resultados son mucho más complejos y brillantes. Al no actuar de forma predecible involucran más al lector en la trama.

Un ejemplo sencillo nos ayudará a distinguirlos: un avión de pasajeros va a caer sobre Nueva York. ¿Qué hará Superman? La respuesta es sencilla, ir en su ayuda. ¿Por qué lo sabías?, porque es predecible, es un personaje plano, no puede cambiar su línea de actuación sin traicionarse a sí mismo. En cambio, vamos por las calles de Toledo y Lázaro va a ayudar al ciego a cruzar un arroyo. ¿Qué hará? No lo sabes. El Lázaro de Tormes del principio de la historia le hubiera ayudado sin más, el Lázaro del final del primer capítulo ya no lo sabemos. ¿Por qué? Sencillamente porque el personaje ha ido evolucionando a lo largo de la historia desde que era niño en función de sus experiencias. Es un personaje redondo.

3.1.2. La fuerza actancial

Llamamos fuerza actancial a aquello que impulsa el movimiento de los personajes, su motivación. Cada personaje tendrá la suya propia. Son frecuentes el amor, el odio, el deseo, el ansia de venganza o de poder, la fidelidad, la admiración, el amor fraterno, o el filial, o la fe en Dios o en el destino. Cada personaje en la historia se moverá hacia la acción con una motivación interna que lo impulsa hacia adelante. Normalmente hay fuerzas actanciales positivas y negativas: la tensión entre ambas suele componer la trama de la historia.

Utilizaremos *La Celestina* como ejemplo: ¿qué mueve las acciones de Calixto? El amor a Melibea, igual que la fuerza actancial que mueve a Melibea es el amor a Calixto. ¿Qué mueve los actos de Celestina, Sempronio y Parmeno, los criados de Calixto? Únicamente la ambición, el ganar más dinero, aunque Pármeno es un personaje más elaborado y observamos en él la pugna entre la honestidad y fidelidad a su amo Calixto y el amor hacia una de las pupilas de Celestina que le lleva, junto con el desprecio de Calixto cuando Pármeno trata de advertirle de la situación, a la traición. Dentro de estas fuerzas actanciales, podríamos distinguir las positivas de las negativas. Considerada colectivamente como positiva, el amor; como negativa, la ambición (pecado de la avaricia). Por eso adquiere relevancia el personaje anterior, donde confluyen enfrentadas las dos fuerzas actanciales.

3.1.3. La función actancial

Se trata de lo que comúnmente llamamos el «papel» que desempeña un personaje concreto en el conjunto de la obra y que determinará las relaciones con los demás personajes. Los más comunes son:

- El sujeto protagonista: es el que asume la responsabilidad de recomponer el equilibrio o acometer la acción.
- Coadyuvantes del sujeto: son los que irán apareciendo para ayudar al protagonista a lograr sus fines.
- Enviante: personaje que investido de poder, encomienda o envía al protagonista a cumplir su misión.
- Oponente–antagonista: el que suele asumir la responsabilidad de impedir el éxito del protagonista.
- Coadyuvantes del oponente: los que irán apareciendo para ayudar al oponente a impedir que el protagonista consiga su objetivo.

Las relaciones entre los personajes no son simples y serán más complejas a medida que la novela sea más intensa. Pongamos un ejemplo de *El Quijote*: el Caballero de la Media Luna es en realidad el bachiller Sansón Carrasco, amigo de don Alonso Quijada. Cuando se enfrenta y derrota a don Quijote, le ordena como castigo regresar a su pueblo natal. Es el oponente de don Quijote, pero el coadyuvante de don Alonso Quijada, el hombre que se perdió a sí mismo tras la armadura y sus propios sueños. Y la fuerza actancial que lo mueve es positiva, la amistad hacia su pobre vecino. A nosotros nos tocará decidir si el sujeto protagonista de la historia de Cervantes es don Alonso Quijada o es don Quijote de la Mancha. O son los dos. En cualquier caso, la reflexión habrá valido la pena. En esto consiste el comentario.

Con frecuencia el desenlace forzado de las historias viene dado por la evolución de alguno de los personajes al que las circunstancias cambian su fuerza actancial, lo que le obliga a su alteración como actante y a la rotura del equilibrio que propicia el desenlace. En la película *La Guerra de las Galaxias*, por ejemplo, el equilibrio retorna cuando la fuerza del amor paterno fuerza el desenlace transformando al oponente en coadyuvante en el último instante de la batalla. Para conseguir ese desenlace, el actante ha tenido que traicionarse a sí mismo.

3.2. El tiempo

El tiempo es un elemento esencial en el relato porque los acontecimientos que narramos siguen una sucesión cronológica y temporal. Pero el narrador puede jugar con el tiempo en el relato buscando determinados efectos en el lector.

Cuando los acontecimientos narrados en la historia se suceden en orden temporal, decimos que el tratamiento del tiempo es lineal. Es la técnica más usada, la más natural:

> «Me levanté, me duché, me vestí, bajé al sótano, arranqué mi coche, conduje hasta la oficina mientras escuchaba una cadena de noticias monótona donde la publicidad ocupaba más tiempo que las intervenciones puntuales del locutor».

Pero a veces el relato puede comenzar por el final de la historia, o por el centro de la historia. A partir de ahí, dará un «salto atrás» para ponernos al corriente de cómo hemos llegado a ese punto del relato. Sabemos que el Lazarillo está vivo porque es él mismo quien está contando su propia historia («Vuesa Merced me pide que cuente…», así empieza la historia), lo mismo que sabemos desde el principio de la historia que Pascual Duarte acabará en la cárcel porque allí nos lo encontramos al principio de la novela escribiendo su carta de clemencia. A esta técnica la conocemos como *reddere in media res*, algo así como «aparecer en medio del asunto».

A partir de ahí podemos tener cortes temporales en el desarrollo de la acción (el más frecuente es el «salto atrás», a través del recuerdo o del relato interno), lapsus o líneas paralelas (dos acciones que transcurren en el mismo momento). Siempre será interesante observar el tratamiento que se da al tiempo en el relato, a veces puede ser determinante para lograr la tensión. En *Crónica de una muerte anunciada*, Gabriel García Márquez nos ofrece un tratamiento oscilante: cada personaje que interviene ha compartido un periodo de tiempo con el protagonista que no llega hasta el instante de su muerte. El siguiente personaje coincidirá con el anterior (luego hay tiempo compartido en ambos relatos, como la oscilación de un péndulo) y seguirá con el personaje un rato más avanzando un poco más en el tiempo y en la historia, pero tampoco llegará hasta el momento en que matan al protagonista. Así sucesivamente hasta que el último personaje es el propio protagonista al que acompañamos hasta el final y con el que acabamos de descubrir todas las circunstancias de su trágico asesinato. Cada novela realizará un tratamiento particular del tiempo, siempre será interesante observarlo.

3.3. El emisor o narrador

El narrador es quien nos cuenta la historia. Como lectores no nos situamos igual ante un relato que alguien nos hace de sí mismo (en primera persona), que el que alguien hace como testigo directo de los acontecimientos dirigiéndose a mí como lector (en segunda persona), o ante un relato de hechos que acontecen a terceras personas. Cada una de la formas, a través de una de las personas verbales (1ª, 2ª o 3ª) supone una perspectiva diferente de ofrecer el relato. Ya hablamos de ello al tratar el comentario del texto narrativo, conviene ahora que lo repasemos antes de seguir adelante.

3.4. Clasificación básica de novelas

No se trata ahora de dar una clasificación de novelas, hay muchas clasificaciones (aventuras, ciencia ficción, gótica, psicológica, realista, romántica…), pero sí una consideración muy básica en la que podremos encuadrar los distintos relatos y que pueden condicionar el empleo del lenguaje en ellas. Vamos a distinguir entre novelas de acción, novelas de personaje y novelas de ambiente según lo que domine en cada caso:

- En las novelas de acción lo que domina es la sucesión de los acontecimientos. Esto significa que el interés del autor en la caracterización y seguimiento de los personajes será menor (más verbos, más dinamismo; menos descripciones de ambiente, menos monólogo). Son típicas las de Walter Scott o Alejandro Dumas, muchas de ellas llevadas al cine.
- En las novelas de personaje lo que domina es la evolución interna del personaje en sí, el estudio y la caracterización psicológica. La narración será más lenta, hay menos acciones, más monólogo, más descripciones. Las novelas suelen, en este caso llevar el nombre del protagonista (*La Regenta, Ana Karenina, Fortunata y Jacinta, El Jugador*, etc.).
- En las novelas de ambiente la acción no es dominante, tampoco lo es el mundo interno de los personajes, el ambiente, la sociedad, el conjunto, asume el protagonismo por encima del individuo, se impone a él, lo absorbe (*Los Miserables, La Colmena*…).

3.5. Comentario práctico sobre un texto novelístico. Miguel Delibes: fragmento de Los santos inocentes

Texto

«[…] y acto seguido, Paco, el Bajo, se acuclillaba, olfateaba –
con insistencia el terreno, dos metros alrededor del pelotazo y –
murmuraba, –
 por aquí se arrancó –

y, seguía el rastro durante varios metros y, al cabo, se incor- 5
poraba,
 esta dirección llevaba, luego estará en aquel chaparro y, si no,
amonada en el mato, orilla del alcornoque, no puede haber ido
más lejos,
 y allá se iba el grupo tras Paco y, si el pájaro no andaba en el 10
chaparro, amonado estaba en el mato, orilla del alcornoque, no
fallaba, y el Subsecretario, o el Embajador o el Ministro, el que
fuera, decía asombrado,
 y, ¿por qué regla de tres no podía estar en otro sitio, Paco, me
lo quieres explicar? 15
 Y Paco, el Bajo, los consideraba unos segundos con arrogancia y, finalmente, decía con mal reprimido desprecio:
 el pájaro perdiz no abandona el surco cuando apeona a ocultarse,
 y ellos se miraban entre sí y asentían y el señorito Iván, los 20
pulgares en los sobacos de su chaleco-canana, sonreía abiertamente,
 ¿eh, qué os decía yo?
 muy orondo, lo mismo que cuando mostraba la repetidora
americana o la Guita, la cachorra grifona [...]» 25

Miguel Delibes, Los santos inocentes
Fragmento del Libro cuarto, «El secretario»

Diccionario:

- *Amonada.-* En el diccionario encontramos «amonarse», con el significado de emborracharse, debemos entender el significado en sentido figurado, el ave herida, sin poder coordinar sus movimientos da la impresión de que estuviera «embriagada».
- *Mato.-* Conjunto de matas o arbustos.
- *Orilla.-* Entre los posibles significados, en este caso, significa «junto a», «al lado de».
- *Apeonar.-* Andar a pie y aceleradamente, aplicado a las aves, en especial a las perdices.
- *Orondo.-* De sus posibles significados, en este caso, «lleno de presunción y muy contento de sí mismo».

- *Grifón.-* Raza de perros pequeños domésticos que se distingue por tener el pelo largo, crespo y duro.

3.5.1. Reflexiones previas sobre la novela: trama, personajes, fuerzas actanciales, narrador y tiempo

La obra nos presenta una realidad social vigente en España hasta hace poco tiempo con dos mundos enfrentados: el eje, como indica el propio título, son los inocentes, los humildes que no tienen otra opción para la subsistencia que la sumisión a los ricos. En nuestro caso, el universo es cerrado, enmarcado en una finca castellana. Los primeros libros han ido presentando a los personajes y su mundo afectivo. Incluso en esta situación, cabe la ilusión de la felicidad y hay todo un entramado de amor y apoyo entre los personajes humildes y el entorno. El padre de familia es Paco, el Bajo, en este libro aparece por primera vez la figura antagónica del señorito Iván, cuya afición por la caza es desmedida, su única ocupación, vive para ella, hasta el punto de anteponerla a la salud de Paco. Su despotismo es insultante. Las habilidades innatas de Paco y su necesidad de hacerse útil para mantener su estatus en la finca lo llevan a hacerse indispensable como «secretario» del señorito, como asistente en las cacerías. Azarías, hermano de Régula, mujer de Paco, algo subnormal, inútil, echado de la finca cercana por su falta de higiene, ha amaestrado un pájaro en el que centra su afectividad. Es el único que, por sus circunstancias, se enfrenta al señorito Iván, con la consiguiente tensión en la relación de los personajes. Finalmente, este enfrentamiento será el desencadenante del desenlace: el asesinato a manos de Azarías del señorito Iván.

A primera vista se pudiera pensar en una novela muy esquemática, donde las fuerzas actanciales positivas son todas de los humildes (el amor, el respeto, la misericordia, la lástima, etc.) y las negativas de los señoritos (la soberbia, el despotismo, la indiferencia, la crueldad, etc.), y, en efecto, algunos personajes refuerzan como coadyuvantes la perspectiva social del señorito Iván (La Marquesa o doña Pura con su frivolidad), pero el universo es más complejo y algunas figuras secundarias apuntan ya a una transformación de ese mundo anclado en el pasado. Interesante es el personaje de la señorita Miriam, que trata de preparar a Nieves para la comunión, defiende la presencia de Azarías en el cortijo o se horroriza de la apariencia de la pequeña subnormal. René, el Francés, defiende la necesidad de ofrecer educación a los humildes, su opinión causa un enfrentamiento con el señorito Iván. No volverá al cortijo. También es interesante la figura de René, el francés, en medio de las dos partes, sometido y obligado a someter a los humildes, o el Mago del Almendral, el médico o los educadores que van al cortijo son otros tantos indicadores de la transformación que se está viviendo a partir de una nueva conciencia social y que centrará la esperanza en el Quirce, el hijo, que simboliza el futuro.

Hay quien ha querido hacer una lectura política de esta historia, pero el autor lo niega: «La situación de sumisión e injusticia que el libro plantea, propia de los años 60, y la subsiguiente «rebelión del inocente» ha inducido a algunos a atribuir a la novela una motivación política, cosa que no es cierta. No hay política en este libro. Sucede simplemente, que este problema de vasallaje y entrega resignada de los humildes subleva tanto –por no decir más– a una conciencia cristiana como a un militante marxista. Afortunadamente, creo, estas reminiscencias feudales van poco a poco quedando atrás en nuestra historia» (Miguel Delibes, «Carta manuscrita de presentación a esta obra», para la edición de El Círculo de Lectores, Editorial Planeta, Barcelona, 1985, pág. 11).

El fragmento nos muestra un episodio donde asistimos a una demostración de las habilidades de Paco como asistente en la caza.

El relato está escrito en tercera persona, desde una perspectiva omnisciente, pero muy cercano a la objetividad, el autor prefiere que los propios actos y los diálogos sean los que caractericen a los personajes como sucede en el fragmento. Su perspectiva nos acerca a los inocentes.

El tiempo es lineal y la estructura sencilla, la primera parte de la obra (libros 1, 2 y 3) sirve de presentación de los personajes centrales del relato, sus caracteres, sus circunstancias, etc. El libro 4 actúa como eje con la presentación del antagonista, el señorito Iván. La tercera parte mantiene el relato de episodios puntuales que van ahondando en el problema e incrementando la tensión (libro 5) y que llevan al desenlace (libro 6).

La complejidad está en el aspecto formal, en la forma de puntuar el texto. El autor no utiliza puntos y aparte salvo al final de cada libro, no usa los dos puntos para introducir el estilo directo en los diálogos que se marcan por el salto de línea, sin comillas y enlazándose con el narrador como un todo continuo en el que, a veces, se prescinde incluso del verbo de lengua. Forma de escribir muy vanguardista que enlaza con la conciencia de la continuidad escénica, no nos da descanso, no hay puntos, como si estuviéramos viendo una película.

3.5.2. Fases de acercamiento

Acercamiento al resumen, esquema y tema del fragmento

El texto es una mezcla de narración y diálogo, con alguna pincelada descriptiva, que reproduce una escena muy concreta donde se destaca el grado de animalización de Paco, el Bajo, y su sumisión al señorito Iván, prestándose a este espectáculo delante de sus amigos; y también el orgullo de una persona sencilla que refuerza su posición como indispensable para su «señor» con estas demostraciones. En contrapartida, nos presenta la actitud de despotismo del señorito, su vanidad ante la exhibición de Paco.

Resumen

Al ser tan abundante el diálogo, para quedarnos con lo esencial en el resumen, sustituiremos las partes dialogadas por una narración evitando las repeticiones del texto:

> *Paco, el Bajo, se agachaba y olfateaba el terreno, después seguía el rastro y allí estaba el pájaro, donde él había dicho. La perdiz no abandona el surco cuando apeona, respondía arrogante y despreciativo cuando le preguntaban los asombrados amigos del señorito por el secreto para acertar siempre. Ante la exhibición de Paco, el señorito Iván se jactaba abiertamente de ser el dueño de semejante fenómeno, como si fuera un trofeo.*

Esquema

Por la estructura del diálogo, podemos observar tres partes en el texto: una primera donde se relata la hazaña y Paco habla como consigo mismo expresando en voz alta sus pensamientos; una segunda donde asistimos al diálogo entre los personajes, ellos le preguntan y Paco responde, el narrador interviene interpretando actitudes en los personajes. La tercera se centra en la actitud del señorito Iván, ante la proeza. No obstante, la ausencia de puntos y el continuismo propiciado también por la reiteración de la conjunción «y», dificultan una clara visualización de la estructura.

> *1: Paco descubre por el olfato el emplazamiento de una perdiz*
> *(L. 1-13)*
>
> *2: Los asistentes le preguntan cómo lo hace (L. 13-15)*
>   *2.1. Respuesta orgullosa de Paco (L. 16-19)*
>
> *3: El señorito Iván se jacta de la proeza de Paco (L. 19-25).*

Tema

Como en el texto poético, trataremos de buscar la palabra que condense el sentido fundamental del fragmento y completarla adecuadamente. En este caso, el texto nos presenta una proeza de Paco que raya en la animalización (agacharse-olfatear-seguir el rastro), expresión máxima de sumisión al señorito; pero el autor destaca el orgullo que esto causa en los dos personajes, aunque por distintas causas; por eso, quizá la palabra clave sea envilecimiento o embrutecimiento, el propio autor lo resalta en las dos últimas líneas «… lo mismo que cuando mostraba… la Guita, la cachorra grifona…»:

> *Embrutecimiento servil y orgulloso de Paco, logrando como*
> *un perro localizar una pieza, ante la jactancia del señorito.*

3.5.3. Análisis de los modos de expresión

El texto se desarrolla en dos modos de expresión fundamentales: la narración y el diálogo. La parte dialogada no se introduce por los métodos tradicionales, el estilo es directo, se reproduce el diálogo literalmente, pero no se usan los dos puntos en la introducción; normalmente se usa el verbo de lengua como introductor («… murmuraba…» (L.3), «… decía asombrado…» (L. 13), etc.; pero, otras veces, se omite el verbo de lengua (L. 6 y L. 22).

3.5.4. Acercamiento por niveles de lenguaje

A. Nivel supraoracional

El texto presenta un tono enunciativo como dominante tanto en el narrador como en las intervenciones de los personajes. Sólo se interrumpe en dos ocasiones, son dos interrogaciones, la primera para interpelar a Paco (L. 14–15) y la segunda con un marcado matiz exclamativo para caracterizar al señorito Iván (L. 23). Los corchetes nos indican que los puntos suspensivos no forman parte del texto, no los ha puesto el autor, sino quien ha seleccionado el fragmento.

B. Nivel fónico

A pesar de la abundancia de diálogo en el texto y la incultura de Paco no se han usado rasgos fónicos para su caracterización.

C. Nivel sintáctico oracional

La sintaxis es aparentemente complicada. Estamos ante una única oración compleja que se ha compuesto por aglutinación de oraciones coordinadas copulativas donde se insertan las subordinadas sustantivas de complemento directo para introducir la intervención de los diálogos de los personajes. Observamos cómo detrás de cada diálogo la siguiente línea se introduce por «y» (L. 1, 5, 10, 16 y 20). El polisíndeton con copulativas se sigue repitiendo en el interior de las oraciones en las intervenciones del narrador. Observemos: (O1) «Y ellos se miraban…»; (O2) «Y asentían…»; (O3) «Y el señorito Iván sonreía…» (L. 20 y 21).

La oración más elaborada pertenece a la intervención de Paco, donde encontramos: (O1 –oración principal–) «esta dirección llevaba»; (O2 –coord. ilativa–) «luego estará en aquel barranco»; (O3 –coord. copulativa (valor disyuntivo) con O2–) «Y (o) (estará) amonada en el mato»; (O4 –subordinada condicional con O2–) «si no (está en aquel chaparro)»; (O5 –yuxtapuesta con las anteriores–) «no puede haber ido más lejos» (L. 7 y 9).

La conjunción «y» es la más sencilla, la que antes aprendemos a usar en el habla, de ahí que su uso adquiera a veces un valor próximo a la yuxtaposición; puede usarse en los registros coloquial, vulgar, infantil, sin un significado específico para expresar cualquier relación. En nuestro caso, parece tener un claro matiz disyuntivo por la combinación con la subordinada condicional. Hay que destacar la frecuente elisión de verbos, la elisión es una de las características de la lengua oral donde la presuposición y el contexto físico hace que sea innecesaria mucha información. La estructura se sacrifica a la inmediatez de la comunicación. Se trata de otro rasgo de ambientación.

C.1. El orden lógico oracional

- Sujeto y predicado: se respeta siempre, sólo en una ocasión se altera: «esta dirección llevaba (la perdiz)» (L. 7). Y el sujeto está omitido, pero la estructura, anteponiendo el complemento directo, invita a su posposición.
- Otras alteraciones: hay muy pocas alteraciones en el texto, se busca la claridad y la sencillez.
- Anteposición del complemento circunstancial de tiempo en la oración: «y acto seguido, Paco, el Bajo, se acuclillaba…» (L. 1). Ayuda a la organización temporal de los acontecimientos, refuerza el sentido aditivo de la conjunción copulativa.
- Anteposición del C. directo en la oración: «esta dirección llevaba…» (L. 7). Centra la atención en lo importante, localizar «la dirección».
- Anteposición entre comas del adverbio de modo a su verbo en la oración «y, finalmente, decía…» (L. 17). Refuerza el carácter de sentencia inapelable de la frase que a continuación pronuncia Paco.

D. Nivel sintagmático

D.1. Sintagma nominal

- Nombres: el vocabulario es sencillo pero abundan modismos y acepciones propias del ámbito rural que pueden dificultar la comprensión del texto y que nos sumergen en una época y en un ambiente determinados, el de los cazadores (pelotazo, canana, surco, mato, amonada, apeona, etc.). Predominan los nombres concretos normales en un texto que se mueve en un ámbito referencial físico como es el campo (terreno, pelotazo, rastro, chaparro, mato, alcornoque, pájaro, sitio, perdiz, pulgares, sobaco, chaleco, repetidora, grifona). Aparecen también algunos nombres abstractos, menos frecuentes (orilla, metro, arrogancia, desprecio, insistencia, etc.). Los interlocutores se designan con nombres propios o cargos (Paco, el señorito Iván, el subsecretario, el embajador, el ministro).

- Pronombres: se usan poco, pero con un valor destacado:
    - «entre sí» (L. 20) tiene un valor pleonástico, una repetición innecesaria, su significado ya ha sido aportado por el pronombre recíproco previo («se miraban»).
    - «yo» (L. 23), en la frase «¿eh, qué os decía yo?», innecesario igualmente, posee un valor enfático, el «yo» frente al «vosotros», el autor insiste en la vanidad del personaje inmediatamente («muy orondo», L. 24).
    - «se» (L. 10), en la frase «... y allá se iba el grupo tras Paco», tiene un valor expletivo o enfático, podría suprimirse sin alterar el significado de la oración. El uso de este «se» insiste en el liderazgo de Paco en ese momento.
- Determinantes: los determinantes se usan en todo el texto. El más frecuente es el determinante artículo (el rastro (L. 5), el mato (L. 8), el alcornoque (L. 8), el grupo (L. 10), el pájaro (L. 10), el subsecretario (L. 12), la repetidora (L. 24). El uso del determinante artículo con valor de actualizador significa un ámbito referencial de objetos y personas conocidas para el lector, nos introduce en el paisaje. Esta inserción en el paisaje, se refuerza con el uso de determinantes demostrativos en el diálogo («esta dirección llevaba», L. 7; «aquel chaparro», L. 7). Aparece además un artículo con valor de determinación mínima, se trata de «el pájaro perdiz...» (L. 18), aquí singular y plural son equivalentes, el personaje sentencia con una frase inapelable que demuestra su conocimiento del medio. Solo una vez se usa el determinante acompañando al nombre propio («La Guita», L. 25), referido a una perra, introduce un matiz de ambientación rústica y vulgar en la narración.

- Adyacentes nominales.
  - Simples (adjetivos): destaca la escasísima adjetivación en el texto, observamos:
    - Adjetivos explicativos: por su relación de significado no hay. Explicativos relativos por su posición antepuesta encontramos: «mal reprimido desprecio» (L. 17).
    - Adjetivos especificativos: dos indirectos en construcción semiatributiva («… decía asombrado…», L. 13; «sonreía… muy orondo», L. 24); y dos directos («repetidora americana», L. 24 y 25; «cachorra grifona», L. 25). Esto centra nuestra atención en la acción y el diálogo e insiste en que se trata de un ámbito referencial conocido por el lector que no requiere mayores precisiones.
  - Complejos (complementos del nombre, aposiciones y oraciones subordinadas adjetivas): tampoco aparecen muchos complementos del nombre («sobacos de su chaleco-canana», L. 21), pero sí se usan las aposiciones en el texto. Paco es nombrado normalmente con su apodo: «Paco, el Bajo», muy propio en los ambientes rurales y caracterizan al personaje como perteneciente a ese mundo inculto y enfrentado al de «el Subsecretario, el Ministro», que son nombrados por su cargo, ni siquiera por su nombre, o al de «el señorito Iván», donde destacamos la verticalidad de la relación social, el carácter de «señorito» del protagonista. Paco no lo puede olvidar, el narrador se ocupa de que el lector tampoco lo olvide. Desempeñan una función de ambientación rural, como el caso de «el pájaro perdiz» (L. 18, «La Guita, la cachorra grifon,» (L. 25). Son usos muy coloquiales que impregnan la voz del narrador.

D.2. Sintagma verbal

- Verbo: vamos a distinguir entre el uso de los verbos en la narración y en el diálogo. Es muy interesante observar cómo el narrador ha usado exclusivamente pretéritos imperfectos de indicativo («se acuclillaba», L. 1; «se incorporaba», L. 5; «se iba», L.10;, «no fallaba», L. 11–12; etc.), incluso para expresar acciones que podrían haberse expresado en pretérito indefinido (se acuclilló, olfateó, siguió el rastro, etc.). Pero el aspecto durativo del imperfecto confiere a la escena un valor habitual, no se trata de un hecho puntual o aislado, sino reiterativo. Este carácter repetitivo se refuerza con la enumeración disyuntiva de los invitados («El Subsecretario, el Embajador o el Ministro... el que fuera», L. 12–13). En la narración sólo se aparta una forma verbal de este empleo sistemático del imperfecto, «el que fuera», imperfecto de subjuntivo.

- En cuanto a la persona, uso exclusivo de la tercera persona en la parte de narración.
- El uso de los verbos en el diálogo es más variado:
  - Pretérito imperfecto de indicativo: «... esta dirección llevaba...» (L.7); «¿eh, qué os decía yo?» (L. 23); «... no podía estar en otro sitio» (L. 14).
  - Presente de indicativo: «... no puede haber ido más lejos...» (L. 8–9); «¿... me lo quieres explicar?» (L. 14–15); «el pájaro perdiz no abandona cuando apeona...» (L. 18).
  - Futuro de indicativo con valor de probabilidad: «luego estará en aquel chaparro» (L. 7).
- También las personas son más variadas, aunque domina la tercera persona en el diálogo (se refiere al pájaro: se arrancó, llevaba, estará...), también aparece la segunda persona en la interrogación («¿... me lo quieres explicar?», L. 14–15), y la primera persona (¿... qué os decía yo?, L. 23).
- Semánticamente dominan los verbos con significados dinámicos: «se acuclillaba» (L.1); «olfateaba» (L. 1); «seguía» (L. 5); «se incorporaba» (L. 5); «iba» (L. 10); «andaba» (L. 10); «llevaba» (L. 7); seguidos de los verbos de lengua introductores del diálogo: («murmuraba», L. 3; «decía», L. 13 y 17). Sólo encontramos un verbo con valor estático: «estaba» (L. 11). Es un resultado claro del tipo de texto narrativo donde predomina la sucesión de acciones.

- Adyacentes verbales: aparte de los complementos directos que concretan significados en sus respectivos verbos («… olfateaba el terreno…», L. 1-2: «… seguía el rastro…», L. 4; etc.), los que más abundan son los de lugar y modo:
  - C. C. de lugar:
    - «… por aquí…», L. 4.
    - «… en aquel chaparro…», L. 7, L. 11.
    - «… en el mato, orilla del alcornoque…», L. 8, L. 11.
    - «… más lejos.», L. 9.
    - «… allá…», L. 10.
    - «… en otro sitio…», L. 14.
    - «… en los sobacos de su chaleco-canana…», L. 21.
  - C. C. de modo:
    - «… olfateaba con insistencia…», L. 1-2.
    - «… seguía el rastro durante varios metros…», L. 5.
    - «… se iba tras Paco…», L. 10.
    - «… con arrogancia…», L. 16.
    - «… con mal reprimido desprecio…», L. 17.
    - «… entre sí…», L. 20.
    - «(con) los pulgares en los sobacos…», L. 21.
    - «… abiertamente…», L. 21.

3.5.5. Realizamos el encuadre de la novela

Reflexiones previas

Los santos inocentes pertenece a Miguel Delibes, autor de los llamados «de posguerra» porque su producción literaria comienza justamente en esta época, de hecho obtuvo el premio Nadal en 1948 con su novela *La sombra del ciprés es alargada*. Todos estos autores (Cela, Laforet, Torrente Ballester, etc.) están marcados por la realidad que viven: un país destruido por una guerra, una época de represión política e ideológica, una fuerte depresión económica que se irá matizando con el paso de los años… Delibes está entre los escritores que permanecieron en España y dedican su vida a la literatura y al periodismo a pesar de todas estas circunstancias. Aunque su novela tiene un marcado carácter social, sus obras no son de tesis (no se lo hubiera permitido la censura), deja que las vidas de los personajes y los acontecimientos hablen por sí mismos acercándonos a la autenticidad de lo sencillo y puro. Nuestro autor encuentra en el campo castellano y su gente humilde un magnifico encuadre para esta novela de denuncia vital. Busca remover nuestras conciencias desde la propia humanidad del lector, no desde planteamientos políticos. Él mismo así lo manifiesta. Aunque la novela que nos ocupa está escrita en 1981, es continuista con obras de similar corte «rural» publicadas con anterioridad, entre las que podemos mencionar *El Camino* (1950), *Diario de un cazador* (1955), y *Las ratas* (1962).

Concretando con los datos necesarios, podríamos realizar el encuadre de la novela y el fragmento:

Breve introducción a la época

La guerra civil (1936-1939) marcará un antes y un después en la literatura española. Con la victoria de los nacionales se inicia la dictadura de Franco, que gobernará el país durante casi cuarenta años. Muchos intelectuales huyeron de las represalias, unos murieron en el exilio (Antonio Machado), otros siguieron escribiendo desde el extranjero (Ramón J. Sénder). Otros permanecieron en España y se adaptaron a las circunstancias. Es curioso comprobar cómo una época tan trágica y angustiada, tan difícil para expresar ideas, nos dejó obras de tanta relevancia, en especial en la novela y en el teatro.

Breve encuadre en su generación

Con la censura y la represión, desaparece de la novela la denuncia explícita, pero aparece el realismo social, el autor no expresa su opinión, la guerra civil es un marco obligado como fondo, y los acontecimientos expresados en las historias hablan por sí solos: los personajes aparecen marcados por la miseria económica y moral, la necesidad de supervivencia será el motor actancial más importante. Esta novela «existencial» que aparece en los años 40 tendrá tres autores destacados: Camilo José Cela, que la llevará hasta la locura en lo que se ha llamado «tremendismo», con *La Familia de Pascual Duarte*, Carmen Laforet, que retrata la frustración íntima, individual, impotente, con *Nada*, y Miguel Delibes, que acerca la mirada a los humildes buscando la autenticidad en el ser humano, ciñéndose a la realidad.

Breve referencia biográfica y literaria

Miguel Delibes (Valladolid, 17 de octubre de 1920), vivió en su adolescencia la guerra civil. Llegó a Intendente Mercantil y se licenció en Derecho, pero la casualidad le llevó a escribir en el periódico *El Norte de Castilla*, en su ciudad natal. Allí escribió hasta crónicas de fútbol. Con el tiempo llegó a ser su director. Gana el premio Nadal en 1948 con su obra *La sombra del ciprés es alargada*. A partir de ahí continuó escribiendo y publicando regularmente, como novelista y como periodista. Es uno de nuestros escritores más reconocidos. En 1973 fue elegido miembro de la Real Academia. En obras como *Mi idolatrado hijo Sisí* (1953), *Cinco horas con Mario* (1966), o *Parábola de un náufrago* (1969) asistimos a la integración de las nuevas realidades en la conciencia social y a una demoledora crítica a la hipocresía burguesa. Su perspectiva liberal le lleva a la defensa de los débiles, de la naturaleza y de la libertad individual (*El disputado voto del Sr. Cayo*, 1978). En esta línea destaca la trilogía rural, compuesta a lo largo del tiempo por tres novelas: *El camino* (1950), *Las ratas* (1962) y *Los santos inocentes* (1982). La bondad, la sinceridad, la autenticidad están retratadas en los personajes que viven apegados a la naturaleza, que viven en y del campo. En este ambiente, el propio ser humano resulta con frecuencia el único peligro y el enemigo. La indiferencia del mundo circundante ante unas realidades tan crueles como las descritas nos lleva a la rebeldía despertando nuestra humanidad.

Encuadre del fragmento en la obra

En *Los santos inocentes* se cuenta la historia de una familia que vive en un cortijo. Su forma de vida recuerda todavía un sistema feudal. La familia está formada por Paco, el Bajo, su esposa, Régula, sus tres hijos, la pequeña subnormal, y su cuñado Azarías, algo retrasado y protagonista de la tragedia. Se compone de seis libros: en los cuatro primeros se presentan los personajes, en el quinto se plantea el conflicto y, en el sexto, el desenlace. En el cuarto libro aparece el antagonista, el señorito Iván, ahí lo vemos transformarse del niño que admira a Paco y continuamente le pregunta al hombre que toma posesión del lugar que le corresponde («... de hoy en adelante, Paco, de usted y señorito Iván, ya no soy un muchacho...»)

el paso del tratamiento del tú (Ivancito) al Ud. (señorito Iván) marca el límite. A partir de ahí manda su capricho que lleva a Paco a quedarse cojo por no dejar que se cure una rotura de pierna, era más importante que le acompañara a una cacería. El único que se le enfrenta es Azarías, algo retrasado, vive en su mundo y expresa su alegría con la niña subnormal y su pájaro, La Milana. Un día de aburrimiento y nervios, el señorito dispara y mata a La Milana. Azarías lo asesina.

El fragmento pertenece al libro cuarto, donde se presenta al señorito Iván y asistimos al establecimiento de esa relación de sumisión de amo-señor. El amo es un gran manipulador, utiliza con Paco el halago para conseguir sus propósitos y siempre los alcanza. Paco necesita reforzar su puesto en el cortijo para mantener a su familia, no sabe hacer nada más y aspira a ser el mejor en lo suyo.

3.5.6. ¿Cómo enfocamos y organizamos el comentario de este texto literario?

Recordamos ahora que, en los comentarios literarios, la finalidad que determina los rasgos presentes en el texto y que vamos a analizar nos viene dada por el tema, en primer lugar, y por los modos de expresión, en segundo lugar. La idea que ha tratado Delibes de mostrarnos en este fragmento ha sido el embrutecimiento servil y orgulloso de Paco, el Bajo, ante la jactancia del señorito Iván. Dos son los modos de expresión usados en el texto de forma alternativa: narración y diálogo.

En nuestro comentario, trataremos de integrar todos los rasgos lingüísticos observados y expresar cómo contribuyen a la intención del autor. Empezaremos con el análisis de los aspectos específicos de la narrativa (narrador, personajes, fuerzas actanciales, actantes, tiempo) para centrarnos después en el comentario de los recursos lingüísticos en cada una de las partes observadas en la estructura. La conclusión deberá condensar lo más relevante que hayamos expresado en el desarrollo del comentario.

3.5.7. Comentario propiamente dicho:

El texto propuesto para comentario es un fragmento del libro cuarto de los seis que componen Los santos inocentes. *Los perso-*

najes centrales que aparecen son Paco, el Bajo, y el señorito Iván; los demás personajes citados aparecen indeterminados en un grupo cualquiera. El texto se centra en el embrutecimiento de Paco, servil y orgulloso, ante el señorito Iván y sus amigos. Ante una disputa por un pájaro se apela a la autoridad de Paco. Este, olfateando el lugar donde se hirió al animal y siguiendo el rastro, logra determinar dónde se encuentra ante el asombro del grupo (indeterminado) de amigos del señorito. El señorito se jacta de Paco, a quien exhibe ante sus amigos como una posesión rara o valiosa.

El narrador se sitúa en tercera persona, como autor testigo que va relatando lo que ve, pero su perspectiva no es totalmente objetiva, interpreta para el lector algunas de las actitudes de los personajes («Paco, los consideraba unos segundos con arrogancia... decía con mal reprimido desprecio...», L. 16-17; «... sonreía... muy orondo, lo mismo que cuando mostraba la repetidora americana o La Guita...», L. 21-25). A diferencia del narrador omnisciente, no penetra en el pensamiento ni los sentimientos de los personajes, simplemente, a través de algunas pinceladas, interpreta actitudes sin afirmarlas, como cualquier otro testigo presente en la escena podría hacer.

Estamos los dos personajes centrales de la obra donde se simboliza una situación social determinada referida al mundo rural latifundista a principios de los años sesenta. El señorito manda y ordena en su cortijo como si fuera un señor feudal, lo mueve su orgullo y su capricho inmediato, que siempre justifica como algo irremediable o necesario. Al trabajador no le queda sino obedecer si quiere sobrevivir. Paco es el «secretario» del señorito Iván, su ayudante en las cacerías, a través de su servilismo asegura su puesto y la subsistencia de su familia. Se mueve por amor, lástima y sentido del deber (mujer, hijos, una pequeña subnormal, un cuñado retrasado).

En el texto podemos observar tres partes: el relato de la hazaña de Paco (L. 1-13), el diálogo entre Paco y el grupo (L. 13-19) y la actitud del señorito Iván (L. 19-25). En todas ellas encontramos la voz del narrador alternando con intervenciones directas de los personajes. El tono trata de ser objetivo, predomina el enunciativo sólo interrumpido por una larga pregunta («¿por qué regla de tres... me lo quieres explicar?», L. 14-15) y la pregunta del señorito Iván, una pregunta retórica iniciada con una inter-

jección más exclamativa que interrogativa («¿eh, qué os decía yo?», L. 23).

No hay párrafos en el texto, el autor no utiliza el punto y seguido ni el punto y aparte en todo el fragmento. las intervenciones directas de los personajes están separadas por comas de la línea siguiente. La separación por renglones de la parte narrativa y las intervenciones de los personajes, facilita visualmente la estructura para su lectura. De esta forma, el texto se presenta como un todo continuo sin saltos, como si estuviéramos viendo una película que se mantiene en proyección, fotograma tras fotograma, sin que el espectador pueda detenerla.

La historia se nos cuenta en modo indicativo, son hechos reales organizados cronológicamente de forma lineal, pero usando el pretérito imperfecto de forma sistemática (salvo en el diálogo). La reiteración del imperfecto con su aspecto durativo recalca el hecho de que las acciones relatadas no fueron aisladas sino habituales, continuadas, reiterativas. Paco «se acuclillaba, olfateaba, murmuraba, seguía, se incorporaba, andaba, los consideraba» son todas ellas acciones que de haberse expresado en pretérito indefinido hubieran contado una historia concreta en un instante determinado. El uso del pretérito imperfecto sostenido subraya que esta exhibición de Paco era algo que se repetía de forma habitual para satisfacción del señorito y sus amigos.

El narrador adapta el relato al punto de vista de «los inocentes». Y lo hace con el léxico y con la sintaxis. Cuando leemos tenemos la impresión de que el narrador es uno de los personajes o alguien afín a ellos, con su misma incultura, con su mismo léxico, con su mismo sentido fatalista de la realidad. El propio autor se encarga de reforzar esta idea cuando, por ejemplo, el narrador repite la palabras de Paco («...y si el pájaro no estaba en el chaparro.... Orilla del alcornoque...», L. 10-11). El léxico utilizado es muy rural y relacionado con el mundo de la cacería, así encontramos «pelotazo» (L. 2), referido al disparo con una escopeta de perdigones, «mato» (L.8), «amonado» (L.8), «surco» (L. 18) «apeona» (L. 18), tan frecuente en las intervenciones de Paco como en las del propio narrador. Una vez podemos observar el uso del determinante con nombre propio (La Guita, L. 25). Por otra parte el narrador recurre al apodo con frecuencia cada vez que nombra al protagonista (Paco, el Bajo) y siempre que nombra a Iván lo hace anteponiendo el «señorito». En este mismo libro podemos observar la identificación del narrador con los inocentes, Iván empezó nombrándose como «Ivancito» en la novela porque así era como lo llamaba Paco, hasta el momento en que exige ser llamado de don o señorito. A partir de ese momento, Paco y el narrador lo llaman señorito Iván.

En la sintaxis domina el polisíndeton hasta el cansancio. Aparece «y» al principio de la líneas 1, 5, 10, 14 y 16 y, además, sigue repitiéndose en el interior de las oraciones cuando interviene el narrador: (O1) «… y ellos se miraban…»; (O2) «… y asentían…»; (O3) «… y el señorito Iván sonreía…», L. 20 y 21, por ejemplo). La repetición de la conjunción «y» es otro rasgo de ambientación propia de hablas infantiles, orales, vulgares, incultas, que van añadiendo información sobre información con la repetición de nexos, por acumulación. Pero además aporta un cierto rasgo expresivo, manifiesta una sensación de agobio, ansiedad, prisa por parte del emisor que nos prepara para el desenlace trágico de la obra.

A esto debemos añadir como rasgos de caracterización la omisión de preposiciones en expresiones como «(a la) orilla del alcornoque» (L. 8); «(con) los pulgares en los sobacos» (L. 20-21); o la elisión de verbos («… y, si no, (estará) amonado en…», L. 7-8), a veces en la introducción del estilo directo («… sonreía abiertamente, ¿eh, qué os decía yo?», L. 23), tanto en las intervenciones de Paco como en las del propio narrador.

Los personajes quedan así centrados en dos mundos por su forma de expresión. Cuando los amigos del señorito Iván intervienen para preguntar a Paco, no utilizan las palabras ni los giros empleados por el narrador o el protagonista: «¿por qué regla de tres no podía estar en otro sitio, Paco, me lo quieres explicar?» (L.14-15).

Paco, el Bajo, probablemente ignora el significado de la expresión «regla de tres», es inculto, apenas sabe leer y escribir. Palabras como «orilla», «mato», «alcornoque», se sustituyen por «sitio». La sintaxis está cuidada, no hay elisiones.

Quizá esto justifique la actitud del personaje que frente al lenguaje que él no domina, acaba de demostrar lo que sí domina y sabe lo que ellos ignoran, por eso sentencia con una frase inapelable que pronuncia «con arrogancia», tras considerarlos (medirlos con la mirada) unos segundos, «con mal reprimido desprecio» *por quienes son ignorantes de lo más elemental para cualquiera que viva en el campo*: «*el pájaro perdiz no abandona el surco cuando apeona a ocultarse*», donde encontramos palabras como «apeonar», que tampoco resultará fácil de entender a alguien que venga de la ciudad. El uso los refranes fue el recurso de autoridad usado durante siglos por las personas que no sabían leer ni escribir, es otra caracterización más de la forma de expresarse Paco a lo largo del relato.

El señorito Iván, cerrado el espectáculo con la sentencia de Paco, se jacta. El narrador vuelve a interpretar las actitudes del personaje asociando en este caso el gesto (los pulgares en los sobacos de su chaleco-canana) con el sentimiento del personaje (muy orondo). La oración subordinada comparativa («lo mismo que cuando mostraba la repetidora americana o La Guita, la cachorra grifona…») pone en su sitio la relación entre amo y siervo, el valor real que Paco tiene para su señorito se equipara al de un objeto (escopeta-americana) o un animal (cachorra grifona).

Precisamente la anécdota centra toda nuestra atención en este hecho, en las habilidades de Paco y el valor que estas tienen para el señorito Iván. Y lo consigue desdibujando al resto de los personajes que intervienen. Mediante la enumeración de cargos en relación disyuntiva y abierta («el Subsecretario, o el Embajador, o el Ministro, el que fuera,…», L. 12-13), se difuminan esos personajes. La anécdota se repite habitualmente, cambian las invitados, se mantienen los hechos y los protagonistas, Paco e Iván. Y esas personas difusas valen no por sus nombres propios, sino por el cargo que ocupan y el interés que de ello pueda derivarse para el señorito; no importan por ser Juan o Pepe, sino por ser el subsecretario, o el embajador. El narrador deja claro que es el interés y no la amistad lo que mueve el círculo de relaciones del señorito Iván.

En conclusión, estamos ante un pasaje relevante de la obra donde se relata una hazaña de Paco exhibida por el señorito ante sus amigos. Se ha utilizado una técnica de escritura casi automática, no hay puntos seguidos ni aparte. El narrador en tercera persona, aparentemente objetivo, intercalando relato y fragmentos de diálogo, asume la perspectiva de los personajes desfavorecidos en la novela, como si fuera un testigo de su misma clase, usando su mismo estilo narrativo tanto en la selección léxica, *por el vocabulario rural, como en la sintaxis, especialmente por el polisíndeton, pero también por la elisión de algún verbo o de alguna preposición. Estamos ante dos universos diferentes: el de los señoritos, que se mueven por orgullo o interés, que hacen su voluntad, y el de los siervos, que obedecen para sobrevivir y proteger a quienes aman. El texto expresa estos dos mundos presentándonos las habilidades animalizadas de Paco, rastreando y olfateando agachado como un perro, y el valor que esta demostración tiene para el señorito que lo exhibe como un objeto o un animal de cierto interés. El narrador interpreta, pero no juzga a los personajes, deja que sea el lector quien sienta la escena y saque sus conclusiones.*

3.5.8. Propuesta de ejercicio práctico sobre dos textos de Selectividad

Texto I

«¿Habrá quién quiera escucharme con otros oídos que no sean los de la fría razón? Ya sé, ya sé. Por dignidad debí despreciar los halagos de quienes provocaron directa o indirectamente la muerte de Pajarito de Soto. Pero yo no podía pagar el precio de la dignidad. Cuando se vive en una ciudad desbordada y hostil; 5
cuando no se tienen amigos ni medios para obtenerlos; cuando se es pobre y se vive atemorizado e inseguro, harto de hablar con la propia sombra; cuando se come y se cena en cinco minutos y en silencio, haciendo bolitas con la miga de pan y se abandona el restaurante apenas se ha ingerido el último bocado; cuando se 10
desea que transcurra de una vez el domingo y vuelvan las jornadas de trabajo y las caras conocidas; cuando se sonríe a los cobradores y se les entretiene unos segundos con un improvisado comentario intrascendente y fútil; en estos casos uno se vende por un plato de lentejas adobado con media hora de conversación. 15
Los catalanes tienen espíritu de clan, Barcelona es una comunidad cerrada, Lepprince y yo éramos extranjeros, en mayor o menor grado, y ambos jóvenes. Además con él me sentía protegido por su inteligencia, por su experiencia, por su dinero y por su situación privilegiada. No hubo entre nosotros lo que pudiera 20
llamarse camaradería. Yo tardé unos años en apear el tratamien-

to y cuando pasé a tutearle, lo hice por orden suya, y porque los acontecimientos así lo requerían, como se verá.»

Eduardo Mendoza, *La verdad sobre el caso Savolta*
Texto propuesto para examen de Selectividad
junio de 2006, Comunidad Balear

Texto II

«*Angela Vicario era la hija menor de una familia de recursos escasos. Su padre, Poncio Vicario, era orfebre de pobres, y la vista se le acabó de tanto hacer primores de oro para mantener el honor de la casa. Purísima del Carmen, su madre, había sido maestra de escuela hasta que se casó para siempre. Su aspecto manso y un tanto afligido disimulaba muy bien el rigor de su carácter. 'Parecía una monja', recuerda Mercedes. Se consagró con el espíritu de sacrificio a la atención del esposo y a la crianza de los hijos, que a uno se le olvidaba a veces que seguía existiendo. Las dos hijas mayores se habían casado muy tarde. Además de los gemelos, tuvieron una hija intermedia que había muerto de fiebres crepusculares, y dos años después seguían guardándole un luto aliviado dentro de la casa, pero riguroso en la calle. Los hermanos fueron criados para ser hombres. Ellas habían sido educadas para casarse. Sabían bordar con bastidor, coser a máquina, tejer encaje de bolillos, lavar y planchar, y redactar esquelas de compromiso. A diferencia de las muchachas de la época, que habían descuidado el culto de la muerte, las cuatro eran maestras en la ciencia antigua de velar a los enfermos, confortar a los moribundos y amortajar a los muertos. Lo único que mi madre les reprochaba era la costumbre de peinarse antes de dormir. 'Muchachas –les decía–: no se peinen de noche que se retrasan los navegantes' […] 'Salvo por eso, pensaba que no había hijas mejor educadas. Son perfectas –le oía decir con frecuencia–, cualquier hombre será feliz con ellas, porque han sido criadas para sufrir'.*»

    5

    10

    15

    20

    25

Gabriel García Márquez, *Crónica de una muerte anunciada*.
Texto propuesto para examen de Selectividad, junio de 2007
Comunidad Cántabra

4. Comentario de un texto dramático

El teatro es una representación en vivo, totalmente dialogada, donde el público asiste en directo al desarrollo de la acción en el escenario. Comparte con la novela el hecho de que se cuenta una historia, difiere de ella en su carácter dialogado, la presencia directa del receptor, público, y la limitación de tiempo y espacio que impone la representación del espectáculo en un escenario físico que debe adecuarse como marco para la acción.

Todas las características que hemos visto para el comentario lingüístico de textos dialogados deberemos tenerlas en cuenta (ver pp. 141–153). El hecho de presenciar el desarrollo de una historia por los personajes que la protagonizan, como en la novela, hará que estos se organicen en la trama según una función actancial (protagonista, antagonista, coadyuvante, enviante, etc.) y se muevan por una fuerza actancial determinada, positiva o negativa (amor/odio, envidia/altruismo, celos, etc.), luego habremos de revisar lo dicho en este apartado al respecto e integrar este análisis en nuestro comentario. Pero además, el teatro, como espectáculo directo, tiene sus propias características en cuanto a estructura de desarrollo, concepción y puesta en escena. Se tratará de ver los rasgos más relevantes en cada uno de estos apartados.

4.1. Consideraciones sobre el teatro

El teatro debe adaptar su representación escénica a un tiempo limitado que suele ser de 90 minutos aproximadamente. Este es el tiempo real del que dispone el autor para contar una historia. El paso del tiempo y los adelantos técnicos han hecho evolucionar la forma de estructurar el desarrollo de la obra teatral. De cualquier forma hay un antes y un después en el teatro desde la irrupción de Lope de Vega en la comedia española. Antes de él la escena era muy deudora de los preceptos clásicos, uno de ellos era la distribución de la obra en cinco actos, otra la separación radical de géneros, la comedia y la tragedia, y otra el respeto a las tres unidades aristotélicas: tiempo, espacio y acción. Lope creó un nuevo estilo de hacer teatro que persistirá hasta nuestros días con las variaciones experimentadas en el siglo XX.

El esquema creado por Lope estructura la obra dramática en tres actos, cada uno de ellos con su función en el desarrollo de la trama. En el primero tenemos la presentación de los personajes y de la situación. En el segundo se plantea el conflicto de la trama. En el tercero se nos ofrece el desenlace de la historia. La reducción de actos y la disminución de tiempo de representación se acomodó a los corrales de comedias donde los espectadores en la «hoya» (lo que hoy sería el patio de butacas) asistían, en su mayoría de pie, a la representación y tenían poca paciencia. Por esto había que ofrecerles algo más, una distracción continua. Para ello Lope de Vega rompió sistemáticamente las reglas clásicas. Frente a la unidad de espacio, toda la acción transcurría en el mismo lugar escénico, impuso la diversidad de lugares, el espectador podía estar en un castillo en el primer acto y en la plaza de un pueblo al acto siguiente, esta libertad escénica no se ha perdido, si bien, en algunas ocasiones se mantiene el espacio escénico cuando se le otorga algún valor simbólico o actancial en la obra, lo que sucederá con cierta frecuencia en nuestras obras de posguerra (*Tres sombreros de copa*, *Historia de una escalera*, *La casa de Bernarda Alba*, etc.). La división radical entre comedia y tragedia impedía mezclar asuntos serios con jocosos, personajes nobles y reyes con gente del pueblo llano, pero Lope imagina un modelo de teatro más fiel a la realidad donde se mezclan personajes y asuntos. Crea así la doble trama paralela, una será la desarrollada por los protagonistas, la seria, y otra por los siervos, la jocosa. Frente a los valores positivos e idealistas del protagonista, encontramos el contrapunto realista e interesado, cómico, del siervo. De esta forma, incumplía la separación de géneros y la unidad de acción, pero el público estaba más entretenido y no lanzaba tomates a los actores. Y, por último, dilata el tiempo escénico, frente a la unidad de tiempo que exigía que toda la acción se desarrollara en un tiempo no superior a un día, Lope libera el tiempo escénico, lo que le permite desarrollar tramas en un tiempo indeterminado. El protagonista puede ser un joven inexperto e idealista en el primer acto y ser un adulto viejo en el tercero que contempla su vida retrospectivamente.

Esta libertad impuesta por el enorme éxito de Lope, con matices en periodos como el neoclasicismo, sigue siendo de interés porque continúa siendo un punto de referencia en la forma de estructurar la obra teatral, incluso en la actualidad. Pero el siglo XX tuvo que competir con un fenómeno en auge arrollador: el cine. La visión del teatro como la representación de un trozo de vida, de realidad más o menos idealizada según la época, las tendencias, el género dramático y la intención del autor, no podía competir con la brillantez del cine, los cambios de plano, la banda sonora, la libertad de composición, la fidelidad de los fotogramas y la infalibilidad de la grabación frente a la voz de los actores y un simple decorado escénico. Para poder competir, se impone la renovación tanto en asuntos como en la concepción escénica.

En los asuntos, el tema pasa a planos más simbólicos y críticos (*La lección*, de Ionesco, o *Petra Regalada* de Gala, por ejemplo), hasta transformar la intención de la obra en una búsqueda de reacción en el público, aunque esta sea de rechazo visceral. En la concepción escénica, el teatro toma conciencia de su elemento clave diferenciador con el cine, su capacidad de interactuar con el público que asiste en directo a la representación. Empieza por derribar el cuarto muro (en el teatro anterior, el actor representaba ignorando la presencia del público, como si no existiera, como si un muro invisible los separase) y acaba por interactuar directamente con él, introduciendo actores entre los espectadores o subiéndolos al escenario para que formen parte activa de la representación, increpándolos o, incluso, lanzándoles objetos. Cualquier sensación o sentimiento es asumible excepto la indiferencia. Esta tendencia llega hasta a anular el espacio físico teatral y sacarlo a la calle para interactuar en espacios naturales y definidos que anulen la pasividad del espectador y le obliguen a participar de la acción. La puesta en escena, en cambio, se empobrece, no se puede competir con la fidelidad de la fotografía, los escenarios se estilizan al mínimo, casi llegan a desaparecer, se juega más con la imaginación del espectador, pero irrumpen efectos especiales, de luces y sonido que, bien utilizados, refuerzan el sentido de la obra. En el intento por mantener vigentes las obras clásicas, cuyo valor es incuestionable, se renuncia a la fidelidad al libreto manteniendo la trama actancial y el mensaje, se actualizan historias como la de Romeo y Julieta, llevándola a tiempos más cercanos al espectador e incorporando elementos que la integren en la conciencia moderna.

En este línea, quizá la ruptura más importante fue el llamado teatro «de vanguardia», surgido en Francia hacia 1950 y coincidente en tiempo y planteamientos con el llamado teatro del absurdo surgido en Norteamérica. Supuso un avance por negación de todo lo anterior y la búsqueda de un lenguaje escénico nuevo y original. Se abandona el soporte psicológico de la fuerza actancial (el comportamiento de los personajes no obedece a claves claras, no se mueven por el amor o el odio, no sabemos qué los motiva), se abandona el realismo (los ideales de la sociedad son falsos y han fracasado, la brutalidad del hombre en la guerra mundial no es racional, el autor se centra en la irracionalidad escondida tras las apariencias), los personajes son antihéroes que viven en un mundo de pesadilla, el lenguaje se hace absurdo para acentuar el rechazo a un modelo social. Supone una forma original de protesta que suele dejar al espectador perplejo al enfrentarlo con las contradicciones de los planteamientos vitales de una sociedad con la que el autor está en un desacuerdo radical (*Ubu rey*, de Alfred Jarry, como antecedente teatral (1896), pero la obra clave será *El teatro y su doble*, de Antonin Artaud). Estos movimientos han ido perdiendo fuerza, aunque su influencia se deja notar en el teatro de la segunda mitad del siglo XX.

4.2. Aspectos a considerar en el comentario

4.2.1. La estructura externa de la obra

La obra teatral suele dividirse en actos. Puede estar estructurada en cinco (teatro clásico), tres (Siglo de Oro hasta hoy) o menos (en el teatro actual o en algunos subgéneros dramáticos como el entremés). Cada acto abarca desde que se abre el telón hasta que se cierra. El entreacto es un paréntesis que puede aprovecharse para realizar saltos temporales o espaciales. El salto temporal es cuando en el acto siguiente nos encontramos con que han transcurrido meses o años desde el punto en que dejamos la acción en el acto anterior, el salto espacial es el cambio de lugar donde se desarrolla la acción (*Don Álvaro o la fuerza del sino*, del duque de Rivas, por ejemplo: desde el inicio de la obra al final pasamos por Sevilla, Italia y Córdoba, han pasado años desde el planteamiento inicial hasta el desenlace. Los saltos temporales y espaciales se insertan en la división de actos).

A su vez, cada acto se divide en «escenas», la escena se asocia al movimiento escénico, cambiamos de escena cuando entra o sale un personaje del escenario. Esta división es más técnica que literaria y facilita la preparación de la representación a actores y director. Cuando comentamos el texto situamos, siempre que sea posible, el fragmento en la estructura externa de la obra (Acto I, escena segunda, por ejemplo).

4.2.2. La estructura interna

Con independencia de la estructura externa, la obra cuenta una historia en la que intervienen unos personajes. Normalmente en cualquier historia encontraremos tres partes diferenciables:

- Presentación de los personajes y la situación de inicio.
- Nudo o conflicto: la situación o la relación entre los personajes presenta un problema.
- Desenlace: resolución del conflicto planteado en la acción.

Esto puede suponer una primera parte más descriptiva (personajes, espacios, situación) y, por lo tanto, más lenta. Y una aceleración de la acción a partir del segundo acto. Trataremos de situar la escena en el la línea argumental de la trama, para ello haremos un resumen tan breve como nos sea posible e insertaremos el fragmento en su momento concreto.

4.2.3. Actantes y fuerzas actanciales

Como ocurría en la novela, haremos una síntesis de los actantes y fuerzas actanciales en la obra completa, esto permitirá comprender mejor la clave de representación y cómo se relacionan los personajes en el fragmento que nos ocupa (ver pp. 189-191).

4.2.4. Espacio escénico

El lugar en el que se desenvuelve la acción puede ser un actante en la obra. En la mayoría de las representaciones el espacio no pasa de ser el marco escénico donde se desarrolla la acción. Pero en otras puede tener un valor en sí mismo. En *La casa de Bernarda Alba*, por ejemplo, el que toda la obra transcurra en el interior provoca una atmósfera asfixiante que incrementa la sensación de angustia de las protagonistas y es una fuerza decisiva en el desarrollo de la obra.

4.2.5. Caracterización de los personajes

Suele realizarse en el primer acto y puede insertarse tanto por parte del autor a través de las acotaciones, como a través del diálogo de los personajes. Otra opción es prescindir de toda caracterización expresa, por lo que distinguiremos entre:

1. Caracterización directa: cuando los demás personajes, a través de sus intervenciones, van dando información sobre uno en concreto.
2. Caracterización indirecta: el autor omite cualquier tipo de información sobre los personajes y deja al espectador que saque sus propias conclusiones a partir del desarrollo de la acción.

4.2.6. El diálogo, monólogo y aparte

Nos remitimos a lo dicho en los modos de expresión acerca del diálogo. Simplemente, introducir la variante del «aparte». La diferencia con el «monólogo» es que el «aparte» se da en el teatro, no en la novela, y es una intervención breve de un personaje, que los demás fingen no oír. Suele utilizarse para anticipar al espectador las intenciones o movimientos inmediatos del actor con efectos cómicos, normalmente.

4.2.7. Las acotaciones

Son las anotaciones que el autor hace en la obra destinadas al montaje escénico y la representación. Van dirigidas al productor, al director y a los propios actores. Aquí nos encontraremos partes descriptivas referentes al espacio, vestuario, personajes, e indicaciones sobre movimiento escénico, tono del discurso, emociones en los personajes, etc. Son muy breves, domina el estilo nominal. Suelen introducirse entre corchetes o paréntesis al principio de cada acto o matizando alguna de las intervenciones de los personajes. Su función en el texto teatral es similar al que desempeña el narrador en la novela.

4.2.8. La prosa frente al verso

El teatro clásico de los siglos XVI y XVII se escribió en verso. En estas obras se mezclan las características del teatro con las de la poesía (ritmo, rima, estrofa, etc.) que deberemos considerarlas en nuestro comentario. El Neoclasicismo del siglo XVIII impuso la naturalidad como norma, y empezaron las representaciones en prosa (Leandro Fernández de Moratín), y así continuó tras el breve paréntesis del Romanticismo que tomó el teatro del Siglo de Oro como referente.

A pesar del verso, el principio de naturalidad empieza a contemplarse también desde Lope de Vega. Se trataba de hacer hablar a los personajes según su condición social y evitar un discurso culto y elaborado en labios de un labrador inculto. Incluso se llega a elaborar una teoría sobre la conveniencia de las distintas estrofas según el asunto tratado en cada momento. En general, las de arte mayor se consideraban más aptas para reflexiones, soliloquios y asuntos serios, y las de arte menor para pasajes livianos y jocosos.

4.3. Comentario práctico sobre un texto dramático: Antonio Buero Vallejo, fragmento de Historia de una escalera, *acto I*

Texto

Un tramo de escalera con dos rellanos, en una casa modesta de vecindad. Los escalones de bajada hacia los pisos inferiores se encuentran en el primer término izquierdo. La barandilla que los bordea es muy pobre, con el pasamanos de hierro, y tuerce para correr a lo largo de la escena limitando el primer rellano. Cerca del lateral derecho arranca un tramo completo de unos diez escalones. La barandilla lo separa a su izquierda del hueco de la escalera y a su derecha hay una pared que rompe en ángulo junto al primer peldaño, formando en el primer término derecho un entrante con una sucia ventana lateral. Al final del tramo la barandilla vuelve de nuevo y termina en el lateral izquierdo, limitando el segundo rellano. En el borde de este, una polvorienta bombilla enrejada pende hacia el hueco de la escalera. En el segundo rellano hay dos puertas: dos laterales y dos centrales. Las distinguiremos, de derecha a izquierda, con los números I, II, III y IV.

DOÑA ASUNCIÓN.– ¿Te he dicho que padre de Elvira nos ha pagado el recibo de la luz?
FERNANDO.– *(Volviéndose hacia su madre.)* ¡Sí! ¡Ya me lo has dicho! *(Yendo hacia ella.)* ¡Déjame en paz!
DOÑA ASUNCIÓN.– ¡Hijo!
FERNANDO.– ¡Qué inoportunidad! ¡Pareces disfrutar recordándome nuestra pobreza!
DOÑA ASUNCIÓN.– ¡Pero, hijo!
FERNANDO.– *(Empujándola y cerrando de golpe.)* ¡Anda, anda para adentro!

Con un suspiro de disgusto, vuelve a recostarse en el pasamanos. Pausa. URBANO llega al primer rellano. Viste traje azul mahón. Es un muchacho fuerte y moreno, de fisonomía ruda, pero expresiva: un proletario. FERNANDO lo mira avanzar en silencio. URBANO comienza a subir la escalera y se detiene al verle.

URBANO.– ¡Hola! ¿Qué haces ahí?
FERNANDO.– Hola, Urbano. Nada.
URBANO.– Tienes cara de enfado.
FERNANDO.– No es nada.
URBANO.– Baja al «casinillo». *(Señalando el hueco de la ventana.)* Te invito a un cigarro. *(Pausa.)* ¡Baja, hombre! *(FERNANDO empieza a bajar sin prisa.)* Algo te pasa. *(Sacando la petaca.)* ¿No se puede saber?
FERNANDO.– *(Que ha llegado.)* Nada, lo de siempre... *(Se recuestan en la pared del «casinillo». Mientras hacen los pitillos.)* ¡Que estoy harto de todo esto!
URBANO.– *(Riendo.)* Eso es ya muy viejo. Creí que te ocurría algo.
FERNANDO.– Puedes reírte. Pero te aseguro que no sé cómo aguanto. *(Breve pausa.)* En fin, ¡para qué hablar! ¿Qué hay por tu fábrica?
URBANO.– ¡Muchas cosas! Desde la última huelga de me-

talúrgicos la gente se sindica a toda prisa. A ver cuándo nos
imitáis los dependientes.   55

FERNANDO.– No me interesan esas cosas.

URBANO.– Porque eres tonto. No sé de qué te sirve tanta
lectura.

FERNANDO.– ¿Me quieres decir lo que sacáis en limpio de
esos líos?   60

URBANO.– Fernando, eres un desgraciado. Y lo peor es que
no lo sabes. Los pobres diablos como nosotros nunca lograremos mejorar de vida sin la ayuda mutua. Y eso es el sindicato. ¡Solidaridad! Esa es nuestra palabra. Y sería la tuya si te
dieses cuenta de que no eres más que un triste hortera. ¡Pero   65
como te crees un marqués!

FERNANDO.– No me creo nada. Sólo quiero subir. ¿Comprendes? ¡Subir! Y dejar toda esta sordidez en que vivimos.

URBANO.– Y a los demás que los parta un rayo.

FERNANDO.– ¿Qué tengo yo que ver con los demás? Nadie hace nada por nadie. Y vosotros os metéis en el sindicato   70
porque no tenéis arranque para subir solos. Pero ese no es
camino para mí. Yo sé que puedo subir y subiré solo.

4.3.1. Reflexión previa sobre el argumento, personajes, fuerzas actanciales, estructura y claves interpretativas

Con esta obra, Antonio Buero Vallejo obtuvo el premio Lope de Vega e inauguró un nuevo teatro en la escena española a finales de los años 40. Frente al teatro complaciente de la posguerra española que continúa con la comedia burguesa benaventina aparece el teatro existencial. Un teatro comprometido con la realidad que trata de enfrentarse a ella para cambiarla desde una perspectiva social. Precisamente, en la obra vamos a observar la evolución de unas familias humildes en un edificio. Es un análisis pesimista de la realidad donde el único idealismo válido es el sindicalismo de Urbano que lucha por transformar la realidad colectiva, uno de los protagonistas del fragmento. Frente a él, el idealismo individualista y vago de Fernando, que sin haber hecho nada se cree con derecho a todo. Los demás personajes lucharán por sobrevivir en un ambiente en el que la vida de todos está marcada por la falta de medios, excepto de uno de ellos, don Manuel.

En el primer acto asistimos a la presentación de los principales personajes y de la situación. Fernando es un soñador, atractivo para las mujeres, que enamora a Carmina. Urbano es un trabajador apegado a la realidad que cree en el sindicalismo como modelo de lucha social. Está enamorado de Carmina, pero sabe que no puede competir con Fernando y se mantiene al margen. Las dificultades económicas van apareciendo con motivo de la llegada del cobrador de la luz. En el mismo edificio vive don Manuel con su hija Elvira, es el único que tiene medios y ayuda a sus vecinos. Malcría a su hija a la que consiente todo y que se encapricha con Fernando. El acto se sitúa en el periodo anterior a la guerra civil española, hacia los años 20

En el segundo acto observamos la evolución de los personajes transcurridos 10 años. Algunos han fallecido, como doña Asunción, don Manuel y don Gregorio. Fernando ha renunciado a sus sueños para aferrarse al dinero de Elvira, se deja seducir por ella para lograr la vida que soñaba, aparecen casados pero infelices. Elvira es ahora consciente de que no logrará el amor de Fernando, ya han tenido un hijo. Por su parte, cuando muere el padre de Carmina, abandonada por Fernando, Urbano, aun consciente de que no lo ama, le ofrece casarse con ella para mantenerla a ella y a su madre. También es un matrimonio frustrado por la realidad. Pepe y Rosa siguen siendo novios a pesar del maltrato que este le dispensa. Por su parte, don Juan sigue sin hablarse con su hija y preocupado por su hijo de quien recibe algunas noticias por Trini.

En el tercer acto han transcurrido otros 20 años, ya estamos en la posguerra. Aparecen nuevos vecinos que se quejan del mal ambiente provocado por los antiguos y del trato del casero hacia ellos y el edificio. Los personajes centrales se mantienen, ahora Fernando y Elvira tienen dos hijos, el mayor, Fernando, reproduce el perfil de su padre en el primer acto, seductor, soñador, inteligente y vago. Por su parte, Urbano y Carmina tienen una hija, también llamada Carmina, que se enamora de Fernando hijo. Al enterarse, los padres discuten dejando aflorar los viejos rencores. La obra termina de forma circular: los hijos, Fernando y Carmina sueñan enamorados en la escalera reproduciendo la escena con que concluía el primer acto entre sus padres.

Las fuerzas actanciales se mezclan en los personajes: la lucha social y el amor, sería la fuerza de Urbano, el amor idealista hacia Fernando y la necesidad de supervivencia, serán los de Carmina madre. La satisfacción de sus caprichos egoístas centrados en Fernando, serán los de Elvira. En otros casos será la mera supervivencia. Todos tienen en común el deseo de transformación de sus realidades individuales, la superación de la penuria en la que viven. El tiempo interno de la obra (30 años) nos permite contemplar cómo ninguno de ellos ha logrado sus objetivos. El inmovilismo los condena a la frustración. Ninguno consigue su propósito, cada uno convive con su fracaso. No hay redención posible. Pero sí un culpable sobre el que se centra le mirada crítica del autor: Fernando. Los demás renuncian a sus ilusiones por causas externas, pero Fernando lo hace por incompetencia: tenía el amor (Carmina) y la capacidad de actuación, la inteligencia, pero su individualismo, su falta de compromiso con la realidad social y su pereza lo condenan a sí mismo y condena a los demás personajes a vivir sin amor y sin ilusiones.

Hemos de pensar en la perspectiva ideológica de Buero Vallejo y en su experiencia vital. Su vinculación con el Partido Comunista es conocida, su interés por las clases menos favorecidas y su convicción de que la transformación de la realidad solo podía venir de la mano del colectivismo y la lucha de clases. Urbano representa la voz del autor. Pero el progreso individual no es suficiente: Fernando consigue medrar gracias al dinero de Elvira, pero sigue siendo infeliz. No puede existir la ilusión en un entorno frustrado.

Los personajes son redondos, evolucionan a lo largo de la obra, el tiempo interno favorece esta evolución. Su movimiento es circular, los hijos acaban desarrollando los caracteres de sus progenitores y reproduciendo las causas que estos trataban de erradicar al principio de la obra. El final acentúa este inmovilismo. No es complaciente con la realidad ni con el espectador, lo impele a tratar de evitar que la inercia siga funcionando y condenando a las siguientes generaciones.

La obra sigue una estructura externa clásica, en tres actos, que se ciñen en cuanto al desarrollo argumental a la estructura interna tradicional: presentación de la acción y los personajes en el primer acto; nudo o conflicto en el segundo y desenlace en el tercero.

Tanto el espacio escénico como los personajes adquieren un valor simbólico. El espacio, descrito en el fragmento, apenas evoluciona a lo largo de la obra. La ausencia de cambios de escenario (unidad de espacio) contribuye a acentuar el inmovilismo de los personajes. La escalera puede significar la posibilidad de evolución vital en los personajes (subir o bajar), pero no es sino un marco circular que siempre lleva a los actantes al punto de partida. Los personajes, a su vez, representan planteamientos vitales que se trascienden a sí mismos. Es de destacar, por ejemplo, el papel que juegan los personajes femeninos en la obra, dependientes de los hombres, imposibilitadas para elaborar un proyecto de vida propio e independiente, obligadas a soportar actitudes y tratos vejatorios (Fernando hacia su madre, el maltrato de Pepe hacia Rosa…).

4.3.2. Fases de acercamiento: resumen, esquema y tema del fragmento

El fragmento presenta dos escenas dialogadas introducidas respectivamente por dos acotaciones amplias. La primera acotación es descriptiva, nos muestra minuciosamente el decorado. El primer diálogo es el establecido entre doña Asunción y su hijo Fernando. La segunda acotación describe la actitud y movimientos de Fernando, la llegada de Urbano y su descripción. El fragmento finaliza con el diálogo entre los dos personajes.

Resumen

En el resumen, procuraremos sintetizar al máximo la descripción del escenario y quedarnos con lo esencial de las conversaciones y actitudes de los personajes.

> *La acción transcurre en el rellano de una escalera de vecinos con cuatro puertas. Doña Asunción comunica a su hijo Fernando que el padre de Elvira le ha pagado el recibo de la luz. Fernando reacciona airado contra su madre a la que recrimina que le eche en cara su pobreza, la empuja dentro del piso y cierra la puerta. Al llegar, Urbano se interesa por él y resta importancia a la ofuscación de Fernando. Le informa, optimista, del progreso de la sindicación en la fábrica, le insta a que siga su ejemplo. Ante el escepticismo de Fernando le recrimina su insolidaridad y*

sus aires de superioridad. Fernando, por su parte, lo culpa de la falta de iniciativa propia que le obliga a apoyarse en el sindicato y reafirma con orgullo el no necesitar a nadie.

Esquema

Como hemos visto, en el texto tenemos por un lado las acotaciones y por otro los diálogos. En el esquema los separaremos claramente. Después trataremos de organizar los contenidos de los diálogos:

1: *Acotación 1. Descripción del escenario: escalera de vecinos, pasamanos pobre, cuatro puertas, una polvorienta bombilla (L. 1-16).*
   A) Diálogo entre doña Asunción y Fernando (L. 17-26).
   A.1) Asunción informa a Fernando de que les han pagado la luz (padre de Elvira).
   A.2) Fernando reacciona con violencia verbal y física ante esta información.

2: *Acotación 2. Actitud de Fernando (disgustado) y presentación de Urbano: fuerte, moreno, rudo, proletario (L. 27-31).*
   B) Diálogo entre Fernando y Urbano (L. 32-68):
   B.1) Toma de contacto entre los personajes (L. 32-46): Se saludan, Urbano invita a Fernando a reunirse con él. Se interesa por él y resta importancia a su ofuscación.
   B.2) Enfrentamiento de las posiciones vitales de los personajes (L. 46-68).
   Urbano: confía en el sindicato para lograr un futuro mejor para todos. Ve con optimismo el futuro. Rechaza el individualismo insolidario e ilusorio de Fernando.
   Fernando: identifica solidaridad con incapacidad, rechaza que Urbano no sea autosuficiente, no cree en el esfuerzo común, se cree capaz de prosperar solo.

Tema

El sentimiento dominante del fragmento es la frustración de los personajes ante la realidad y cómo cada uno de ellos la enfrenta de cara al futuro, el idealismo colectivista de Urbano afianzado por una actitud personal de trabajo y esfuerzo, y el idealismo individualista de Fernando sin más apoyo que sus sueños. Ambos personajes ansían cambiar la realidad y labrarse un futuro donde tenga cabida la ilusión y la prosperidad. Pero esta ansiedad es mucho más clara en Fernando que reacciona con violencia ante sus circunstancias, que en Urbano, quien ríe ante las exclamaciones del amigo. La palabra clave podría ser «enfrentamiento». Con los complementos adecuados, podríamos enunciarlo como:

> *Enfrentamiento de Urbano y Fernando en su deseo por cambiar la realidad hacia un futuro próspero, desde la colectividad (Urbano) o desde del individualismo (Fernando).*

4.3.3. Análisis de los modos de expresión

El texto se desarrolla básicamente en dos modos de expresión: la descripción del escenario y los personajes en las acotaciones (L. 1–16 y L. 27–31) y el diálogo en el resto del texto.

4.3.4. Acercamiento por niveles de lenguaje

A. Nivel supraoracional

El tono es enunciativo en las acotaciones. En el primer diálogo el tono dominante es el exclamativo, manifiesta la carga de tensión y sentimientos en los personajes. El tono se relaja en el segundo diálogo. El tono en Urbano es más enfático, saluda con exclamación y también responde con exclamaciones, manifiestan energía y esperanza. El hilo del diálogo se sigue con frecuentes interrogaciones por parte de los personajes.

B. Nivel fónico

No se usan rasgos de caracterización fónica en los personajes.

C. Nivel sintáctico oracional

El texto presenta una sintaxis sencilla. En la primera acotación las oraciones son más largas por la acumulación de complementos circunstanciales para precisar la distribución de los elementos en el escenario. Presenta algunas oraciones compuestas sin mucha complejidad, por ejemplo: (O1) «La barandilla que (Or. Sub. adjetiva) los bordea es muy pobre, con el pasamanos de hierro»; «y» (relación coordinada copulativa); (O2) «tuerce para correr a lo largo de la escena limitando el primer rellano».

Con todo, aparece el estilo nominal en el inicio («Un tramo de escaleras… modesta de vecindad.», L.1) y a lo largo del texto para indicaciones puntuales sobre escenificación («Pausa», L. 37; «Breve pausa», L. 46), con estructuras de gerundio para indicar los desplazamientos y gestos en los actores («Volviéndose hacia su madre», L.19; «Yendo hacia ella», L. 20; «Riendo», L. 43; etc.). Pero predominan las oraciones simples sobre las compuestas tanto en las acotaciones como en el diálogo.

En el diálogo se usan frases hechas sin verbo, por ejemplo en los saludos («¡Hola!», L. 32; «¡Hola, Urbano!», L. 33); otras veces se produce la elisión del verbo apoyándose en el contexto, los personajes se solapan unos a otros o se interrumpen («¡Pero, hijo!», L. 24; «Urbano: Algo te pasa. / Fernando: Nada, lo de siempre…», L. 40; «¡Que estoy harto de todo esto!», L. 42; etc.).

El nerviosismo y la tensión en el diálogo se manifiestan a través del polisíndeton, más frecuente en Urbano («Y lo peor es que no lo sabes… Y eso es el sindicato… Y sería la tuya si te dieses cuenta…» L. 56–58). El usar casi exclusivamente la conjunción copulativa es muestra de un lenguaje coloquial poco cultivado, como corresponde a los personajes y al ambiente en que se desarrolla la obra. Es interesante constatar cómo el autor ha usado los nexos a principio de la oración detrás de puntos y seguidos que señalan pausas de entonación en un diálogo entrecortado, expresivo, enfático: «Porque eres tonto», L. 52; «Y lo peor es…», L. 56; «¡Pero como te crees un marqués!», L. 60–61; «Pero ese no es camino para mí», L. 67–68; etc. La mayor complejidad lógica se produce en el último intercambio entre Urbano y Fernando, encontramos una oración subordinada condicional («… si te dieses cuenta…», L. 50-60), dos oraciones coordinadas adversativas («¡Pero como te crees un marqués!», L. 60-61; «Pero ese no es…», L. 67) y una subordinada causal («… porque no tenéis arranque para subir», L. 67).

C.1. El orden lógico oracional

- Sujeto y predicado: como predominan en el diálogo la primera y la segunda persona, la mayoría de las oraciones se construyen con el sujeto omitido. En el resto del texto el sujeto aparece delante del verbo excepto en una oración interrogativa pronunciada por Fernando («¿Qué tengo yo que ver con los demás?», L. 65) donde es destacable el uso del pronombre pero no su posición, normal en estructuras interrogativas.
- Otras alteraciones: destacaríamos la anteposición de los complementos circunstanciales de lugar en la acotación inicial, destaca la importancia de esta información en una descripción del escenario: «Al final del tramo…», (L. 10); «En el borde de este…», (L. 12); «En el segundo rellano…», (L. 13-14), etc.
  - Alguna otra alteración sin destacar, cuando Urbano responde sobre su fábrica anticipa un complemento circunstancial de tiempo («Desde la última huelga de metalúrgicos la gente se…», L. 48).
  - Se busca el lenguaje directo y claro.

D. Nivel sintágmático

D.1. Sintagma nominal

- Nombres: Los nombres son sencillos, como corresponde a un lenguaje oral y urbano. No se aprecian tecnicismos. Se alternan nombres comunes concretos, para designar la realidad física (recibo, tramo, escalera, cara, casinillo, cigarro, petaca, pared, etc.) con nombres abstractos para designar conceptos o sentimientos (paz, inoportunidad, enfado, huelga, solidaridad, sindicato, etc.).

- El plano apelativo del discurso presente en el diálogo determina la presencia de vocativos en el texto («Baja, hombre», L. 37; «Hola, Urbano.», L. 33; etc.)
- Pronombres: son frecuentes en el diálogo los pronombres de primera y segunda persona designando a los interlocutores en funciones de complemento directo o indirecto: «Te he dicho…» (L. 17), «… ya me lo has…» (L. 19), «… déjame en paz…» (L. 19), «Pareces disfrutar recordándome…» (L. 23).
  - Interesante destacar dos usos pronominales:
    - El uso de formas pronominales neutras («… estoy harto de todo esto…») designando una realidad compleja que el espectador puede aplicar a la suya propia (L. 42) sin necesidad de hacerla explícita, interesante en una situación de censura: habría que ponerlo en relación con nombres genéricos como «cosas» usados por ambos personajes: «Muchas cosas» (L. 48), «… esas cosas» (L. 51).
    - El uso del «yo» enfático en Fernando, dos veces en su última intervención: «¿Qué tengo yo que ver…» (L. 65) y «Yo sé que puedo…» (L. 68). Subraya el individualismo egoísta del personaje frente al «nos» usado por Urbano: «A ver cuando nos imitáis los dependientes» (L. 49).
- Determinantes: el uso es diferente en las acotaciones y en el diálogo:
  - Acotaciones: los determinantes están normalizados en las acotaciones. Se trata de una descripción donde abundan los determinantes indefinidos como presentadores y los determinantes artículos como actualizadores: «un tramo de escalera…» (L. 1), «… dos rellanos.» (L. 1), «una casa modesta…» (L. 1), «los escalones…» (L. 2), «… los pisos…» (L. 2), «la barandilla…» (L. 3), «el pasamanos…» (L. 4), etc. A través de los nombres significamos el ámbito referencial concreto del escenario donde van a transcurrir los acontecimientos.
  - Diálogo: hay pocos determinantes por:
    - La abundancia de verbos: observar, a modo de ejem-

plo la intervención de Fernando en la línea 45: «Puedes reírte. Pero te aseguro que no sé como aguanto», donde no aparece ni un solo nombre.
- Uso de vocativos que no llevan determinante: «¡Baja, hombre!» (L. 37), «¡Hijo!» (L. 21), «¡Pero, hijo!» (L. 24), «Hola, Urbano.» (L. 33).
- Aparecen los determinantes posesivos que marcan la relación de los personajes con su entorno: Fernando habla con su madre de «nuestra pobreza», su universo se circunscribe al ámbito familiar inmediato (L. 23). Utiliza «tu» para expresar el compromiso de Urbano con el trabajo y sus compañeros: «¿Qué hay por tu fabrica?» (L. 46–47), de la misma forma que el propio Urbano se refiere al conjunto como nosotros: «Esa es nuestra palabra...» (L. 59). Su universo es más amplio, es el colectivo del que se siente formar parte.
- Adyacentes nominales:
  - Simples (adjetivos): los adjetivos que aparecen en el texto son especificativos. Se usan para caracterizar el escenario o los personajes: «... casa modesta...» (L. 1), «... pisos inferiores...» (L. 2), «... lateral derecho...» (L. 6), «... traje azul...» (L. 28), «... fisonomía ruda...» (L. 29).
    - En el diálogo aparecen dos adjetivos cuyo significado cambia según la posición: «... pobres diablos...» (L. 57), que antepuesto significa digno de compasión o lástima. La misma carga semántica tiene la anteposición de «... triste hortera...» (L. 60), no se refiere a un «hortera» serio, sino a quien inspira tristeza en quien lo contempla por su patetismo.
    - Aparece la adjetivación indirecta por el uso de estructuras atributivas: «... eres tonto...» (L. 52), «... estoy harto...» (L. 42), «... eso es... viejo.» (L. 43), «... la barandilla... es muy pobre...» (L. 4).
  - Complejos (complementos del nombre, aposiciones y oraciones subordinadas adjetivas):
    - Al igual que los adjetivos, aparecen en las acotaciones para precisar el significado de los nombres, pre-

cisión importante por tratarse de la descripción del escenario y movimiento escénico: «... tramo de escaleras con dos rellanos...» (L. 1), «casa de vecindad» (L. 1-2), «... pasamanos de hierro...» (L. 4), «... un tramo de unos diez escalones...» (L. 6-7), «... hueco de la escalera...» (L. 7-8), «... suspiro de disgusto...» (L. 27), «... muchacho... de fisonomía ruda...» (L. 29), «... hueco de la ventana...» (L. 36), «... pared del «casinillo» (L. 41), etc.

D.2. Sintagma verbal

- VERBO:
  - En las acotaciones los verbos se utilizan en presente de indicativo en tercera persona. Es el modo de la realidad coincidente con el acto de comunicación, normal en cualquier descripción: «Los escalones... se encuentran...» (L. 2-3), «... la barandilla... es pobre... bordea... tuerce...» etc. Además, observamos:
    - Presencia de verbos copulativos para caracterizar o identificar los elementos: «... es muy pobre...» (L. 4), «... es un muchacho fuerte...» (L. 29).
    - Estructuras impersonales: «... en el segundo rellano hay...» (L. 14), «... a su derecha hay una pared que...» (L. 8)
    - Elisión del verbo y estructuras nominales: «Un tramo de escalera con dos rellanos...» (L. 1), «Breve pausa» (L. 46), «Pausa» (L. 37). Los movimientos escénicos de los personajes se marcan en las acotaciones con construcciones de gerundio («Volviéndose hacia su madre», L. 19; «Yendo hacia ella», L. 20; «Señalando al hueco de...», L, 36; «Sacando la petaca» L. 38-39; «Riendo», L. 43; etc.).
  - En el diálogo el uso de los verbos es más variado. El tiempo más empleado es el presente de indicativo entre Urbano y Fernando («¿Qué haces?», L. 32; «No es nada», L. 35; «te

invito a un cigarro», L. 37; «…estoy harto», L. 42; «eso es viejo», L. 43).

- Interesa destacar el uso del modo imperativo en el diálogo entre Fernando y su madre: «¡Déjame en paz!» (L. 20) y «¡Anda para adentro!» (L. 25-26). Su valor conativo viene acentuado por el tono exclamativo. Urbano también lo usa pero sin exclamaciones: «Baja al «casinillo» (L. 36).
- Al principio, a través del pretérito perfecto de indicativo, doña Asunción y Fernando hablan del pasado inmediato: «… nos ha pagado el recibo» (L. 18) y «ya me lo has dicho» (L. 20).
- Aparecen estructuras atributivas más para definir y clasificar la realidad que para caracterizarla: «eso es ya muy viejo…» (L. 43), «… eres tonto» (L. 52), «… eres un desgraciado» (L. 56), «… lo peor es que no lo sabes» (L. 56-57), «… eso es el sindicato» (L. 58-59), «Esa es nuestra palabra» (L. 59), «… sería la tuya si…» (L. 59-60), «… no eres más que un triste hortera» (L. 60).
- Sólo aparecen dos formas de subjuntivo: en una expresión desiderativa («Y a los demás que los parta un rayo», L. 64) y en una oración subordinada condicional («… si te dieses cuenta…», L. 59-60).
- En cuanto a la persona, lo más frecuente es el uso de la segunda persona en el diálogo, aunque es de destacar que cuando aparece la primera persona (función expresiva) siempre la utiliza Fernando: «… estoy harto» (L. 42), «no sé cómo aguanto» (L. 45-46), «No me creo nada. Sólo quiero subir» (L. 62), «Qué tengo yo que…» (L. 65). A través de la tercera persona se introduce en el diálogo la realidad exterior: «¿Qué hay por tu fábrica?» (L. 46-47), «… la gente se sindica a toda prisa» (L. 49). O se clasifica la realidad: «Ese no es camino…» (L. 67), «Nadie hace nada…» (L. 65-66), «… lo peor es que…» (L. 56), etc.

- Adyacentes verbales:
  - En las acotaciones abundan los complementos circunstanciales de lugar y modo como corresponde a una descripción espacial en la que hay que situar los elementos del escenario:
    - C. C. de lugar:
      - «… en una casa modesta…» (L. 1)
      - «… hacia los pisos inferiores…» (L. 2)
      - «… en el primer término…» (L. 3)
      - «… a lo largo de la escena…» (L. 5)
      - «Cerca del lateral…» (L. 5-6)
      - «… a su izquierda…» (L. 7)
      - «… a su derecha…» (L. 8)
      - «… junto al primer peldaño…» (L. 9)…
    - C. C. de modo:
      - «… con dos rellanos…» (L.1)
      - «… con el pasamanos de hierro…» (L. 4)
      - «… limitando el primer rellano.» (L. 5)
      - «… formando…un entrante…» (L. 9-10)
      - «… con una sucia ventana…» (L. 10)
      - «… limitando el segundo rellano.» (L. 11-12)…
  - En el diálogo hay pocos adyacentes verbales, lo que es propio de un lenguaje más atento al núcleo del contenido que a los detalles.

4.3.5. Realizamos el encuadre de la obra

Reflexiones previas

Historia de una escalera fue escrita por Antonio Buero Vallejo. Con ella obtuvo el premio Lope de Vega en 1949. Las circunstancias históricas son idénticas a las que comentamos para Miguel Delibes, sólo que ahora aplicadas a la escena en la España de la posguerra. El teatro existencial, por su carácter crítico, no era bien recibido por los empresarios teatrales, como tampoco lo era por un público que pretendía no señalarse con ideas que pudieran considerarse «sospechosas» por un régimen autoritario dado a las represiones ante cualquier hecho que se interpretara como amenazante para su propia supervivencia. En este ambiente, el teatro que triunfa es el cómico o la llamada «comedia burguesa», donde se plantea una crítica suave de las costumbres con un aderezo de humor. Quizá esto explique la evolución de la obra de Buero Vallejo, y cómo desde el llamado teatro existencial, en la década de los cincuenta, pasó a un teatro más simbolista donde tuvo cabida lo fantástico. De ahí retomaría el teatro social, pero usando la perspectiva histórica –*Un soñador para un pueblo* (1958) sobre el motín de Esquilache, *Las Meninas* (1960) y *El sueño de la razón*, sobre Goya, etc.– ya en la década de los sesenta, más relajado el Régimen de Franco y con aires aperturistas hacia Europa con una censura mucho más permisiva y un público deseoso de cambio.

En el aspecto técnico también fue un autor innovador: trató de ensayar métodos para integrar al espectador en el ambiente de la obra haciéndole, por ejemplo, compartir la ceguera, la sordera, la locura, etc. de los personajes protagonistas en obras como *En la ardiente oscuridad*, *El concierto de San Ovidio*, etc.

Concretando con los datos necesarios, podríamos realizar el encuadre de la obra y del fragmento:

Breve introducción a la época

La referencia a la guerra civil es obligada, los grandes renovadores de la escena española murieron antes o durante la contienda (Valle-Inclán y Federico García Lorca), otros se exiliaron (Max Aub, León Felipe, Jacinto Grau, etc.). En estas circunstancias, con una férrea censura, el teatro se empobrece enormemente entre la necesidad de unos ingresos económicos por parte de los empresarios teatrales y el miedo a represalias por el contenido de las obras, por parte de los autores.

Breve encuadre en su generación

Los únicos éxitos durante los años 40 vienen de la mano de Miguel Mihura y Jardiel Poncela, un teatro cómico de evasión que elude cualquier compromiso con la realidad. No es de extrañar, pues, la esperanza con que fue acogido el estreno de *Historia de una escalera*, la primera obra de teatro existencial y comprometida con la realidad. En la década de los cincuenta, otro dramaturgo de planteamientos más radicales viene a sumarse a esta línea de teatro social, Alfonso Sastre, pero la evolución sería lenta y dificultosa, y muy vinculada al desarrollo político del país. Ya en la década de los 60 las circunstancias posibilitan que otros autores se sumen a esta línea de teatro social que seguirá compitiendo en desventaja con la comedia burguesa (Lauro Olmo, Carlos Muñiz, Rodríguez Méndez, etc.).

Breve referencia biográfica y literaria

Nació en Guadalajara (1916) hijo de militar, capitán y profesor. Desde pequeño manifestó sus dos grandes aficiones: la pintura y el teatro. En 1934 se traslada con su familia a Madrid y se matricula en Bellas Artes. Su sensibilidad social lo acerca al marxismo y cuando se inicia la guerra quiso alistarse, pero desistió por la oposición de su padre quien en la contienda, alineado con Franco, es detenido y fusilado (1936). Fue movilizado e incorporado a filas por la República en 1937, en esta etapa conoce a Miguel Hernández. Acabada la guerra, pasa por un campo de concentración pero se le deja en libertad. Trata de reorganizar el Partido Comunista desde la clandestinidad, pero es detenido en 1939 y condenado a muerte. Durante ocho meses esperó en su celda ser ejecutado, pero finalmente se le conmuta la pena por treinta años de prisión. Pasa por diversas cárceles españolas. La pintura le ayuda a sobrellevar esta etapa, a él debemos un célebre retrato de Miguel Hernández con quien coincidió. En 1946 logra por fin salir en libertad condicional pero desterrado de Madrid. Fija su residencia en Carabanchel. A partir de entonces su dedicación al teatro y a la vida intelectual fue total. Su consagración vino de la mano del premio Lope de Vega en 1949 con su obra *Historia de una escalera*.

En 1959 se casa con la actriz Victoria Rodríguez, con la que tuvo dos hijos. El éxito de público le acompaña, pero su compromiso ideológico le acarrea dificultades con la censura y con los teatros. Pasa por penurias económicas, recurre a conferencias, clases y alguna colaboración periodística. Al llegar el periodo democrático el reconocimiento fue unánime. Miembro de la R.A.E. desde 1971. Muere en Madrid (2000). Sin duda, uno de los autores más relevantes de la escena española del siglo XX

Breve síntesis de su obra

Su obra, como su vida, pasa por diferentes etapas; por su contenido y forma podemos agruparlas en tres grandes grupos: primero las que nos presentan una fuerte crítica social, teatro existencial, como *Historia de una escalera* (1949), *Hoy es fiesta* (1956), o *Las cartas boca abajo* (1957) y *El tragaluz* (1967). Un segundo grupo más neosimbolista como *La tejedora de sueños*, *La señal que se espera* (1954) o *Casi un cuento de hadas* (1953). Aparecen figuras fantásticas a las que volverá en un periodo posterior con obras como *El sueño de la razón* (1970), o *La fundación* (1974). Y un tercer grupo en las que enfoca su visión crítica hacia la historia como *Un soñador para un pueblo* (1958), *Las Meninas* (1960), etc.

Breve resumen de *Historia de una escalera*

El fragmento que vamos a comentar pertenece a *Historia de una escalera*, obra perteneciente a la primera época y con la que obtuvo el premio Lope de Vega en 1949. La acción se sitúa en una realidad inmediata, hacia los años veinte, en un único escenario, el descansillo de una escalera en un bloque de vecinos. Está estructurada en tres actos. El tiempo interno en que transcurre la obra es de treinta años. La guerra civil se supone entre los actos I y II. Esto nos permite asistir a la evolución de una galería de personajes de clase media baja con todas sus dificultades. Entre los personajes destacan Urbano, un obrero de fábrica que confía en el sindicato y la lucha social para salir de ese círculo de pobreza, y Fernando, dependiente, soñador, individualista y vago, que sólo confía en sí mismo. La obra constata el fracaso de sus proyectos vitales, el político y el privado, en ambos casos, con el devenir del tiempo. La realidad se va imponiendo y doblegando poco a poco a los personajes que ven al final cómo sus hijos repiten su misma historia.

Encuadre del fragmento en la obra

El texto propuesto pertenece al acto I, escena I, justo en él se nos describe el escenario donde van a transcurrir los acontecimientos y se nos presenta a los personajes centrales de la obra: Urbano y Fernando.

4.3.6. ¿Cómo enfocamos y organizamos el comentario de este texto literario?

Insistiremos una vez más en que vamos a tratar de comprender, a través del comentario, cómo la finalidad perseguida por el autor, que hemos determinado en el tema, justifica la presencia de los rasgos lingüísticos presentes en el texto. Para comprenderlo nos centraremos, en el tema, en primer lugar, y en los modos de expresión utilizados. Ya hemos visto cómo la finalidad es transmitirnos la actitud de deseo o ansiedad por transformar la realidad de penuria en que viven los personajes. Los modos de expresión usados son la descripción en las acotaciones y el diálogo.

En nuestro comentario empezaremos por el análisis de los aspectos concretos y específicos del teatro (escenario, actantes, fuerzas actanciales, estructura, tiempo interno, etc.). Más tarde observaremos los recursos lingüísticos que han sido empleados en el texto relacionándolos con la intencionalidad del autor y con los modos de expresión consignando sólo lo más relevante de nuestras observaciones.

4.3.7. Comentario propiamente dicho

Estamos ante un fragmento de la obra Historia de una escalera *de Antonio Buero Vallejo, en concreto el texto es el inicio del acto I. A través de las acotaciones se nos describe el escenario, los personajes y su movimiento escénico. Aparecen tres personajes: doña Asunción, madre de Fernando, el propio Fernando y su amigo Urbano. A través del diálogo, desde el primer momento, se centra el problema en las dificultades económicas que atraviesan Fernando y su madre. Después sabremos que todos los vecinos están en circunstancias similares excepto don Manuel, padre de Elvira. Fernando y Urbano son dos de los personajes centrales de la obra. El tiempo interno, treinta años, permite que observemos la evolución de sus vidas y cómo la realidad acaba imponiéndose a sus sueños, los personajes son redondos, van cambiando su relación y su carácter a lo largo del tiempo desde la ilusión y la amistad, hacia la frustración y el odio.*

Todos quieren medrar, lograr una prosperidad que les permita abandonar una vida de penuria y frustración. Urbano, que representa la voz del autor, cree en que la solución vendrá de la mano del sindicalismo, del asociacionismo, que eso traerá la prosperidad para todos. Fernando representa la lacra de España, la ilusión individualista, egoísta, que cree que se basta a sí mismo pero nunca llega a poner los medios para lograrlo. Ambos fracasarán. Carmina, otra vecina, está enamorada de Fernando, con quien comparte sueños, Urbano lo está de Carmina, pero sabe que no puede competir con Fernando. Doña Asunción quiere para su hijo a Elvira, hija de don Manuel, ve en su dinero la solución a su penuria económica y a sus pretensiones de aparentar. Fernando es consciente y no está dispuesto a plegarse a los deseos de su madre. Pero Elvira se encaprichará de él y su pereza y su fracaso personal lo llevarán a casarse con ella renunciando a Carmina. Urbano, al quedar Carmina huérfana y sin Fernando, se ofrece a casarse con ella para ayudarlas a ella y a su madre. Carmina acepta como solución de vida, pero sin amor. Todos siguen viviendo en el mismo bloque 30 años más tarde cuando sus hijos, con sus mismos nombres, Fernando y Carmina, se enamoran y reproducen la misma escena soñadora e ilusionada que sus padres mantuvieron al final del primer acto.

La infelicidad de los personajes ha derivado de lo colectivo a lo individual, de ahí el hondo humanismo del autor. No es sólo la frustración por no haber logrado superar las penurias económicas, es la frustración por haber renunciado a algo más importante, el amor complice que comparte nuestros sueños y nuestros fracasos. El amor de Elvira hacia Fernando se agria cuando comprende que nunca será amada por él, de la misma forma que se agria el amor de Urbano hacia Carmina cuando comprende que a pesar de aceptarlo y darle una hija, siempre estará enamorada de Fernando.

Los acontecimientos y el tiempo hacen variar las fuerzas actanciales de los personajes que oscilan en polos opuestos entre el primer y tercer acto: amor–desamor, ilusión y esperanza frente a frustración, amistad frente a encono, hasta que las fuerzas actanciales negativas quedan impuestas condenando cualquier posible evolución en los personajes centrales, lo que sucederá en el tercer acto cuando los dos matrimonios discuten al descubrir la relación que mantienen sus hijos.

Es la historia de la frustración de un país en la posguerra

condenado a reproducir sus propio errores, pero la última escena es también una esperanza, una invitación a que la trama derive hacia lo positivo, a la ilusión de que la siguiente generación no fracase donde lo hizo la anterior, un reto al espectador, una técnica reproducida por Buero Vallejo en otras obras (El Tragaluz, por ejemplo). La escalera nos ofrece las dos posibilidades, subir o bajar, estamos en el descansillo, la decisión es nuestra.

El texto se compone de dos partes bien diferenciadas: las acotaciones y el diálogo. Las acotaciones largas, la de la introducción y la intermedia, son descriptivas, a través de ella se nos dibuja el escenario donde transcurre la acción. Es un escenario único, los entreactos se aprovechan para los saltos temporales internos, unos diez años entre el primero y el segundo; unos veinte años entre el segundo y el tercero. La inmovilidad escénica va a contribuir a que el escenario se convierta en un actante por sí mismo: a pesar de sus ilusiones, los personajes no logran salir de donde están.

En las acotaciones el tono es enunciativo, a través de oraciones sencillas va describiendo el escenario. La función lingüística dominante es la referencial, se nos dibuja un mundo físico mediante nombres concretos introducidos en primera instancia por determinantes indefinidos y actualizados a continuación mediante artículos: «Un tramo de...» (L. 1), «... una casa de...» (L. 1), «... un entrante con...» (L. 10), «... una sucia ventana...» (L. 10), «Los escalones...» (L. 1), «... el primer término...» (L. 3), «La barandilla...» (L. 3), etc. La descripción tanto del escenario como de los personajes se completa mediante adjetivos especificativos («... casa modesta...», L. 1; «... pisos inferiores...», L. 2; «... lateral derecho...», L. 6; «... traje azul...», L. 28; «... fisonomía ruda...», L. 29; etc.) y complementos del nombre («... tramo de escaleras con dos rellanos...», L. 1; «casa de vecindad...», L. 1–2; «... pasamanos de hierro...», L. 4; «... muchacho... de fisonomía ruda...», L. 29; etc.). También utiliza la adjetivación indirecta a través de estructuras atributivas («... es muy pobre...», L. 4; «... es un muchacho fuerte...», L. 29). Los verbos aparecen en tercera persona del presente de indicativo, el autor visualiza la escena como si la tuviese frente a sí, excepto en el último verbo «Las distinguiremos...» (L. 15), en que parece integrarse con el lector, probablemente el director escénico, para proyectarse junto a él en la futura ejecución material del escenario. La situación de los elementos en el espacio requiere de una gran abundancia de complementos locativos (de lugar) y modales que con frecuencia aparecen antepuestos al predicado («... en una casa modesta...», L. 1; «... hacia los pisos inferiores...», L. 2; «... en el primer término...», L. 3; «... a lo largo de la escena...», L. 5; «... con dos rellanos...», L. 1; «... con el pasamanos de hierro...», L. 4; «... limitando el primer rellano...», L. 5; etc.).

La abundancia de adyacentes tanto nominales como verbales en las acotaciones manifiestan la atención a la precisión por parte del autor, la sencillez de las estructuras sintácticas, su deseo de claridad.

En las acotaciones intermedias abunda la ausencia de verbo, predominan las estructuras nominales y de gerundio para significar de forma breve actitudes en los personajes y movimientos escénicos («Breve pausa», L. 46; «Pausa», L. 37; «Volviéndose hacia su madre», L. 19; «Yendo hacia ella», L. 20, y «Señalando al hueco de...», L. 36) ofrecen una información exacta de cómo el autor visualiza el desarrollo de la imagen para su puesta en escena.

En el diálogo, en cambio, las funciones lingüísticas dominantes serán la expresiva y la conativa. Los personajes nos informarán a través del diálogo de sus sentimientos y tratarán de motivar acciones en su interlocutor. En el primer diálogo, entre doña Asunción y Fernando, el tono dominante es el exclamativo, la reacción de Fernando ante una noticia, en apariencia, positiva, es desproporcionada. Su carácter dominante queda de manifiesto por la vehemencia resaltada por la utilización de monosílabos y frases cortas y subrayada por el uso del imperativo directo («¡Sí! ¡Ya me lo has dicho! ¡Déjame en paz!», L. 19-20). Es tan fuerte la reacción que no da lugar ni siquiera a la respuesta por parte de la madre («¡Hijo!», L. 21; «¡Pero, hijo!», L. 24). El autor recalca esta violencia en las acotaciones insertas («Empujándola y cerrando de golpe», L. 25).

Molesta a Fernando no la realidad en sí, sino que lo bajen de las nubes, que se lo recuerden («¡Qué inoportunidad! ¡Pareces disfrutar recordándome nuestra pobreza!» L. 22-23). El reproche es violento incluso en nuestra sociedad moderna, impensable en una sociedad donde a los padres se les llamaba de usted. El egocentrismo de Fernando queda ya indicado por el uso del pronombre personal de primera persona («¡Ya me lo has dicho!», L.

19-20; «¡Déjame en paz!» L. 20; «… recordándome…», L. 22-23). Lo importante no es que la madre lo diga o lo recuerde sino que se lo diga a él, se lo recuerde a él: el mundo gira en torno a su ego.

El tono se vuelve más pausado, aparece Urbano. La relación entre los dos personajes es más relajada. Urbano es más expresivo, manifiesta más energía, aparecen exclamaciones en su saludo («¡Hola!, L. 32), en sus indicaciones («¡Baja, hombre!» L. 37), en sus respuestas («¡Muchas cosas!», L. 48), en sus manifestaciones («¡Solidaridad!», L. 59). Es franco, ante la respuesta de su amigo ríe, está relajado. Las intervenciones de Fernando son menos enérgicas, parece agotado tras el encuentro con la madre, pero se va exaltando a medida que transcurre la conversación hasta que rompe en una exclamación con la palabra clave: «¡Subir!» (L. 63).

El diálogo es fluido, las frases cortas, con frecuencia se omiten los verbos apoyándose en la presuposición y el contexto («¿Qué haces ahí? [...]Nada», L. 32-33; «¿No se puede saber? [...] Nada. Lo de siempre», L. 39-40; «Que estoy harto…», L. 42; F: «¿Qué hay en tu fábrica?». U: «¡ Muchas cosas!», L. 46-48, etc.). Pero el desarrollo lógico va ganando en importancia a medida que avanza el diálogo. En las últimas intervenciones podemos observar cómo, frente a las frases cortas que se intercambian en el saludo y el contacto, aparecen intervenciones más elaboradas. Aunque el tono es enunciativo, la implicación afectiva del emisor en sus enunciados se manifiesta por el polisíndeton, más frecuente en Urbano («Y lo peor es que no lo sabes… y eso es el sindicato… y sería tuya si te dieses cuenta…», L. 56-59). El usar casi exclusivamente la conjunción «y» es muestra de un lenguaje coloquial poco cultivado, como corresponde a los personajes –obrero de fábrica, rudo– y al ambiente en que se desarrolla la obra –casa modesta de vecindad–. Otros nexos han sido utilizados, la mayoría detrás de los puntos y seguido, señalando pausas de entonación en un diálogo entrecortado y enfático. En estos nexos podemos apreciar cierto carácter argumentativo por la presencia de conjunciones adversativas y nexos causales («Porque eres tonto», L. 52; «¡Pero como te crees un marqués!», L. 60-61; «Pero ese no es camino para mí», L. 67-68; «… porque no tenéis arranque…», L. 67). Los personajes se están describiendo y están exponiendo y argumentando sus posiciones vitales.

Estas posiciones vitales quedan reflejadas a través del uso pronominal. Fernando usa el «yo» enfático en dos ocasiones («¿Qué tengo yo que ver...», L. 65 y «Yo sé que puedo...», L. 68) y a través de él, señala su perspectiva individualista, como ya sucedía con el uso del «me» en el diálogo con doña Asunción. Sin embargo, Urbano usa el «nos», se siente integrado en un grupo más amplio y ve la sociedad estructurada en colectivos susceptibles de ser organizados («A ver cuando nos imitáis los dependientes», L. 49-50). También Fernando ve así a su amigo: cuando se refiere a la fábrica, lo hace usando el posesivo de segunda persona: «tu fábrica», reconocimiento al grado de compromiso del amigo con sus compañeros. Es su proyecto de vida.

De ahí que la función expresiva domine en las intervenciones de Fernando, usa la primera persona verbal, habla de sí mismo («... estoy harto...», L. 42; «No me creo nada. Sólo quiero subir...», L. 62, «¿Qué tengo yo que...?», L. 65; «Yo sé que puedo subir y subiré solo», L. 68) y, con frecuencia, cuando usa la segunda o tercera persona lo hace con el pronombre personal de primera persona en función de complemento indirecto, el valor del mundo se mide por su capacidad de servirle o interesarle a él («... no es camino para mí», L. 67-68; «¿Me quieres decir...?», L. 54; «No me interesan esas cosas», L. 51, etc.). En Urbano, en cambio, aparece la función conativa, pregunta al amigo; la referencial, cuando habla del mundo exterior, de la fábrica; la expresiva, cuando a través de la entonación, del énfasis y de la risa nos transmite sus sentimientos hacia el mundo que lo rodea.

Urbano está convencido de sus postulados, es consciente de su situación y siente pena por los que comparten la visión individualista de su amigo. En dos ocasiones utiliza adjetivos antepuestos, los únicos del diálogo, en ambas ocasiones el adjetivo adquiere un significado subjetivo: «... pobres diablos...» (L. 57) y «... triste hortera...» (L. 60), en ambos casos no se refiere a «diablos sin dinero» o a «un hortera serio», sino a «diablos» y «horteras» dignos de compasión o que inspiran tristeza por su patetismo en quienes los contemplan.

El léxico es sencillo y, a veces, se usan palabras de significado amplio y ambiguo («cosas», «líos») o pronombres neutros para significar una realidad compleja que no se explicita («... estoy harto de todo esto», L. 42) que podemos imaginar fácilmente extrapolable por el espectador a la situación de penuria y represión real en el año 49, y que le permitía saltar la censura. La llaneza de la ex-

presión se manifiesta también en expresiones coloquiales, aunque no son dominantes («... te crees un marqués», L. 61; «Nadie hace nada por nadie», L. 65–66; «... que los parta un rayo.», L. 64).

En conclusión, estamos ante el inicio de Historia de una Escalera, *donde encontramos la descripción del escenario, meticulosa y expuesta con claridad por parte del autor, y la presentación de tres de los personajes a través de la acción y el diálogo. El inicio es contundente, es una escena violenta que produce la primera situación de conflicto a partir de la cual se desarrollará la trama. Los personajes centrales, Fernando y Urbano, se nos presentan de modo directo –a través del autor en las acotaciones y de los propios personajes a través del diálogo– y desde el principio se plantea un enfrentamiento en cuanto a las formas de solucionar el problema vital: salir de la penuria y lograr un mejor nivel de vida con el que poder realizar los sueños. Impresiona la valentía del autor teniendo en cuenta que la obra fue representada en 1949, afrontando temas como el sindicalismo en la época más dura de la censura de posguerra. El carácter de los personajes, sumiso y resignado en doña Asunción, esperanzado y enérgico en Urbano, iluso y egoísta en Fernando, queda perfectamente reflejado en este fragmento.*

4.3.8. Propuesta de ejercicios prácticos sobre dos fragmentos teatrales

Texto I

[...]	–
DIONISIO.– Buenas noches.	–
PAULA.– *(Presentando.)* Este señor es malabarista.	–
BUBY.– ¡Ah! ¡Es malabarista!	–
PAULA.– Debuta también mañana en el Nuevo Music–Hall... Su papá se traga el sable...	5
DIONISIO.– Perdone que no le dé la mano... *(Por los sombreros, con los que sigue en la misma actitud.)* Como tengo esto..., pues no puedo.	–
BUBY.– *(Displicente.)* ¡Un compañero! ¡Entra dentro, Paula!...	10 –

PAULA.– ¡No entro, Buby!
BUBY.– ¿No entras, Paula?
PAULA.– No entro, Buby.
BUBY.– Pues yo tampoco entro, Paula.

(Se sientan en la cama, uno a cada lado de DIONISIO, que también se sienta y que cada vez está más azorado. BUBY empieza a silbar una canción americana, acompañándose con su ukelele. PAULA le sigue, y también DIONISIO. Acaban la pieza. Pausa.)

DIONISIO.– *(Para romper, galante, el violento silencio.)* ¿Y hace mucho tiempo que es usted negro?
BUBY.– No sé. Yo siempre me he visto así en la luna de los espejitos.
DIONISIO.– ¡Vaya por Dios! ¡Cuando viene una desgracia nunca viene sola! ¿Y de qué se quedó usted así? ¿De alguna caída?
BUBY.– Debió de ser eso, señor...
DIONISIO.– ¿De una bicicleta?
BUBY.– De eso, señor...
DIONISIO.– ¡Como que a los niños no se les debe comprar bicicletas! ¿Verdad, señorita? Un señor que yo conocía...
PAULA.– *(Que, distraída, no hace caso a este diálogo.)* Este cuarto es mejor que el mío...
DIONISIO.– Sí. Es mejor. Si quiere usted lo cambiamos. Yo me voy al suyo y ustedes se quedan aquí. A mí no me cuesta trabajo... Yo recojo mis cuatro trapitos... Además de ser más grande, tiene una vista magnífica. Desde el balcón se ve el mar... Y en el mar tres lucecitas... El suelo también es muy mono... ¿Quieren ustedes mirar debajo de la cama?
BUBY.– *(Seco.)* No.
DIONISIO.– Anden. Miren debajo de la cama. A lo mejor encuentran otra bota... Debe de haber muchas...
PAULA.– *(Que sigue distraída y sin hacer mucho caso de lo que dice DIONISIO, siempre azoradísimo.)* Haga usted algún

ejercicio con los sombreros. Así nos distraeremos. A mí me
encantan los malabares...
DIONISIO.– A mí también. Es admirable eso de tirar las cosas al aire y luego cogerlas... Parece que se van a caer y luego resulta que no se caen... ¡Se lleva uno cada chasco! *50*
[...]

Tres sombreros de copa, Miguel Mihura, acto I

Texto II

[...]
LA PALMIRA.– ¿Por qué nos encierran?
LA ASUNCION.– Porque tienen que tomaros... declaración. El... problema... se complica.
LA PALMIRA.– ¿Por qué? *5*
LA ASUNCION.– Porque creen que... todas nos hemos aconchabado para lo del... arcipreste. Es... como... si todas... nos hubiéramos tomado... una... venganza...
LA CARMELA.– *(Reaccionando, valiente y violenta.)* Oye, Asunción. Dime una cosa: ¿con quién ibas anoche? *10*
LA ASUNCION.– Yo... iba... con un hombre...
LA CARMELA.– ¿Quién era?
LA ASUNCION.– Dé... jame...
LA CARMELA.– Dime, por Dios, ¿quién era?
LA ASUNCION.– No..., no... *15*
LA CARMELA.– ¿Era casado?

(Silencio)

LA CARMELA.– ¿Era casado?, ¿era casado? ¿Era casado?
LA ASUNCION.– Sí.
LA CARMELA.– ¿Y quién era? ¿Quién? ¿Quién? ¿Quién? *20*
LA ASUNCION.– No... ,no... ,no...
LA CARMELA.– ¿Quién?
LA ASUNCION.– Dijo que... Capitán... de Infantería.

LA CARMELA.- *(Delirante)* ¿Lo habéis oído? ¿Lo habéis oído? ¿Y los demás? ¿Y los demás?
LA ASUNCION.- ¡No lo sé! ¡No lo sé! ¡No lo sé!
LA CARMELA.- ¡Lo sabes! ¡Lo vas a decir ahora mismo!
LA ASUNCION.- ¡No lo sé!
LA CARMELA.- ¡Lo sabes! ¡Dilo! ¡Dilo! ¡Dilo!
LA ASUNCION.- ¡La Magdalena, con don Lorenzo!
LA CARMELA.- ¿Borracho también?
LA ASUNCION.- *(Gritando)* ¡Sí!
LA CARMELA.- *(Gritando)* ¿Lo habéis oído? La del Limonar, ¿con quién?
LA ASUNCIÓN.- ¡No sé! ¡No sé! Me dijeron que no lo dijera. ¡No sé! ¡Pueden estar escuchándonos!
LA CARMELA.- ¡Dilo ahora mismo!
LA ASUNCION.- ¡El marido de Magdalena Jiménez, el más rico de este pueblo!
LA CARMELA.- ¿Y quién más?
LA ASUNCION.- ¡Señoritos todos! ¡Y don Jorge!
LA CARMELA.- *(En su delirio)* ¿Habéis oído? ¡Abrid las ventanas! ¡Vamos a abrir las ventanas! ¡A gritos lo vamos a decir! ¡Abrid! ¡Golpea! ¡Golpea! ¡Eh, gente de Puente San Gil! ¡La Magdalena y la del Limonar irán a la cárcel para toda la vida, pero con ellas estaba lo mejor de este pueblo; don Lorenzo, don Jorge, el marido de Constantina Cruz, estaban con ellas! ¡Ellos son los que esperaban a estas salvajes, no vosotros, pobres bestias sin dinero! ¡Oíd bien! ¡Van a la cárcel dos mujeres que fueron emborrachadas por vuestros ricos y vuestros cristianos! ¡Y quizá mueran! ¡Y quizá mueran!

(Todo esto se lo ha dicho al público)

[...]

José Martín Recuerda, *Las salvajes en Puente San Gil*
parte segunda

ÍNDICE

Introducción … 7

Capítulo I: Antes de empezar a escribir, algunas ideas y
técnicas básicas de redacción … 9
Primero: la importancia de una buena letra … 9
Segundo: una buena presentación … 10
Tercero: debemos expresarnos con claridad,
concreción y precisión … 12
   1. Ser claros … 12
      1.1. No más de tres líneas sin un punto y seguido.
No más de doce líneas sin un punto y aparte … 12
      1.2. No más de tres verbos en una oración … 12
      1.3. Preferir siempre el orden lógico oracional … 13
      1.4. ¿Qué hacer cuando no sé usar los signos
de puntuación? … 14
   2. Ser precisos … 15
      2.1. Aprende a usar los tecnicismos necesarios
en cada asignatura … 16
      2.2. Evita las palabras «comodín» … 17
      2.3. Mejor una palabra que dos, mejor dos que tres: … 17
      2.4. No uses un extranjerismo salvo si es imprescindible … 18
   3. Ser concretos … 19

Capítulo II: Del comentario de opinión al comentario de texto … 21
Fases de aproximación al texto y técnicas básicas de
estudio y de comentario. … 22
   1. Lectura comprensiva … 22
   2. Resumen … 24
   3. El esquema o estructura de contenido … 26

    3.1. Organización de los párrafos   26
        3.1.1. Clases de estructuras de párrafos según
        sus apoyos formales   27
        3.1.2. Clases de estructuras de párrafos según
        la organización de sus contenidos   29
    3.2. ¿Cómo hacemos el esquema?   32
  4. El tema o título   35
Aplicación de las técnicas de aproximación a un texto
periodístico de opinión   36

Capítulo III: El comentario de ideas o de opinión
(comentario de madurez)   39
Fases de aproximación y desarrollo del comentario
de ideas o de opinión   40
  1. Primera fase: búsqueda de información   40
  2. Segunda fase: distanciamiento del tema y
     búsqueda de perspectivas: la técnica de la pirámide   41
    2.1. Ensayo metodológico sobre un tema concreto:
        la eutanasia   43
  3. Tercera fase: posicionamiento propio frente al tema   45
  4. Cuarta fase: esquema previo y organización de contenidos   47
    4.1. Exposición   47
    4.2. Selección de cuatro argumentos base   48
    4.3. Conclusión   49
  5. Quinta fase: redacción   50
    5.1. Ensayo práctico: continuación sobre el tema
        propuesto   51
    5.2. Ejercicios prácticos: propuestas de Selectividad   54
    5.3. A medio camino entre el comentario de
        opinión abierto y el inducido   54

Capítulo IV: El comentario de opinión sobre un texto
concreto o comentario inducido   59
  1. Elaboración del comentario   60
    1.1. Resumen, esquema y tema sobre el texto propuesto   60
    1.2. Posicionamiento frente a las ideas del texto   62

1.3. Organización de ideas	62
1.3.1. Búsqueda de perspectivas	62
1.3.2. Esquema previo personal	63
1.4. Desarrollo del comentario	63
2. Ejercicios prácticos: propuestas de Selectividad	66
3. Sobre las falacias y la refutación	68
3.1. Propuesta de ejercicio práctico sobre un texto de Selectividad	73

Capítulo V: El comentario lingüístico sobre un texto   77
  Un ejemplo práctico para comprender   77
    1. Ideas previas al comentario lingüístico   78
      1.1. Las funciones del lenguaje   79
      1.2. Distintas funciones, distintos textos, distintos rasgos lingüísticos   81
         1.2.1 Función expresiva   81
         1.2.2. Función conativa   82
         1.2.3. Función referencial   82
         1.2.4. Función reflexiva o metalingüística   82
         1.2.5. Función fática o de contacto   83
         1.2.6. Función poética   83
      1.3. Cuando la precisión no es solo una finalidad sino una necesidad   84
         1.3.1. La necesidad de precisión se manifiesta en el léxico   86
         1.3.2. El uso de tecnicismos es imprescindible en las distintas ciencias y oficios   86
      1.4. Lenguajes denotativos y lenguajes connotativos   87
      1.5. Relaciones sintácticas polisindéticas y asindéticas   93
    2. El comentario lingüístico de un texto a partir de los modos de expresión   94
      2.1. La exposición: sobre un texto de Selectividad   95
         2.1.1. Finalidad de la exposición   96
         2.1.2. Elementos supraoracionales   97
         2.1.3. Sintaxis oracional   97
         2.1.4. Nivel sintagmático   98

2.1.5. Propuesta de ejercicio práctico sobre un texto de Selectividad	100
2.2. La descripción	102
2.2.1. La descripcion objetiva o cientifica	102
2.2.2. Descripciones subjetivas o connotativas	106
2.2.3. Las descripciones de personajes	111
2.2.4. El orden en la descripción	114
2.2.5. Propuesta de ejercicio práctico sobre un texto de Selectividad (descripciones físicas)	117
2.3. La argumentación	118
2.3.1. Aproximación sobre un texto concreto	119
2.3.2. Propuesta de ejercicio práctico sobre un texto de Selectividad	124
2.4. La narración	125
2.4.1. La organización temporal del verbo	126
2.4.2. La importancia de los complementos circunstanciales de tiempo	130
2.4.3. El enfoque de la narración	131
2.4.4. El ritmo narrativo	133
2.4.5. La narración y los géneros literarios	135
2.4.6. Aplicación práctica sobre un texto aplicado en Selectividad	136
2.4.7. Propuesta de ejercicio práctico sobre un texto de Selectividad	140
2.5. El diálogo	141
2.5.1. Aproximación a los rasgos lingüísticos del diálogo a partir de un texto	142
2.5.2. El diálogo en la novela	148
2.5.3. Propuesta de ejercicio práctico sobre un texto de Selectividad	152
Capítulo VI: El comentario de textos literarios	153
1. Fases de acercamiento al comentario literario	154
1.1. Primer paso. Acopio de información: época, género, autor, obra	155

1.2. Segundo paso. Organización de los contenidos en la introducción del comentario	156
1.3. Tercer paso. Redacción de la introducción	156
2. El comentario propiamente dicho	164
2.1. Comentario de un poema	165
2.2. El ritmo como elemento esencial del poema	165
2.3. El acento rítmico y el acento extrarrítmico	167
2.4. Otros procedimientos rítmicos	168
2.5. La opacidad de la poesía	169
2.6. Las figuras retóricas son intuitivas	170
2.7. Comentario práctico de un poema: Juan Ramón Jiménez, *El viaje definitivo*	171
2.7.1. Estudio y reflexiones sobre la métrica del poema previas al comentario	172
2.7.2. Fases de acercamiento: reflexión previa	174
2.7.3. Análisis de los modos de expresión	176
2.7.4. Acercamiento al texto por niveles	176
2.7.5. Realizamos el encuadre el poema	180
2.7.6. ¿Cómo enfocamos y organizamos el comentario de un texto literario?	182
2.7.7. Comentario propiamente dicho	183
2.7.8. Propuesta de ejercicios prácticos sobre dos textos de Selectividad	188
3. Comentario de un texto novelístico	189
3.1.: Los personajes en la novela	189
3.1.1. Su evolución en la obra	190
3.1.2. La fuerza actancial	190
3.1.3. La función actancial	191
3.2. El tiempo	192
3.3. El emisor o narrador	193
3.4. Clasificación básica de novelas	194
3.5. Comentario práctico sobre un texto novelístico. Miguel Delibes: fragmento de *Los santos inocentes*	194
3.5.1. Reflexiones previas sobre la novela: trama, personajes, fuerzas actanciales, narrador y tiempo	196
3.5.2. Fases de acercamiento	198

3.5.3. Análisis de los modos de expresión	199
3.5.4. Acercamiento por niveles de lenguaje	200
3.5.5. Realizamos el encuadre de la novela	205
3.5.6. ¿Cómo enfocamos y organizamos el comentario de este texto literario?	208
3.5.7. Comentario propiamente dicho:	209
3.5.8. Propuesta de ejercicio práctico sobre dos textos de Selectividad	213
4. Comentario de un texto dramático	215
4.1. Consideraciones sobre el teatro	215
4.2. Aspectos a considerar en el comentario	218
4.2.1. La estructura externa de la obra	218
4.2.2. La estructura interna	219
4.2.3. Actantes y fuerzas actanciales	219
4.2.4. Espacio escénico	219
4.2.5. Caracterización de los personajes	220
4.2.6. El diálogo, monólogo y aparte	220
4.2.7. Las acotaciones	220
4.2.8. La prosa frente al verso	220
4.3. Comentario práctico sobre un texto dramático: Antonio Buero Vallejo, fragmento de *Historia de una escalera*, acto I	221
4.3.1. Reflexión previa sobre el argumento, personajes, fuerzas actanciales, estructura y claves interpretativas	223
4.3.2. Fases de acercamiento: resumen, esquema y tema del fragmento	226
4.3.3. Análisis de los modos de expresión	228
4.3.4. Acercamiento por niveles de lenguaje	228
4.3.5. Realizamos el encuadre de la obra	235
4.3.6. ¿Cómo enfocamos y organizamos el comentario de este texto literario?	239
4.3.7. Comentario propiamente dicho	239
4.3.8. Propuesta de ejercicios prácticos sobre dos fragmentos teatrales	245

La cuarta edición de **Cómo se hace un comentario de texto** se acabó de imprimir el 3 de enero de 2020.

«Algo es bello en relación con su contexto.»
Roman Jakobson